ABHANDLUNGEN AUS DER
BERLINER JURISTISCHEN FAKULTÄT
V

RECHTSVERGLEICHENDE STUDIEN ZUR LEHRE VON DER SCHLÜSSELGEWALT IN DEN ROMANISCHEN RECHTEN

VON

DR. KARL THEODOR KIPP
PRIVATDOZENT AN DER UNIVERSITÄT BERLIN

SPRINGER-VERLAG BERLIN HEIDELBERG GMBH 1928

ISBN 978-3-642-98502-7 ISBN 978-3-642-99316-9 (eBook)
DOI 10.1007/978-3-642-99316-9
Softcover reprint of the hardcover 1st edition 1928

Inhaltsverzeichnis.

Seite

§ 1. **Einleitung** 1

Erstes Kapitel.

§ 2. **Allgemeine Stellung der verheirateten Frau: Puissance maritale und autorisation** 3

Zweites Kapitel.

§ 3. **Autorisation tacite** 10

Drittes Kapitel.

Mandat domestique 21

§ 4. I. Formelle und materielle Begründung 21

II. Voraussetzungen des mandat domestique . . 27

§ 5. Gültigkeit der Ehe? Nichtige Ehe. Nichtehe 27

§ 6. Mandat domestique und eheliches Güterrecht 48

III. Bedeutung des mandat domestique im Außenverhältnis 58

§ 7. Gegenstand des mandat domestique 58

§ 8. Umfang des mandat domestique 70

§ 9. Wirkungen des mandat domestique 77

§ 10. Überschreitung des mandat domestique 81

§ 11. IV. Bedeutung des mandat domestique im Innenverhältnis 88

V. Beendigung des mandat domestique 93

§ 12. Allgemeine Gründe 93

§ 13. Widerruf des mandat domestique 99

§ 14. VI. Kritische Zusammenfassung 119

Literaturverzeichnis 122

Sachverzeichnis 124

Einleitung.

§ 1.

Die Wissenschaft der Rechtsvergleichung steht heute in ihrer grundsätzlichen Bedeutung unbestritten da. Freilich bedeutet das nicht viel mehr, als einen Anfang: denn außerordentlich hoch gesteckt ist ihr letztes Ziel, das noch kürzlich ERNST HEYMANN scharf umrissen hat[1]. Von diesem zu erstrebenden Endpunkt, dem Aufbau einer allgemeinen Rechtslehre und einer Universalrechtsgeschichte, sind wir noch weit entfernt. Auf dem Wege zu ihm ist noch viel mühselige Kleinarbeit zu verrichten. Unzählige Einzelfragen müssen geklärt werden. Soll ihre Untersuchung rechtsvergleichend wahrhaft fruchtbar sein, so muß sie sich, so eng auch das jeweils zu behandelnde Problem begrenzt scheinen mag, auf den Gesamtzusammenhang, in den es gehört, mit erstrecken und aus ihm die Antwort zu geben suchen, warum in einer Rechtsordnung eine gegebene Frage so und nicht anders geregelt ist. Solche rechtsvergleichende Betrachtung aber bringt eine kaum übersehbare Fülle des Stoffes mit sich, der gegenüber man im Interesse des Fortschritts dem einzelnen Arbeiter innerhalb der Gesamtheit der Rechtsordnungen eine Begrenzung auf einen bestimmten Kreis verwandter Rechte nicht wird versagen können.

So hat der Verfasser der vorliegenden Arbeit geglaubt, nach Neigung und in Anbetracht der besonderen Bedeutung der romanischen Rechte für die zu untersuchenden Probleme sich im wesentlichen auf diese Rechte beschränken zu dürfen. Die folgenden Erörterungen wollen ein Versuch angewandter, systematischer Rechtsvergleichung im Sinne der bekannten Terminologie von RABEL sein[2]. Und zwar setzen sie sich umschauende Rechtsvergleichung zum Ziel. Von ausführlicher rückschauender Rechtsvergleichung wird grundsätzlich Abstand genommen werden: Dieser, d. h. der historischen Betrachtung,

---

[1] ERNST HEYMANN, Handwörterb. d. Rechtswissensch. (herausgeg. von STIER-SOMLO und ELSTER), sub verbo „Auslandsrecht". Ihm folgt der Text auch in der Forderung nach Selbstbeschränkung und Arbeitsteilung.

[2] RABEL, Rheinische Zeitschr. 13, 279ff., auf dessen Ausführungen ich wohl auch wegen der Notwendigkeit gerade systematischer Rechtsvergleichung verweisen darf.

soll damit nicht ihr hoher Wert bestritten werden. Aber gerade für den Gegenstand dieser Arbeit ist umfassende geschichtliche Rückschau nicht übermäßig fruchtbar: wie man in Frankreich noch für die Zeit um das dreizehnte Jahrhundert trotz zahlreicher Anstrengungen nicht über recht unsichere Vermutungen hinausgekommen ist, so ruht auch für Deutschland die Frage der Schlüsselgewalt in älterer Zeit lediglich auf unbestimmten Hypothesen.

Im übrigen stellen die hier dargebotenen Untersuchungen in doppeltem Sinne „Studien" dar: Als solche beabsichtigen sie einerseits nicht eine erschöpfende Erörterung des ganzen Problems der Schlüsselgewalt, sondern begnügen sich mit einer Auslese; namentlich für das deutsche Recht habe ich eine Reihe allgemein bekannter Einzelfragen nur gestreift oder auch ganz ausgeschaltet, dafür aber das heimische Recht dort in den Vordergrund gerückt und breiter behandelt, wo mir die deutsche Lehre von der Schlüsselgewalt noch des Ausbaus fähig schien. Andererseits werden unsere Studien nicht nur, dem oben angedeuteten Prinzip entsprechend, den Gesamtzusammenhang aufzudecken suchen, sondern gelegentlich noch weiterhin über die unmittelbare Beschäftigung mit den Befugnissen der Frau im Hauswesen hinausgreifen: der Verbindung mit allgemeinen Problemen nachzugehen, war nicht nur für das deutsche Recht reizvoll, sondern gerade auch in manchen mit unserem Hauptproblem etwas entfernter zusammenhängenden grundlegenden allgemeinen Fragen schienen mir die romanischen Rechte, insbesondere das französische, rechtsvergleichender Betrachtung vielerlei Interessantes und Wertvolles zu bieten, das bei dieser Gelegenheit mit festgehalten werden sollte.

Erstes Kapitel.

Allgemeine Stellung der verheirateten Frau: Puissance maritale und autorisation.

§ 2.

I. Das Problematische der Betätigung der Frau im Haushalt nach dem Rechte des Code civil wie nach fast allen seinen romanischen Tochterrechten wird nur verständlich, wenn man sich vergegenwärtigt, welche Stellung überhaupt die verheiratete Frau in diesen Rechtsordnungen einnimmt. Gleichstellung zwischen Mann und Frau — das war bald nach der Revolution ein wesentlicher Gedanke der ersten beiden Entwürfe von CAMBACÉRÈS. Sie sind so wenig Gesetz geworden, wie der dritte Entwurf, der bereits wieder mit dem Prinzip der früheren brach[1]. Von neuem wirklich in Fluß kamen die gesetzgeberischen Arbeiten bekanntlich erst dank der Energie NAPOLEONS, der der berühmten vierköpfigen Kommission (PORTALIS, TRONCHET, BIGOT DU PRÉAMENEU und MALLEVILLE) mit Dekret vom 24. Thermidor des Jahres VIII (13. August 1800) zur Erfüllung ihrer Aufgabe sechs Monate Frist gab — mit dem Erfolge, daß der Entwurf bereits nach vier Monaten vorlag. Das von NAPOLEON befohlene Gesetzgebungswerk stand unter dem Zeichen der Reaktion gegen die — namentlich sittlichen — Ausschreitungen der Frauen der damaligen Zeit und schloß sich gerade für die in unserem Zusammenhang wichtigen Fragen des gesetzlichen Güterstandes wie namentlich auch der persönlichen Ehewirkungen dem früheren koutümiären Recht an, dem die „mainbournie", die Mannesmunt über die Frau, eigen war[2]. Von dem Einfluß, den NAPOLEON selbst auf den Gang der Gesetzgebungsarbeiten im Conseil d'Etat genommen hat, darf man sich gewiß keine zu übertriebenen Vorstellungen machen. Ebenso verfehlt aber wäre auch, diesen Einfluß völlig zu

[1] Bezüglich dieser Entwürfe vgl. FENET: Recueil Complet des Travaux Préparatoires du Code Civil (Paris 1836) I, 20ff., 114f., 156, 227f.; ferner: AFTALION: La femme mariée, ses droits et ses intérêts pécuniaires (Paris 1899), 46ff.

[2] Vgl. auch unten S. 12.

leugnen[3]: Es darf wohl als sicher angesehen werden, daß er gerade in Fragen des persönlichen Eherechts und des Ehescheidungsrechts, die auf Grund seiner Erfahrungen mit JOSEFINE ihn selbst stark bewegten, mehrfach eingegriffen und sich gerade zur Beratung dieser Partien des Gesetzes im Conseil d'Etat persönlich eingefunden und den Vorsitz geführt hat. So war es NAPOLEON, der wünschte, daß den Frauen, namentlich den leichtlebigen Pariserinnen, beim Eheschließungsakt ihre Pflicht zur „obéissance" gegenüber ihrem Manne klargemacht werde. Und schärfer noch zeigt sich NAPOLEONS Auffassung über das Verhältnis zwischen den Ehegatten in folgendem Ausspruch, den er während der Vorarbeiten zum Code civil getan haben soll: „La nature a fait de nos femmes nos esclaves. Le mari a le droit de dire à sa femme: Madame, vous ne sortirez pas! Madame, vous n'irez pas à la Comédie! Madame, vous ne verrez pas telle ou telle personne! c'est-à-dire: Madame, vous m'appartenez corps et âme[4]." Das macht es vielleicht noch etwas begreiflicher, wenn das Gesetzbuch NAPOLEONS, auf das er stolzer war, als auf seine Schlachtenerfolge[5], sich nicht entschließen konnte, über das alte Recht der coutumes hinaus zur Befreiung der Ehefrauen von früheren Beschränkungen fortzuschreiten, sondern im ganzen eine wenig frauenfreundliche Tendenz zeigt.

II. 1. So organisiert der Code civil nach dem geschichtlichen Vorbild — wenngleich die Bezeichnung dafür sich nur an einer Stelle, nämlich in art. 1388 findet — eine „*puissance maritale*". Aus ihr erklärt es sich, daß art. 213 von der Frau kategorisch Gehorsam gegenüber ihrem Manne fordert. Das ist nicht nur dem Ausdruck, sondern auch der Sache nach mehr, als die in § 1354 BGB. statuierte Verpflichtung der Frau, den Entscheidungen des Mannes Folge zu leisten: Während beispielsweise bei uns die Korrespondenz zu den dem Einfluß des Mannes entzogenen eigenen Angelegenheiten der Frau gehört, so daß also insbesondere der Mann nicht die Briefe seiner Ehefrau öffnen darf[6], wird in Frankreich als — wenn auch nicht ausdrücklich gesetzlich ausgesprochener — Ausfluß der puissance maritale und als Gegenstück der Gehorsamspflicht der Frau das grundsätzliche Recht des

---

[3] Zum Folgenden: MORIZOT-THIBAULT: De l'autorité maritale (Etude critique du code civil), Paris 1899, 78f.; und namentlich die feine Studie von SAVATIER: Bonaparte et le code civil (Paris 1927), bes. 26, 27ff.

[4] THIBAUDEAU: Mémoires sur le consulat, S. 426 (zitiert bei BRISSAUD: Manuel d'histoire du droit privé [Paris 1908], 94 Anm. 5).

[5] Auf St. Helena schrieb er: „Ma vraie gloire n'est pas d'avoir gagné quarante batailles; Waterloo effacera le souvenir de tant de victoires. Ce que rien n'effacera, ce qui vivra éternellement c'est mon Code civil"; vgl. DE MONTHOLON: Récit de la captivité de l'empereur Napoléon I, 401 (zitiert bei PLANIOL: Traité élém. I, Nr. 91).

[6] Vgl. MARTIN WOLFF: Familienrecht (5. Bearb. 1925) § 31 bei Anm. 34.

Mannes betrachtet, in erheblichem Maße die Korrespondenz seiner Frau zu überwachen und zu diesem Zweck von ihr geschriebene oder an sie gerichtete Briefe zu öffnen[7].

2. Aber nicht nur personenrechtlich, sondern auch vermögensrechtlich zeigt sich die tiefgreifende Bedeutung der puissance maritale: Es gilt der große, von nicht sehr zahlreichen Ausnahmen durchbrochene Grundsatz, daß die Frau für jegliche Handlung und alle Geschäfte vermögensrechtlicher Natur der „*autorisation*" ihres Mannes bedarf, durch die sie, an sich „incapable", erst volle Geschäftsfähigkeit erlangt. Zwar nennt art. 217 C. c. nur Schenkung, Veräußerung, Belastung mit einer Hypothek und Rechtserwerb, ohne Unterschied, ob dieser lukrativ oder lästig ist. Daß diese Aufzählung aber nicht erschöpfend ist, zeigen die artt. 220—222, 1124, 1125: aus ihnen, namentlich aus der in art. 220 für die femme marchande publique enthaltenen Ausnahme, geht mit hinreichender Deutlichkeit das Prinzip hervor, daß für die Eingehung jeder Vertragsobligation durch die Frau die autorisation des Mannes erforderlich ist. Die so begründete „incapacité" der Frau wird noch weiter ausgedehnt durch die Bestimmungen des art. 215: zu allen Prozessen, Aktiv- wie Passivprozessen, selbst zur Führung eines Rechtsstreits gegen ihren Mann ist die autorisation maritale notwendig[8].

---

[7] Über die Ausgestaltung im einzelnen und über die Begrenzung dieses Rechts: (PLANIOL-RIPERT-) ROUAST II, S. 303ff. (dort auch S. 304 Anm. 1 zahlreiche Nachweise aus der Rechtsprechung) und GÉNY: Des droits sur les lettres missives (Paris 1911) Bd. II, S. 209ff.

[8] Wie wenig die Rechtsprechung an der geschilderten untergeordneten und unselbständigen Stellung der verheirateten Frau rütteln zu lassen geneigt ist, zeigt sich mit besonderer Schärfe bei der Frage, ob Ehegatten eine (bürgerliche oder offene Handels-) Gesellschaft miteinander eingehen können. Mit der Begründung, daß die so erzielte Gleichstellung der Frau als Mitgesellschafterin ihres Mannes seine puissance maritale oder seine Stellung als „chef" unzulässigerweise beeinträchtige (art. 1388 C. c.) und daß vor allem eine solche Gesellschaft Verschiebungen in den Vermögensverhältnissen mit sich bringe und darum gegen den in art. 1395 C. c. festgelegten Grundsatz der Unabänderlichkeit der Eheverträge verstoße, erklärt eine feste — trotz der zahlreichen berechtigten Angriffe der Literatur bislang unerschütterte — Praxis Gesellschaften zwischen Ehegatten, ja sogar solche, an denen außer den Ehegatten noch Dritte beteiligt sind, für nichtig; und zwar wird absolute, d. h. von jedermann geltend zu machende Nichtigkeit angenommen (im Gegensatz zur relativen Nichtigkeit, zu deren Geltendmachung immer nur bestimmte Personen befugt sind). Vgl. namentlich Cass. 5. Mai 1902, Sir. 1905. 1. 41; 23. Jan. 1912, D. P. 1912. 1. 481; 3. Juli 1917, Sir. 1921. 1. 207; 1. Febr. 1926, D. H. 1926, 114. Weiteres bei PIC: Des sociétés commerciales Bd. 1 (2. Aufl. 1925), Nr. 407ff., S. 531ff. und besonders in dem ausgezeichneten, für das ganze Problem der Nichtigkeit von Gesellschaften grundlegend gewordenen Buche von HÉMARD: Théorie et prat. des nullités de sociétés et des sociétés de fait (Paris 1912)

Die Bedeutung der geschilderten Grundsätze wird nicht geschmälert dadurch, daß in den artt. 218ff. C. c. unter bestimmten Voraussetzungen eine gerichtliche Ersetzung der autorisation des Mannes vorgesehen ist. Denn jene greift eben erst hilfsweise ein, während die Frau im Prinzip von der ehemännlichen autorisation abhängig ist. Überdies ist die Notwendigkeit, sich in den bestimmten Fällen erst noch ans Gericht zu wenden, Beschränkung genug für die Frau; wird doch auch dadurch noch hinlänglich betont, daß ihre Geschäftsfähigkeit nahezu negiert ist[9, 10].

3. Das Wichtigste ist, daß die im vorigen skizzierte Rechtsstellung der Frau in den wesentlichen Zügen bei allen Güterständen die gleiche

Nr. 57ff., S. 93ff. (2. Aufl. 1926: Nr. 80ff., S. 101ff.). — Die Rechtsprechung scheut sich freilich, alle logisch gebotenen Konsequenzen aus ihrer Auffassung zu ziehen, und nimmt eine sog. „société de fait" an; darüber unten S. 39 Anm. 50.

[9] Entsprechende Vorschriften wie in artt. 215ff. des französischen C. c. in der Mehrzahl der romanischen Gesetzbücher: vgl. z. B. *Spanien*, artt. 60ff.; *Bolivien*, artt. 129ff.; *Peru*, artt. 179, 182, 1247; *Venezuela*, art. 181; weiteres unten S. 13ff. In einer ganzen Reihe lateinamerikanischer Rechte (insbesondere Costa Rica, Honduras, Nicaragua, Panama, San Salvador) finden sich dagegen Bestimmungen über Geschäftsunfähigkeit der Frau und Autorisation heute nicht mehr.

Unter den romanischen Ländern Europas nimmt *Italien* eine Sonderstellung ein: Schon von vornherein sah der Codice civile (artt. 134ff.) nur in sehr viel beschränkterem Maße als der französische C. c. das Erfordernis der autorizzazione maritale vor. Jetzt sind auch diese Beschränkungen gefallen: Durch Gesetz vom 17. Juli 1919 sind die artt. 134ff. C. c. aufgehoben und folgerichtig die „donne maritate" in art. 1106 C. c. aus der Reihe der „incapaci di contrattare" gestrichen.

[10] Mit den artt. 212—226 des französischen C. c. zur Zeit noch wörtlich übereinstimmend: artt. 212—226 des *belgischen* C. c. Freilich ist in Belgien gegenwärtig eine Reform dieser Bestimmungen im Gange: Am 29. 7. 1925 ist von der Regierung im Senat ein Entwurf nebst Begründung eingebracht worden (vgl. Sénat — Session extraordinaire 1925 — Documents, Nr. 30), der nach mancherlei Änderungen durch den Senat am 6. April 1927 an die Kammer gekommen ist (der Entwurf in der Fassung der Senatsbeschlüsse findet sich in: Chambre des Représentants — Session 1926/27 — Documents, Nr. 171.) Er steht nun in der neuen Sitzungsperiode 1927/28 (Beginn: 8. November 1927) in der Kammer zur Beratung. Wenn auch — zum Teil später noch zu erwähnende — erfreuliche Besserungen für die verheirateten Frauen zu verzeichnen sind, so haben doch weder die Regierung noch der Senat den Mut zu einer wirklich durchgreifenden Reform durch Beseitigung der ehemännlichen Autorisation gefunden; und es scheint nahezu sicher, daß auch die Kammer sich dazu nicht entschließen wird. Nach wie vor soll grundsätzlich Autorisierung der Frau zu Prozessen und namentlich auch — wie jetzt ausdrücklich ausgesprochen wird — zu allen Vertragsobligationen erforderlich sein. Bleibt es hierbei, so werden die weiteren Ausführungen über das französische (und belgische) Recht, insbesondere auch die Angaben aus der belgischen Praxis ebenso für das zu

ist. Die artt. 215 und 217 C. c. sagen ausdrücklich, daß ihre Bestimmungen selbst bei Gütertrennung gelten sollen. Wie weit das zutreffend ist, bedarf freilich noch kurzer Erörterung:

Das französische Recht kennt, entsprechend den Gründen, aus denen sie eintritt, zwei Arten von Gütertrennung: die vor der Ehe (vgl. art. 1395, 1443 Abs. 2) ehevertraglich eingeführte (séparation de biens conventionnelle, artt. 1536ff. C. c.) einerseits, die séparation de biens judiciaire andererseits, durch welche die bestehende Gütergemeinschaft aufgelöst wird und die unter gewissen Voraussetzungen auf Betreiben der Frau, unter Umständen sogar auf Klage ihrer persönlichen Gläubiger, gerichtlich ausgesprochen werden kann, wobei die Wirkung nicht erst mit Rechtskraft des Urteils eintritt, sondern auf den Tag der Klage zurückbezogen wird (artt. 1443, 1446, 1445 C. c.)[11].

Abgesehen von zwei unwesentlichen und in diesem Zusammenhange nicht interessierenden Verschiedenheiten[12] gleichen sich beide Arten der séparation de biens in ihren Wirkungen völlig, so daß im folgenden von der Gütertrennung schlechthin gesprochen werden kann.

Die freiere Stellung der Frau bei diesem Güterstande zeigt sich zunächst darin, daß sie über ihr Vermögen allein die Verwaltung hat (artt. 1449 Abs. 1 und 1536 C. c.). Indessen scheint das Gesetz in der Begünstigung der Frau noch weiter zu gehen: zwar ist ihr durch artt. 1449 Abs. 3, 1538, entsprechend den Prinzipien des art. 217, Ver-

---

erwartende neue Gesetz Geltung haben wie für das gegenwärtige Recht. Vgl. noch unten S. 12 Anm. 9 und über die Reform überhaupt, z. T. mit (guter) Kritik, die mir leider erst beim Druck bekanntgewordene Schrift von DE HARVEN, Mouvements gén. du droit civil belge contemporain (Bruxelles-Paris 1928), 75ff.

Über die in den *Niederlanden* geplante Reform: unten S. 19f.; über *Rumänien*: unten S. 26 Anm. 18.

[11] Der Fall der als notwendige gesetzliche Folge der Scheidung von Tisch und Bett eintretenden Gütertrennung (art. 311 C. c.) kann hier außer Betracht bleiben. In *Frankreich* schon seit Gesetz vom 6. Februar 1893 (Neufassung des art. 311 C. c.) und neuestens auch in *Belgien* kraft des Gesetzes vom 20. März 1927 (Neufassung von art. 1449 C. c.) erlangt die Frau mit der Scheidung von Tisch und Bett ihre volle Geschäftsfähigkeit wieder. Bis zu dieser Reform blieb trotz der séparation de corps die Geschäftsfähigkeit der französischen wie der belgischen Ehefrau in der sogleich noch im Text zu zeigenden, durch die Gütertrennung etwas modifizierten Weise gemindert. Aber es ist doch niemals in Zweifel gezogen worden, daß nach einer Scheidung von Tisch und Bett für Haushaltgeschäfte der Frau kein Raum mehr sei; daher war die Frage, wie man der Frau für solche Geschäfte, den prinzipiellen gesetzlichen Beschränkungen zum Trotz, größere Bewegungsfreiheit schaffen könne, bei dieser Situation überhaupt nicht zu überlegen.

[12] Für die vertragliche Gütertrennung gelten die artt. 1395, 1537 — für die gerichtliche dagegen die artt. 1451, 1448 C. c.; vgl. dazu COLIN et CAPITANT III, 247f.

äußerung von Immobilien ohne autorisation des Mannes oder gerichtlichen Ersatz verboten, aber art. 1449 Abs. 2 sagt, daß sie ihr „bewegliches Gut" — wozu bekanntlich auch die meubles *in*corporels: wie Rechte an beweglichen Sachen, Urheberrechte u. a. m., vor allem aber die Forderungen gehören — veräußern und darüber verfügen könne[13]. Allerdings: für unentgeltliche Verfügungen muß es trotz art. 1449 Abs. 2 bei dem Grundsatz des art. 217 sein Bewenden haben, zumal diese Regel durch art. 905 Abs. 1 C. c. noch einmal ausdrücklich bekräftigt wird[14]. Immerhin bleibt dann noch ein kaum verständlicher Widerspruch zwischen art. 217 und art. 1449 Abs. 2 bezüglich der entgeltlichen Veräußerungen. In der Literatur[15] wird wohl überwiegend der Standpunkt vertreten, daß die Bestimmung des art. 1449 Abs. 2 (die im Gegensatz zu Abs. 3 daselbst stehe) der allgemeinen Vorschrift in art. 217 vorgehe und also bei Gütertrennung die Frau unbeschränkt über ihr bewegliches Gut entgeltlich verfügen könne. Die Praxis unter Führung des Kassationshofs denkt anders darüber: Sie stellt Abs. 2 des art. 1449 nicht in Gegensatz zu Abs. 3, sondern setzt ihn in Beziehung zu Abs. 1; das freie Recht der Frau zu Veräußerungen ihres beweglichen Guts stehe also in unmittelbarem Zusammenhange mit dem ihr zugestandenen Verwaltungsrecht, nur im Rahmen der ordnungsmäßigen Verwaltung habe sie jenes Veräußerungsrecht, im übrigen aber greife der Grundsatz des art. 217 mit dem Erfordernis der autorisation maritale oder des gerichtlichen Ersatzes durch[16]. Die so ge-

[13] Die von der séparation de biens conventionnelle handelnden artt. 1536ff. C. c. enthalten solche ausdrückliche Sonderbestimmung über die meubles nicht. Mangels eines vernünftigen Grundes für das Gegenteil ist jedoch anzunehmen, daß auch bei der ehevertraglich begründeten Gütertrennung das gleiche gilt wie nach art. 1449; vgl. dazu PLANIOL: Traité élém. III, Nr. 1451; BASSET S. 59, 143.

[14] Herrschende Meinung. Vgl. die Angaben für und wider bei AUBRY et RAU VIII, S. 243 (§ 516) Anm. 79, denen im Sinne des Textes noch hinzuzufügen wären: (PLANIOL-RIPERT-) NAST IX, Nr. 1025; BASSET S. 63.

[15] Vgl. LAURENT XXII, Nr. 301; AUBRY et RAU VIII, S. 234 (§ 516) zu u. in Anm. 56; (PLANIOL-RIPERT-) NAST IX, Nr. 1025; BASSET S. 60ff.

[16] Vgl. z. B. Cass. 3. 1. 1831, Sir. 1831. 1. 22; 30. 12. 1862, Sir. 1863. 1. 257; Paris 9. 11. 1897, D. P. 1898. 2. 464; Cass. 24. 10. 1906, D. P. 1907. 1. 14. — Ebenso z. B. DEMOLOMBE IV, Nr. 155; GUILLOUARD III, Nr. 1193. Meines Erachtens ist diese Meinung im Recht: Nur so werden die Bestimmungen in art. 217 und art. 1449 einigermaßen befriedigend miteinander in Einklang gebracht. Überdies hat diese Auffassung vom koutümiären Recht, jedenfalls des 16. Jahrhunderts, her (vgl. die reformierten coutumes von Paris und Orléans) die geschichtliche Tradition für sich, deren Bedeutung für alle mit der puissance maritale und dem ehelichen Güterrecht — ausgenommen das Dotalrecht — zusammenhängenden Fragen sehr hoch einzuschätzen ist: Bei POTHIER: Puissance du mari, Nr. 15, heißt es: „. . . qu'une femme, quoique séparée de biens, . . . ne laisse pas

zogenen Grenzen gelten aber nicht nur für Veräußerungen, sondern auch für Verträge, durch die die Frau zu Veräußerungen verpflichtet wird[17]. Welche Handlungen die Frau hiernach bei Gütertrennung frei vornehmen kann und in welchen sie beschränkt ist, darüber herrscht in Einzelheiten viel Streit. Näher auf ihn einzugehen, dürfte sich erübrigen: Denn Geschäfte, die die Frau für den gemeinschaftlichen Haushalt eingeht, sind kaum je solche, die durch die Verwaltung ihres Vermögens geboten sind. Außerhalb dieses Rahmens aber bedarf auch die in Gütertrennung lebende Frau nach allgemeiner Regel (art. 217) für alle Veräußerungen, Verträge, wie namentlich auch Aufnahme von Darlehen, entgeltlichen oder unentgeltlichen Rechtserwerb der ehemännlichen Autorisation oder des gerichtlichen Ersatzes; das steht ebenso fest wie die uneingeschränkte Aufrechterhaltung der für Prozesse der Frau in art. 215 getroffenen Bestimmung, selbst wenn der Rechtsstreit sich auf einen Gegenstand bezieht, der zu den der Frau frei gestatteten Verwaltungsakten gehört[18].

4. Zusammenfassend kann hiernach gesagt werden, daß die Frau, gleichviel welche güterrechtliche Regelung zwischen den Ehegatten besteht, nach der Struktur des Code civil jedenfalls alle solche Geschäfte, die für den Haushalt vernünftigerweise in Betracht kommen können, nicht allein und aus eigenem Recht vorzunehmen in der Lage ist.

---

d'avoir besoin de l'autorisation de son mari pour les actes qu'elle fait, sauf pour ceux qui ne concerneraient que la simple administration de ses biens".

[17] Ständige Rechtsprechung, vgl. namentlich Cass. 7. 12. 1829, Sir. N. C. 9. 1. 401; 7. 12. 1830, Sir. N. C. 9. 1. 600; 25. 4. 1882, Sir. 1883. 1. 221 u. a. m.

Zu beachten ist, daß für Verpflichtungsverträge diese engere Meinung auch von denjenigen vertreten wird, die der Frau für Veräußerungen weiteren Spielraum lassen wollen: LAURENT XXII, Nr. 310, 312; AUBRY et RAU VIII, S. 240 (§ 516) zu und in Anm. 77 (wo zahlreiche weitere Nachweise); (PLANIOL-RIPERT-) NAST IX, Nr. 1029—6⁰; BASSET S. 70ff.

[18] Vgl. dazu COLIN et CAPITANT III, S. 251; PLANIOL: Traité élém. III, Nr. 1456, 1458, 1460. — Das über die Prozesse Gesagte erscheint besonders befremdend: hier ist der Code civil noch rigoroser als das alte Recht, nach dem die femme séparée de biens in gleichem Umfange unbeschränkt prozessieren konnte, in dem ihr das Recht zur Verwaltung ihres Vermögens zustand; vgl. z. B. art. 224 der Coutume de Paris und dazu POTHIER: Puissance du mari, Nr. 61. Die *belgische* Reform (oben S. 6 Anm. 10) will mit Recht dem ancien droit folgen und überdies erfreulicherweise das Erfordernis der autorisation für alle Streitigkeiten zwischen den Ehegatten beseitigen: art. 216 Nr. 2 und 3 des Entwurfs in der Fassung vom 6. 4. 1927.

Zweites Kapitel.

Autorisation tacite.

§ 3.

I. Das Problem, das sich angesichts des zuvor dargelegten Standpunktes des Gesetzes sogleich nach seinem Erlaß ergab, war dieses: Der Code civil stand anscheinend einer freien Betätigung der Frau im Haushalt völlig ablehnend gegenüber. Andererseits war eine unbestreitbare und nicht zu beseitigende Tatsache, daß im täglichen Leben der Frau in erster Linie die Rolle zufiel, für die laufenden Bedürfnisse der Familie Sorge zu tragen, und daß zu diesem Zweck tagtäglich von den Ehefrauen unzählige Geschäfte geschlossen wurden und, sollte der Haushalt nicht ins Stocken geraten, geschlossen werden mußten. Daß die Frau für jeden solcher Verträge und für alle ihre Haushalthandlungen erst die ehemännliche autorisation oder gar gerichtlichen Ersatz sollte nachsuchen müssen, war nach der Natur der Dinge ausgeschlossen. Um also die tatsächliche Wirksamkeit der Frau auch rechtlich sicherzustellen, oder besser: zu ermöglichen, mußte nach einem technischen Auskunftsmittel gesucht werden, durch das die nicht umzustoßende Wirklichkeit des Lebens nach Möglichkeit mit dem Standpunkt des Gesetzes in Einklang gebracht werden konnte.

1. Da die Frau grundsätzlich an die autorisation des Mannes gebunden war, lag es nahe, von hier den Ausgangspunkt zu nehmen und die erforderliche und gewünschte Betätigungsfreiheit der Frau dadurch zu schaffen, daß man hinsichtlich der Haushaltgeschäfte eine Vermutung für die Erteilung der *autorisation* aufstellte. Zu dieser Lösung des Problems hat sich von jeher bis in die neuere Zeit eine Reihe von Gerichtsentscheidungen bekannt[1]. Mit besonderer Klarheit wird dieser Gedanke in einem Urteil des Tribunal civil von Lyon entwickelt. Dort wird ausgeführt, daß die Frau „ne peut s'obliger ni obliger la communauté sans l'autorisation du mari"; es heißt dann aber weiter, daß „pour les acquisitions nécessaires ou du ménage, comme pour les

[1] So z. B. Douai 24. 12. 1833, D. P. 1847. 2. 59; Besançon 10. 7. 1866, D. P. 1866. 2. 136; Paris 5. 3. 1895, Gaz. Pal. 1895. 1. 469. Weitere Entscheidungen bei BINET 32, Anm. 4.

objets de son entretien personnel, cette autorisation est présumée exister"[2].

2. Die Literatur steht dieser Konstruktion, soweit sie überhaupt darauf eingeht, fast ausnahmslos ablehnend gegenüber[3]. Zwei Bedenken sind vornehmlich dagegen erhoben:

a) Das eine wurzelt darin, daß das erzielte Ergebnis unangemessen sei. Aus Geschäften, die die Frau mit der autorisation ihres Mannes vorgenommen hat, wird nach der Regel: „Qui auctor est" (d. h. qui auctoritatem suam interponit) „se non obligat" sie allein und nicht der Mann verpflichtet. Freilich wird dieser Satz für den praktisch wichtigsten Fall des gesetzlichen Güterstandes, d. h. der Fahrnisgemeinschaft, erheblich abgeschwächt. Hier haftet gemäß art. 1419 C. c. für Schulden der erwähnten Art neben der Frau auch noch das Gesamtgut und der Mann mit seinem gesamten eigenen Vermögen[4]. Dennoch werde hierdurch an dem Kernpunkt nichts geändert: Die Pflicht zur Tragung des ehelichen Aufwandes und zur Unterhaltung seiner Frau laste nach art. 214 C. c. auf dem Mann; daher sei es das Richtige: nicht, daß der Mann — wie wenigstens nach gesetzlichem Güterrecht — auch hafte, sondern daß er aus Haushaltgeschäften der Frau allein hafte[5]. In dieser Form geht die angestellte Überlegung gewiß zu weit. Erstrebenswert ist allerdings, daß bei allen Güterständen der Mann durch Haushaltgeschäfte der Frau verpflichtet wird. Aber die Frau sollte deswegen nicht jeder Verpflichtung ledig sein; mindestens eine subsidiäre Haftung ihrerseits wäre jedenfalls angebracht. Da indessen auch dies beschränktere Ziel, unabhängig vom ehelichen Güterrecht, mit der Konstruktion der „autorisation tacite" nicht zu erreichen ist, so mag man sie aus diesem Grunde verwerfen.

b) Schwerer noch als diese rechtspolitischen Erwägungen wiegt folgendes: art. 217 C. c. verlangt zur Behebung der incapacité der Frau, daß der Mann entweder selbst bei dem Geschäfte mitwirke oder schriftlich sein Einverständnis dazu erkläre[6]. Diese Bestimmung ist

---

[2] Trib. civ. Lyon 1. 8. 1867 sous Cass. 30. 11. 1868, D. P. 1869. 1. 132.

[3] Demolombe IV, Nr. 169; Laurent XXII, Nr. 105 u. a.

[4] Und zwar tritt nach fester Praxis des Kassationshofs (vgl. namentlich Urteil vom 16. 7. 1902, D. P. 1903. 1. 401 mit zustimmender Anmerkung von Capitant und neuestens Urteil vom 27. 6. 1922, D. P. 1922. 1. 200), wie bei uns nach §§ 1459 Abs. 2, 1530 Abs. 2, 1549 BGB., Solidarhaftung des Mannes ein. Diese Frage, wie überhaupt die Tragweite des art. 1419, ist indessen in der Literatur lebhaft bestritten; vgl. (Planiol-Ripert-) Nast VIII, Nr. 362ff., wo ausführliche weitere Nachweise; wie Nast auch Josserand bei Besprechung des Nastschen Buches in Revue crit. 1925, S. 313f.

[5] In diesem Sinne Binet, 32ff.

[6] Nach dem sogleich noch im Text zu erörternden Zweck der Vorschrift ist eine nachträgliche schriftliche Zustimmung nutzlos; vgl. dazu (Planiol-Ripert-) Rouast II, Nr. 447.

streng auszulegen, da man nur so dem Grunde, auf dem sie beruht, und den praktischen Bedürfnissen des Verkehrs gerecht wird. Entsprechend der geschichtlichen Entwicklung, die in der Zeit vom 13. bis zum 16. Jahrhundert in den Landstrichen des koutümiären Rechts zu einer Mischung germanischer und (nicht immer richtig verstandener) römischer Rechtsgedanken geführt hatte, haftet der incapacité der Frau, so wie der Code civil sie sich in Übertreibung der römisch-rechtlichen Einflüsse vorstellt, etwas Zwiespältiges an: Geschäftsunfähigkeit und Erfordernis der Autorisierung sind nicht nur Ausfluß der muntschaftlichen Gewalt des Mannes, in dessen Händen als Haupt der Familie die Einheitlichkeit der Leitung in der ehelichen Genossenschaft gewährleistet sein soll, sondern die ehemännliche autorisation soll daneben auch dem Schutze der wegen der fragilitas sexus als schutzbedürftig betrachteten Frau dienen[7]. Hieraus ergeben sich zwei wichtige Folgerungen: Der Mann würde sich teilweise seiner eheherrlichen Gewalt und namentlich des in ihr enthaltenen Rechts zu ständiger Kontrolle der Frau begeben, und überdies würde ein wirksamer Schutz der Frau gegen unbedachte Geschäfte unmöglich sein, wenn man die Erteilung einer allgemeinen autorisation zuließe. Daher wird, getreu der Tradition[8], auch ohne ausdrückliche Vorschrift im Code civil noch heute die Spezialität als der autorisation wesentlich angesehen: grundsätzlich muß der Mann die Autorisierung für den Einzelfall und in genauer Kenntnis aller Umstände und Bedingungen des vorzunehmenden Geschäfts erteilen, da nur solche Autorisierung den ihr zugedachten Zweck der Aufrechterhaltung der eheherrlichen Gewalt und des Schutzes der Frau erfüllen kann[9]. Um eben dieses Zweckes willen, den es anders

---

[7] Genauere Erörterungen darüber würden hier zu weit führen. Vgl. COLIN et CAPITANT I, 614ff., 617f.; (PLANIOL-RIPERT-) ROUAST II, Nr. 404ff.; GIDE: Etude sur la condition privée de la femme . . . ([2] Paris 1885), 423ff.; MORIZOT-THIBAULT: De l'autorité maritale (Etude critique du code civil), Paris 1899, 31ff., 39ff., 78ff.; AFTALION (oben S. 3 Anm. 1), 14ff., 26ff., 60ff.; SIRAMY: Etude sur les origines et les caractères de l'autorisation maritale dans l'histoire du droit français (Thèse, Paris 1901), passim, bes. 36ff, 73ff., 84ff.

[8] POTHIER: Puissance du mari, Nr. 67, mit Belegen; LEBRUN: Traité de la communauté entre mari et femme (Paris 1709) Livre II chap. I sect. IV Nr. 1ff., bes. Nr. 8 (S. 154ff., 157).

[9] Dazu (PLANIOL-RIPERT-) ROUAST II, Nr. 451ff., wo (Nr. 456) auch die Ausnahmen dieses Prinzips aufgeführt werden. — Im Rahmen der *belgischen* Reform (oben S. 6 Anm. 10) ist jetzt geplant, den Spezialitätsgrundsatz aufzugeben: Nach art. 221 des Entwurfs in der Fassung vom 6. 4. 1927 kann der Mann seiner Frau durch Erklärung vor dem Gerichtsschreiber bei jedem Güterstande zu allen Prozessen und Rechtshandlungen, zu denen überhaupt seine Autorisation erforderlich ist, eine „autorisation générale" erteilen; diese ist zwar jederzeit widerruflich, aber die Frau kann einen willkürlichen Widerruf für nichtig erklären lassen. Durch diese Rege-

nicht sicher erreichen zu können meinte, hat das Gesetz in art. 217 für die Erteilung der Autorisierung die bereits erwähnten bestimmten Formen vorgeschrieben. Sie stellen übrigens schon eine beträchtliche Konzession gegenüber dem ancien droit unmittelbar vor dem Code civil dar: POTHIER hielt es für unumgänglich notwendig, daß der Mann nicht etwa nur „son consentement" erkläre, sondern gerade den Ausdruck „autoriser" gebrauche — „ce terme est comme sacramentel, et je ne vois que celui d'habiliter qui puisse paraître équipollent"[10]. Schon nach den bisherigen Erörterungen verbietet sich also eine laxe Handhabung der Vorschriften des art. 217. Sie würde überdies die Verkehrssicherheit gefährden: denn auch der Dritte, der sich auf ein Geschäft mit einer Ehefrau einläßt, muß wissen, woran er ist. So besteht in der Literatur nahezu Einigkeit[11] und ist herrschende Praxis[12], daß für die Erteilung der autorisation andere als die in art. 217 ausdrücklich genannten Mittel unzulässig seien. Das hat der Kassationshof noch jüngst mit aller Schärfe ausgesprochen: „Attendu que d'après l'art. 217 C. c. l'autorisation maritale nécessaire à la femme pour contracter doit être établie par le concours du mari à l'acte ou par son consentement par écrit; qu'il ne peut être suppléé à ces garanties formellement exigées par la loi par des équivalents tirés des circonstances qui ont précédé ou suivi l'engagement pris par la femme . . ."[13].

Gegenüber diesem Standpunkt des Gesetzes dürfte die Theorie von der autorisation tacite für die Haushaltgeschäfte der Frau unhaltbar sein[14]. Sie kann denn auch heute in Belgien und in Frankreich als überwunden angesehen werden.

II. Dagegen ist diese Theorie in zahlreichen anderen Ländern des romanischen Rechtskreises: so in den *Niederlanden* sowie in *Argentinien, Brasilien, Chile, Colombien, Ecuador, Guatemala, Uruguay* gesetzlich festgelegt[15].

1. Auch nach diesen Rechtsordnungen untersteht die Frau der eheherrlichen Gewalt und bedarf daher zu fast allen Geschäften der

---

lung bringt der Entwurf, obwohl er an dem Grundsatz der Geschäftsunfähigkeit der Ehefrau noch festhält, praktisch doch schon einen sehr erheblichen und begrüßenswerten Fortschritt.

[10] POTHIER: Puissance du mari, Nr. 68.

[11] DEMOLOMBE IV, Nr. 197; LAURENT III, Nr. 117; BAUDRY-LACANTINERIE et HOUQUES-FOURCADE II, Nr. 2229, 2241; (PLANIOL-RIPERT-) ROUAST II, Nr. 444, 449 u. a. — Abweichend namentlich AUBRY et RAU VII, § 472 (S. 247) zu und in Anm. 58.

[12] Vgl. z. B. Cass. 26. 7. 1871, D. P. 1871. 1. 293; 22. 2. 1893, D. P. 1893. 1. 295 u. öfter.

[13] Cass. 7. 3. 1922, D. P. 1925. 1. 136.

[14] Das heben noch besonders hervor: COLIN et CAPITANT I, 638; (PLANIOL-RIPERT-) ROUAST II, Nr. 392; BINET 39f.

[15] Über *Spanien* und *Cuba* unten S. 16, 17.

Autorisierung durch den Mann. Dies gilt namentlich für die Vertragsobligationen: In den latein-amerikanischen Zivilgesetzbüchern werden sie ausdrücklich als autorisationsbedürftig mit aufgeführt[16, 17]; das niederländische Burgerl. Wetboek art. 163 nennt sie zwar nicht, dennoch muß man auch für das niederländische Recht durch Schlußfolgerung aus den den artt. 220, 1124 des französischen Code civil entsprechenden artt. 168, 1366 des Burgerl. Wetboek unzweifelhaft zum gleichen Ergebnis kommen[18].

---

[16] *Brasilien*, art. 242; *Chile*, art. 137; *Colombien*, art. 182; *Ecuador*, art. 131; *Uruguay*, art. 131.

In *Argentinien* ist der Grundsatz der Geschäftsunfähigkeit der Ehefrau und das Erfordernis der Autorisierung vor allem für jeglichen schuldrechtlichen Vertrag niedergelegt in art. 212 C. c. (ursprünglich art. 55 des Ehegesetzes, durch das mit Wirkung vom 1. 12. 1889 der bisherige Titel „Del matrimonio" des Código civil ersetzt wurde; da hierdurch von art. 158 C. c. ab eine Änderung der Artikelzählung eintrat, werden im weiteren Verlauf der Darstellung für Argentinien stets zwei Zitate gegeben werden: zunächst nach der heutigen und in Klammern nach der „früheren", d. h. der vor dem 1. 12. 1889 gültigen Nummerierung). Wenn ich recht sehe, ist dies Prinzip jetzt nur — allerdings erheblich — abgeschwächt, aber noch keineswegs gänzlich beseitigt durch das Gesetz Nr. 11357 vom 14. 9. 1926 über die „derechos civiles de la mujer" (deutsche Übersetzung von Rost in: Blätter f. internat. Privatr. [Beilage der Leipziger Zeitschr.] 1927, 83f.): Völlige Aufhebung der bisherigen Beschränkungen der verheirateten Frau wäre doch sehr leicht auszudrücken gewesen — etwa ähnlich, wie art. 2 des Gesetzentwurfs des Senators del Valle Iberlucea rund heraus bestimmte: „Queda abolida la incapacidad de la mujer casada". Statt dessen enthält art. 3 nur eine (freilich ziemlich umfangreiche) Aufzählung alles dessen, was die Ehefrau in Zukunft „ohne die Notwendigkeit ehemännlicher oder gerichtlicher Autorisation" tun kann. Hiernach scheint mir noch nicht schlechthin die Befugnis zur Eingehung von Vertragsverbindlichkeiten zu bestehen; und es bleibt namentlich unsicher, ob die Frau für Haushaltverträge — worüber sogleich S. 15 — heute voll geschäftsfähig ist (wahrscheinlich allerdings zu bejahen, vgl. auch art. 6 des Ges. und dazu unten S. 18).

[17] Das neue am 15. 9. 1926 in Kraft getretene I. Buch des Código civil von *Guatemala* enthält über die Vertragsobligationen freilich nichts, wie denn überhaupt der sonst übliche Katalog von autorisationsbedürftigen Geschäften fehlt und daher zweifelhaft sein kann, ob der Grundsatz der Geschäftsunfähigkeit der Ehefrau noch heute in Guatemala gilt. Für die Bejahung kann man anführen, daß die verheiratete Frau gem. art. 154 (nur) „con la autorización del marido" sich irgendeiner Erwerbstätigkeit oder einem anständigen Berufe widmen kann. Vor allem aber: Nach art. 166 bedarf die Ehefrau der „autorización" des Mannes oder des Richters zu vertraglichen Verpflichtungen und zum Prozessieren nicht, „wenn es sich um ihr eigenes Vermögen handelt"; hieraus läßt sich schließen, daß im übrigen noch das Erfordernis der Autorisierung gilt. Vgl. auch unten S. 15 Anm. 20.

[18] Über diese Deduktion im französischen Recht oben S. 5. — Vgl. auch. Asser-Scholten: Handleiding tot de beœfening van het Nederl. Burgerl. Recht I (5. Aufl. Zwolle 1923), S. 213.

2. Wichtige Kategorien von Verträgen werden indessen herausgehoben:

a) In allen erwähnten latein-amerikanischen Gesetzbüchern (mit Ausnahme von Guatemala) wird generell für Barkäufe — und zwar grundsätzlich nur für diese und auch nur bezüglich beweglicher Sachen — die Vermutung aufgestellt, daß die Frau zu deren Vornahme vom Manne autorisiert sei[19]. Da es sich hier gerade um die Geschäfte handelt, die im täglichen Leben unbestreitbar die größte Rolle spielen, so sind schon diese Bestimmungen höchst bemerkenswert, da sie eine wesentliche Durchbrechung des Prinzips der Geschäftsunfähigkeit der verheirateten Frau bringen.

b) Die zweite Ausnahme betrifft die Haushaltgeschäfte der Ehefrau: auch für sie normieren die sämtlichen hier genannten romanischen Gesetze die Vermutung der Autorisierung der Frau durch den Mann, wobei die latein-amerikanischen Gesetze in Erweiterung der bereits erwähnten Ausnahme besonders betonen, daß die Frau Haushaltgeschäfte auch auf Kredit schließen kann[20].

---

[19] *Brasilien,* art. 247; *Chile,* art. 147; *Colombien,* art. 192; *Ecuador,* art. 141; *Uruguay,* art. 141; *Argentinien,* art. 213 (ursprünglich art. 56 des Eheges.) — ob es allerdings noch heute dieser Konstruktion bedarf, um die Frau zu derartigen Geschäften zu befähigen, ist zweifelhaft (eher zu verneinen): vgl. S. 14 Anm. 16.

[20] *Niederlande,* Burgerl. Wetb. art. 164 („. . . wegens alles wat de gewone en dagelijksche uitgaven der huishouding betreft . . ."; vgl. auch unten S. 61 Anm. 10); *Argentinien,* art. 213 (ursprünglich art. 56 des Eheges.) („. . . en las compras al fiado de objetos destinados al consumo ordinario de la familia . . .") — heute besitzt die Frau für diese Verträge vielleicht schon ohne diese Konstruktion volle Geschäftsfähigkeit: vgl. oben S. 14 Anm. 16; *Brasilien,* art. 247 („. . . para a compra, ainda a credito, das coisas necessarias á economia domestica . . ."); *Chile,* art. 147 („. . . en las compras al fiado de objetos naturalmente destinados al consumo ordinario de la familia . . .") — die gleiche Formel in den übrigen Gesetzen: *Colombien,* art. 192; *Ecuador,* art. 141; *Uruguay,* art. 141; vgl. über diese latein-amerikanischen Gesetze auch noch unten S. 62 Anm. 14.

Guatemala weicht auch hier von der landläufigen Formulierung ab. In art. 153 wird nämlich bestimmt: „Die Frau hat Recht und Pflicht, die Angelegenheiten des Hauswesens zu leiten. Im Rahmen ihres häuslichen Wirkungskreises hat sie Recht und Pflicht, die Geschäfte des Mannes zu besorgen. Die Rechtshandlungen, die sie innerhalb dieser Grenzen vornimmt, gelten als durch den Mann ‚autorizados', es sei denn, daß aus den Umständen deutlich das Gegenteil hervorgeht." Die Ähnlichkeit dieser Vorschrift mit BGB. §§ 1356, 1357 ist so stark, daß man wohl fast bewußte Nachahmung des deutschen Rechts annehmen muß. Eben deshalb läßt sich auch in Frage ziehen, ob es sich hier um eine Vermutung der „Autorisierung" in dem sonst bei den romanischen Rechten üblichen Sinne handelt, ob damit nicht vielmehr — was sprachlich für „autorizar" ebensogut möglich ist — gesagt sein soll, die Frau solle zu den fraglichen Handlungen als vom Manne bevollmächtigt gelten. Volle Sicherheit hierüber wie

c) Hervorzuheben ist, daß diese Bestimmungen wohl nicht nur die Beweislast regeln wollen und also lediglich für den Prozeß Bedeutung haben, sondern daß ihnen offenbar materiellrechtlicher Sinn innewohnt: Statuierung der „Vermutung“ für Erteilung der Autorisierung heißt, daß die Frau, soweit nicht das Gegenteil erkennbar ist, autorisiert und also voll geschäftsfähig ist oder doch wenigstens gilt[21]. In dieser Richtung bewegt sich deutlich oder geht wohl sogar noch darüber hinaus die Regelung in *Spanien* und *Cuba*. Auch hier besteht grundsätzlich das Erfordernis der Autorisation namentlich für die Vertragsobligationen[22]. Für Haushaltgeschäfte gilt eine Ausnahme, für die der Zweifel, zu dem die hier in Rede stehende Vermutung Anlaß geben kann, ausgeschlossen ist: Die von der Frau entgegen den Bestimmungen über die Autorisation vorgenommenen Geschäfte werden für nichtig erklärt und hinzugefügt: „außer wenn es sich um Sachen handelt, die ihrer Natur nach für den gewöhnlichen Verbrauch der Familie bestimmt sind, in welchem Falle die von der Frau abgeschlossenen Käufe gültig sind“[23].

3. Durch diese Vorschriften sind solche Einwendungen, wie sie für das französische Recht mit Rücksicht auf die für die Autorisierung grundsätzlich notwendigen Formen und wegen des Spezialitätsprinzips zu erheben waren, selbstverständlich von vornherein abgeschnitten. Prima facie ergeben sich freilich, da die Frau — insoweit voll geschäftsfähig — im eigenen Namen kontrahiert, also an sich auch allein haften müßte, rechtspolitische Bedenken[24].

über die S. 14 Anm. 17 behandelte Frage war nicht zu gewinnen, da mir leider lediglich der Gesetzestext zugänglich war. Für die praktisch wichtige Frage der Haftung aus Haushaltgeschäften spielt diese Unsicherheit jedenfalls keine Rolle; vgl. unten S. 17 zu und in Anm. 26.

[21] In diesem Sinne (für das argentinische Recht) offenbar auch: CAMMAROTA: Incapacidad civil de la mujer casada (Buenos Aires 1922), S. 150. — Der hier von den romanischen Rechten verwendete Präsumtionsbegriff ist demnach ein anderer als der uns im deutschen Recht geläufige. Darauf hat jüngst MARTIN WOLFF: Ztschr. f. ausländ. u. internat. Privatr. I (1927), 523f. aufmerksam gemacht.

[22] *Spanien,* art. 61; *Cuba,* art. 61 (insoweit unberührt geblieben von dem Ges. vom 18. 7. 1917, das der Ehefrau die freie Verwaltung ihres eigenen Vermögens und eine Reihe sonstiger Befreiungen gebracht hat; vgl. BETANCOURT: Código civil [3. Aufl. Habana 1924], S. 70 Anm. 67). — Der Aufbau beider Gesetze läßt allerdings nicht völlig deutlich werden, ob die incapacidad der Ehefrau Grundsatz oder nur Ausnahme ist. In der spanischen Literatur wird (mit Recht) die Geschäftsunfähigkeit als das Prinzipielle angesehen: TARRAGATO: Teoría gen. de la capacidad de la mujer casada, Rev. gen. de legislac. y jurisprud. — I Doctrinal — Bd. 145 (1924), 30ff., bes. 33f.; J. CASTAN TOBEÑAS: Derecho civ. español común y foral I (Madrid 1926), 75.

[23] Wörtlich übereinstimmend *Spanien* und *Cuba,* art. 62. — Vgl. dazu noch unten S. 62 Anm. 14 a. E.

[24] Dazu oben S. 11.

a) Sie bleiben bestehen für das *spanische* und *cubanische* Recht. Entsprechend der rechtstechnischen Konstruktion ihrer Haushaltbefugnisse haftet die Frau hier offenbar stets selbst, und zwar prinzipiell nur sie. Eine — praktisch allerdings nicht unbedeutsame — Modifizierung gilt für den gesetzlichen Güterstand, bei dem auch das Gesamtgut haftet[25].

b) Dagegen beseitigt der *brasilianische* Código civil jegliches Bedenken durch den beachtlichen positiven Satz in art. 254, daß für Haushaltgeschäfte der Frau im Sinne von art. 247 bei jedem Güterstand das Vermögen beider Ehegatten gleichermaßen haften solle.

Auch der Código civil von *Guatemala* schreibt in art. 168 solidarische Haftung der Güter der Ehegatten vor für „Krediteinkäufe von Sachen und Gegenständen, die zum Verbrauch oder Gebrauch der Familie bestimmt sind". Es wird aber — über das brasilianische Recht hinausgehend — ausdrücklich für gleichgültig erklärt, wer von den Ehegatten gekauft habe, und damit also eine „Schlüsselgewalt" auch des Mannes anerkannt. Nur für Luxussachen soll es bei der persönlichen Haftung lediglich dessen, der sie gekauft hat, sein Bewenden haben[26].

c) Die übrigen latein-amerikanischen Gesetzbücher erklären wenigstens beim gesetzlichen Güterstand die Schulden, die die Frau mit ausdrücklicher oder stillschweigender Autorisierung durch ihren Mann kontrahiert habe, für Schulden des Mannes und folglich auch des Gesamtguts und bestimmen noch besonders, daß für solche Schulden also der Mann mit seinem Vermögen und das Gesamtgut hafteten; der Zugriff auf das persönliche Vermögen der Frau wird (abgesehen vom argentinischen Gesetzbuch, worüber sogleich noch) den Gläubigern ausdrücklich verwehrt, außer wenn das Geschäft „zum persönlichen Vorteil der Frau" war. Danach würde für alle von der Frau im Rahmen ihrer Haushaltbefugnisse kontrahierten Schulden der Mann haften, und zwar grundsätzlich allein; soweit es sich um Anschaffungen für die Frau persönlich

[25] *Spanien* und *Cuba*, art. 1408. Die Frau kann allerdings nur ausnahmsweise das Gesamtgut verhaften — aber ihre Haushaltgeschäfte im Sinne von art. 62 gehören zu diesen Ausnahmefällen: vgl. Manresa y Navarro: Comentarios al código civil español IX (3. Aufl. Madrid 1919), S. 649; Demófilo de Buen in: Curso elemental de derecho civil por Colin y Capitant Tomo II vol. 1 (Madrid 1923), Zusatz auf S. 415.

[26] Diese Sätze sind, wie immer man über die oben S. 14 Anm. 17 und S. 15 Anm. 20 berührten Fragen denken mag, für die Haushaltgeschäfte der Frau sehr bemerkenswert: Sollte die grundsätzlich bestehende Geschäftsunfähigkeit der Ehefrau durch art. 153 behoben werden, so würde die hier in Rede stehende Vorschrift eine Durchbrechung der Regel: „Qui auctor est, se non obligat" bedeuten, indem sie der normalerweise allein gegebenen Haftung der Frau eine Haftung auch des Mannes hinzufügte. Wenn dagegen die Frau in Guatemala für Haushaltgeschäfte als Bevollmächtigte des Mannes gelten sollte, so würde art. 168 besagen, daß entgegen den Grundsätzen der Stellvertretung nicht nur der Mann, sondern auch die Frau haften solle.

handelt, tritt — wie es scheint, nicht an Stelle der Manneshaftung, sondern — daneben die Haftung der Frau mit ihrem eigenen Vermögen[27].

Von dieser Regelung der Haftung wich der *argentinische* Código civil schon früher ab: Zwar ergab sich aus ihm beim gesetzlichen Güterstand ebenso wie in den anderen soeben (Anm. 27) genannten Ländern Latein-Amerikas Haftung des Mannes und des Gesamtguts für Haushaltschulden[28]. Aber es war nichts darüber gesagt, daß die Haftung der Frau grundsätzlich ausgeschlossen sein solle; danach muß wohl angenommen werden, daß aus Haushaltgeschäften nicht nur, wenn sie „zum persönlichen Vorteil der Frau" waren, sondern — der Konstruktion der vermuteten Autorisierung entsprechend — stets (auch) die Frau haftete. Hieran knüpft das jetzt geltende Gesetz Nr. 11357 vom 14. 9. 1926 insofern an, als aus art. 6 deutlich zu entnehmen ist, daß die Frau, wenn sie ein Geschäft zur Befriedigung der „necesidades del hogar" oder für die Erziehung der Kinder eingegangen ist, immer auch persönlich haftet. Aus solchen Geschäften soll aber daneben der Mann mit den Früchten seines eigenen Vermögens und mit den Früchten der von ihm verwalteten Errungenschaft haften. Bedeutsam ist, daß jetzt nach art. 6 l. c. in entsprechender Weise Mithaftung der Frau eintritt, wenn der Mann für den Haushalt oder für die Erziehung der Kinder Schulden kontrahiert hat[29].

d) Im *niederländischen* Recht endlich ist die Frage der Haftung aus Haushaltgeschäften der Frau heute noch zweifelhaft. Aus dem Wortlaut von art. 164 und seiner systematischen Stellung im Rahmen der Vorschriften über die Autorisierung der Frau, d. h. die Behebung ihrer eigenen Geschäftsunfähigkeit und also Ermöglichung, sich persönlich zu verpflichten, sollte folgen, daß die Frau aus solchen Geschäften selbst haftet[30]. Allein überwiegend — wohl aus dem Gefühl heraus, daß diese Entscheidung rechtspolitisch unangemessen sei — setzt sich die Praxis über den Grundsatz: „Qui auctor est . . ." einfach hinweg und erklärt den Mann für haftbar[31]. Diese Judikatur, nament-

[27] *Colombien*, art. 1807; *Chile*, art. 1751; *Ecuador*, art. 1741; *Uruguay*, art. 1977.

[28] *Argentinien*, C. c. art. 1315 (früher art. 1281).

[29] Wie sich im übrigen die Vorschriften des art. 6 in den Código civil einfügen (nach art. 9 l. c. sollen sie Bestandteil von ihm sein und ihn nur insoweit abändern, als er Widersprechendes enthält), kann schon wegen der Eigenartigkeit und Kompliziertheit des argentinischen Ehegüterrechts hier nicht weiter verfolgt werden.

[30] Mit dieser Begründung und dem ausdrücklichen Hinzufügen, daß die Frau gemäß art. 164 nicht als Mandatarin des Mannes auftrete, hat die Rechtbank 'sGravenhage 11. 11. 1911, Weekbl. 1912 Nr. 9273 persönliche Verpflichtung der Frau angenommen.

[31] Hooge Rad 5. 2. 1909, Weekbl. 1909 Nr. 8819 (über dessen Begründung vgl. unten S. 49 Anm. 4). Ebenso z. B. Kantongerecht Rotterdam 9. 3. 1908 u. 16. 2. 1923, Weekbl. 1908 Nr. 8760 u. 1923 Nr. 11028; Kantongerecht Amsterdam 3. 11. 1920 u. 23. 1. 1925, Weekbl. 1922 Nr. 10816

lich das unten zitierte Urteil des Hooge Rad, wird allerdings mitunter dahin verstanden, daß jedenfalls der Mann, nicht, daß nur er haften solle. Die Frage, ob daneben auch die Frau verpflichtet sei, werde von der Rechtsprechung offen gelassen. Auch diese Frage wird daher von manchen bejaht und also Haftung beider Ehegatten angenommen[32].

Diesem Gedanken — der von der herrschenden Praxis für das geltende Recht meines Erachtens verworfen wird[33] — soll in den Niederlanden jedenfalls die Zukunft gehören: Im vergangenen Sommer ist der von einer staatlichen Kommission ausgearbeitete und mit kurzer Erläuterung dem Justizminister unterbreitete Eherechtsentwurf veröffentlicht worden, auf den hier, soweit für unsere Betrachtungen von Interesse, wenigstens kurz einzugehen ist[34]. Der Entwurf konstruiert die Haushaltbefugnisse der Frau völlig anders als das gegenwärtige Recht. Das steht in unmittelbarem Zusammenhang mit dem für ein romanisches Recht hochbedeutsamen und wichtigsten Fort-

u. 1926 Nr. 11484; Rechtbank 'sGravenhage 22. 4. 1924, Nederlandsche Jurisprudentie 1927, 160; Rechtbank 'sGravenhage 14. 1. 1927, Weekbl. 1927 Nr. 11626; Gerechtshof Hertogenbosch 5. 4. 1927, Weekbl. voor Privaatr., Not. en Registr. 1928, Nr. 3029, S. 24 u. a. m.

[32] So VEEGENS-OPPENHEIM: Schets van het Nederl. Burgerl. Recht Bd. I (3. Aufl. Haarlem 1923), S. 119; ASSER-SCHOLTEN: Handleiding tot de beoefening van het Nederl. Burgerl. Recht Bd. I (5. Aufl. Zwolle 1923), S. 215 und ausführlich: SCHOLTEN: Weekbl. voor Privaatr., Not. en Registr. 1909, Nr. 2070/2071. — Dagegen für Alleinhaftung des Mannes: (OPZOOMER-) GRÜNEBAUM: Het Burgerl. Wetboek verklaard, Bd. I (3. Aufl. 'sGravenhage 1911), S. 318ff.

[33] Wenn die Rechtsprechung wirklich, wie die in Anm. 32 Zitierten meinen, mit der Haftbarerklärung des Mannes die Haftung der Frau nicht ausschließen wollte, so wäre auffällig und kaum verständlich, warum — wie ein Blick durch die Entscheidungssammlungen zeigt — regelmäßig nur gegen den Mann geklagt wird, anstatt, wie ein gewissenhafter Anwalt es unzweifelhaft tun würde, gegen beide Ehegatten gemeinschaftlich. Sollte das nicht daran liegen, daß in der Anwaltspraxis die Rechtsprechung dahin verstanden wird, daß der Mann allein verpflichtet werde? Die Auffassung, daß dies der Sinn der Judikatur sei, wird noch erheblich verstärkt durch die Tatsache, daß bei den Vorarbeiten zu dem im Text sogleich noch zu erwähnenden Eherechtsentwurf innerhalb der Kommission lebhafter Streit darum entstand, ob die Ehegatten gemeinschaftlich haften sollten — diese Debatte wäre schwer begreiflich, wenn solche Haftung, die nach dem Gang der Verhandlungen offensichtlich als ein Novum empfunden wurde, schon dem geltenden Recht entspräche. Über einen dritten Grund für den hier vertretenen Standpunkt unten S. 49 Anm. 4.

[34] Text und Erläuterung sind abgedruckt im Weekblad van het Recht 1927 Nr. 11656, 11658—11660; ebenso im Weekbl. voor Privaatr., Not. en Registr. 1927, Bijvoegsel zu Nr. 2997, S. 393ff. (die folgenden Zitate beziehen sich auf diese letztere Quelle). — Die Kommission war durch königl. Beschluß vom 13. 9. 1919, Nr. 51, eingesetzt worden „zur Beseitigung von Fehlern und Füllung von Lücken in der niederländischen bürgerlichen Gesetzgebung“.

schritt, den er bringt: eheherrliche Gewalt und Autorisierung werden gänzlich beseitigt, und die Frau wird für voll geschäftsfähig erklärt. Nachdem der Entwurf ausgesprochen hat, daß jeder Ehegatte für die von ihm vorgenommenen Rechtshandlungen haftbar sei, fügt er hinzu, wenn eine Rechtshandlung mit Ermächtigung („magtiging") des anderen Ehegatten vorgenommen werde, dann trete gesamtschuldnerische Haftung beider Ehegatten ein. Hierauf baut der Entwurf für die Haushaltgeschäfte auf, indem er in art. 163 Abs. 3 fortfährt: „Die Ermächtigung wird unterstellt in Ansehung aller Geschäfte, die vernünftigerweise anzusehen sind als die gewöhnlichen Bedürfnisse des Haushalts betreffend, worunter mit verstanden werden die gewöhnlichen Bedürfnisse der Kinder und jedes der Ehegatten". In dieser — unter der entbehrlichen und unklaren Konstruktion einer „unterstellten" Ermächtigung leidenden — Bestimmung muß ein doppelter Sinn gefunden werden: Unterstellung der Ermächtigung bedeutet einerseits, daß die Wirkung eintreten soll, die nach der unmittelbar vorangehenden Vorschrift jeder besonders erteilten Ermächtigung eigen ist: nämlich die gesamtschuldnerische Haftung der Ehegatten. „Die Ermächtigung wird unterstellt" soll andererseits offenbar besagen, daß wechselseitige Erteilung der Ermächtigung unterstellt wird, so daß also nicht nur, wenn die Frau, sondern auch wenn der Mann Haushaltschulden eingeht, stets solidarische Haftung beider Ehegatten gegeben ist[35]. Mit dieser Statuierung — wie man es vielleicht nennen darf: — „doppelseitiger Schlüsselgewalt" und mit der Regelung der Haftungsfrage erweist sich der niederländische Entwurf als erfreulich modern und bringt die meines Erachtens sachentsprechende Lösung[36].

---

[35] Vgl. auch die Erläuterung a. a. O., S. 400, rechte Spalte.

[36] Die Kommission erklärt zu Beginn ihrer Erläuterungen (a. a. O., S. 398, linke Spalte), sie habe das deutsche, schweizerische und skandinavische Recht studiert, dabei aber nur wenig gefunden, was sich zur Übernahme auf die niederländischen Verhältnisse eigne. Zu diesem Wenigen gehört — worüber die Erläuterungen schweigen — die Bestimmung über die Solidarhaftung der Ehegatten aus Haushaltgeschäften sowohl des Mannes wie der Frau: hierfür haben offensichtlich Kap. 5 § 12 des *schwedischen* Eherechtsgesetzes vom 11. 6. 1920 und § 11 des *dänischen* Gesetzes vom 18. 3. 1925 über die Rechtswirkungen der Ehe als Vorbild gedient. — Nimmt man hinzu, daß doppelseitige Schlüsselgewalt mit gesamtschuldnerischer Haftung beider Ehegatten unlängst auch in § 7 des *norwegischen* Gesetzes vom 20. 5. 1927 über die Vermögensverhältnisse der Ehegatten festgelegt ist und daß das gleiche heute in *Guatemala* (oben S. 17) sowie — in etwas beschränkter Form — auch in *Argentinien* (oben S. 18) gilt, so dürfte mit dieser trotz der Verschiedenartigkeit der beteiligten Rechtskreise gleichförmigen Entwicklung des Problems in der Welt auch der deutschen Reform deutlich genug der Weg gewiesen sein; in dieser Richtung bewegen sich denn auch die Vorschläge der Referenten auf dem Heidelberger Juristentag, vgl. Verhandlungen des XXXIII. Dtsch. Juristentags (1925), 327, 333, 343.

Drittes Kapitel.

Mandat domestique.

I. Formelle und materielle Begründung.

§ 4.

I. Wie zu Anfang des vorigen Paragraphen dargelegt, ist für Frankreich und Belgien die Theorie von der autorisation tacite für die Haushaltgeschäfte der Frau abzulehnen. Sie ist verdrängt durch die Lehre vom *mandat domestique*. Eine Lehre, die bereits das ancien droit in der Zeit vom 16. Jahrhundert bis zur Kodifikation NAPOLEONs beherrscht hatte. Wer diese Konstruktion aufgebracht hat und aus welchem Grunde, ist nicht ganz sicher. Meist wird DUMOULIN als der Vater dieses Gedankens angesehen: Bezüglich des Kaufs von Kleidern durch die Frau spricht er von ihr allerdings — nebenbei — als von der „procuratrix mariti"[1]. Aber aus seinen weiteren Ausführungen und dem ganzen Zusammenhang scheint eher hervorzugehen, daß er den Mann nicht aus dem Gesichtspunkt der Stellvertretung durch seine Frau haften lassen will, sondern daß er gegen den Mann die actio de in rem verso gibt[2]. Wie dem auch sei: spätere Autoren sind jedenfalls unzweideutig. So heißt es z. B. bei LEBRUN: „. . . on condamne le mari à acquitter les parties de Marchands qui ont avancé des choses nécessaires pour la subsistance et l'entretien du ménage, *la femme étant réputée procuratrice pour telles emplettes*"[3]. Und POTHIER meint, wie er von den Schulden bei Bäckern, Fleischern u. a. — also von typischen Haushaltschulden — spricht, daß die Frau „n'est censée faire cela que *pour et au nom de son mari*; elle n'est pas censée vouloir par là s'obliger

[1] Comment. in Consuetud. Paris. Tit. X § CXIV, Nr. 3 (MOLINAEI Omnia quae extant opera, Bd. 1 [Paris 1681], S. 872).

[2] Genauere Untersuchung dieser historischen Frage liegt nicht in den Absichten der gegenwärtigen Arbeit. Vgl. die Kritik bei: BINET 27f.; DAURIAC: Influence de la séparation de fait sur la condition juridique de la femme mariée (Thèse Paris; Limoges 1924), S. 263f.; BASSET 298f.

[3] LEBRUN: Traité de la communauté entre mari et femme (Paris 1709), Liv. II, chap. II, sect. II, Nr. 6 (S. 184).

en son nom"[4]. Diese Auffassung durchzog aber nicht nur die damalige Literatur, sondern herrschte vor allem auch in der Judikatur der Parlamente[5].

Die historische Erinnerung hieran war für das Recht nach Erlaß des Code civil sicherlich von starkem Einfluß. Außerdem mögen zahlreiche Autoren und Gerichtsentscheidungen, ohne es ausdrücklich auszusprechen, empfunden haben, daß die Konstruktion der autorisation tacite mit dem Gesetz nicht vereinbar sei. So wird die Befugnis der Frau, Haushaltgeschäfte zu Lasten ihres Mannes zu schließen, von der überwältigenden Mehrzahl der Schriftsteller und Urteile aller Instanzen auf ein *mandat tacite présumé* gestützt: zuungunsten des Mannes wird die Vermutung aufgestellt, daß er seiner Frau zum Abschluß von Haushaltgeschäften Vollmacht erteilt habe. Diese Auffassung ist heute herrschend[6]. Noch wenigstens ist sie es: Wegen der erheblichen Mängel, die ihr anhaften, rührt sich seit etwa Anfang dieses Jahrhunderts immer stärker die Kritik. Auf sie wird noch zurückzukommen sein. Zunächst ist die Lehre vom mandat domestique im einzelnen darzustellen.

II. Einige Worte vorerst darüber, wie das mandat domestique formell aus dem Gesetz zu begründen ist.

1. Von einigen Seiten wird auf art. 1420 C. c. verwiesen, teilweise sogar mit der Behauptung, daß diese Vorschrift, wenn sie auch zweifellos andere Fälle mit umfasse, doch in erster Linie auf das mandat domestique gemünzt sei[7]. Mit Recht wird hiergegen eingewendet, daß

---

[4] POTHIER: Traité de la communauté, Nr. 574. Weitere Zitate aus der Literatur zum alten Recht bei BINET 29.

[5] Vgl. die zahlreichen — großenteils inhaltlich wiedergegebenen — Entscheidungen bei MERLIN: Répertoire universel et raisonné de jurisprudence, Bd. I (4. Aufl. Paris 1812), sub verbo „Autorisation maritale", sect. VII, Nr. VII.

[6] Vgl. DEMOLOMBE IV, Nr. 169ff.; LAURENT XXII, Nr. 105ff.; GUILLOUARD II, Nr. 865ff.; AUBRY et RAU VIII, S. 119 (§ 509), Anm. 48*bis* u. a. m.

Aus der *französischen* Praxis vgl. z. B.: Cass. 12. 1. 1874, D. P. 1874 1. 153; 7. 7. 1896, D. P. 1898. 1. 18; 27. 6. 1922, D. P. 1922. 1. 200; Poitiers 23. 12. 1889, D. P. 1890. 2. 360; Douai 27. 7. 1926, Gaz. Pal. 1927. 1. Rec. des Sommaires, S. 74; Paris 18. 11. 1890, D. P. 1891. 2. 257 (4e espèce); 5. 1. 1904, D. P. 1905. 2. 249; 8. 7. 1925, D. P. 1926. 2. 77; Trib. Lyon 29. 12. 1920, D. P. 1921. 2. 74; Trib. Seine 3. 12. 1895, D. P. 1896. 2. 132; 8. 12. 1920, Rec. Gaz. Trib. 1920. 2. 441; 26. 12. 1925, D. P. 1926. 2. 78 u. a. m. — Weitere Angaben aus Literatur und älterer französischer Praxis bei BINET S. 18, Anm. 1 und 2.

Beispiele aus der *belgischen* Praxis: Liège 3. 7. 1890, Pas. 1891. II. 12; Trib. Anvers 7. 2. 1874, Pas. 1875. III. 37; Trib. Bruxelles 6. 2. 1884, Pas. 1884. III. 87; 27. 5. 1895, Pas. 1895. III. 350; 23. 2. 1922, Journal des Tribunaux 1922, Sp. 607; Trib. Liège 20. 12. 1924, Journal des Tribunaux 1925, Sp. 228 u. a. m.

[7] So RODIÈRE et PONT II, Nr. 792; BAUDRY-LACANTINERIE, LE COURTOIS et SURVILLE I, Nr. 500. — Aus der Praxis gehört hierher z. B. ein

art. 1420 nur darüber Regelung treffen wolle, welche Wirkungen ein von der Frau mit Vollmacht des Mannes geschlossenes Verpflichtungsgeschäft im Hinblick auf das Vermögen der Frau und auf das Gesamtgut habe: wenn ein mandat domestique besteht, dann finden beim gesetzlichen Güterstand für die Haftungsfrage allerdings die Sätze des art. 1420 Anwendung — ob es aber besteht, darüber sagt das Gesetz so wenig hier wie anderswo etwas[8].

2. Das mandat domestique ist also anders zu begründen. Sicher ist, daß das Gesetz der Konstruktion eines solchen mandat *tacite* nicht entgegensteht: Zwar wird in art. 1985 Abs. 2 nur die Möglichkeit stillschweigender Annahme des Mandats vorgesehen, während es für die Erteilung des Mandats nach art. 1985 Abs. 1 schon ein besonderes Zugeständnis zu sein scheint, wenn neben öffentlicher oder privatschriftlicher Urkunde auch die mündliche Form zugelassen wird. Aus dieser Antithese darf jedoch kein Schluß gegen die Möglichkeit eines mandat tacite gezogen werden. Es entspricht geschichtlicher Überlieferung und unterliegt angesichts der Natur des Mandats als reinen Konsensualvertrages heute keinem Zweifel mehr, daß auch nach dem Rechte des Code civil der Vertrag von beiden Teilen in jeder beliebigen Form geschlossen, das Mandat also auch stillschweigend erteilt werden kann[9]. Die in Theorie und Praxis herrschende Ansicht geht allerdings dahin, daß für den Beweis eines mündlich oder gar nur stillschweigend erteilten Mandats die allgemeinen Regeln des Code civil gelten, bei einem Streitgegenstand von über 150 Fr. also der Zeugenbeweis grundsätzlich ausgeschlossen ist (artt. 1341ff.), und zwar nicht nur im Verhältnis zwischen Mandanten und Mandatar, sondern z. B. auch für den Dritten, der eine Person als Mandanten in Anspruch nehmen will[10]. Indessen handelt es sich hierbei um Verfahrensvorschriften, die für die Frage, ob materiellrechtlich stillschweigende Vollmachterteilung

Urteil des Tribunal Vouziers vom 24. 4. 1895, Gaz. Pal. 1896. 1. 322, nach dem die Frau „est investie d'un mandat tacite qui lui est reconnu par l'art. 1420 C. civ. pour toutes les dettes contractées par elle dans l'intérêt du ménage".

[8] Dazu: (Planiol-Ripert-) Rouast II, Nr. 392; Binet S. 39; Trib. paix Paris 14. 4. 1905, D. P. 1905. 2. 250f.

[9] Vgl. Planiol II, Nr. 2241; Baudry-Lacantinerie et Wahl: Du mandat, Nr. 481; Aubry et Rau VI, § 411 Nr. 1 (S. 158); Cass. 1. 7. 1907, D. P. 1907. 1. 318. — Besser *Italien* (C. c. art. 1738) und *Rumänien* (C. c. art. 1533), die jeden Zweifel über die Zulässigkeit stillschweigender Erteilung des Mandats durch ausdrückliche bejahende Bestimmung ausschließen (was nicht ohne Bedeutung: vgl. unten S. 26 bei Anm. 19). Ebenso z. B. *Spanien*, C. c. art. 1710; *Argentinien*, C. c. art. 1907 (früher 1873); *Brasilien*, C. c. art. 1290; *Cuba*, C. c. art. 1710.

[10] Vgl. Guillouard: Du mandat (Paris 1893) Nr. 61ff., 66 und Aubry et Rau VI, § 411 Nr. 1 (S. 160f.), beide mit zahlreichen weiteren Nachweisen aus Literatur und Judikatur.

möglich sei, nicht ins Gewicht fallen können[11]. Überdies macht sich die französische Praxis — freilich im Widerspruch mit ihrer sonstigen, soeben angedeuteten Stellung zum mandat tacite — bei dem hier interessierenden besonderen Fall: dem mandat domestique auch wegen des Beweises keine Skrupel und läßt es auch in Prozessen, die um Tausende von Franken gehen, bedenkenlos genügen, wenn der Kläger sich auf die — nicht im Gesetz enthaltene! — Vermutung für das Bestehen des mandat domestique beruft, obwohl art. 1353 dem Richter vorschreibt, er solle derartige Vermutungen nur in solchen Fällen anwenden, in denen der Zeugenbeweis gesetzlich zulässig sei — was nach dem oben Gesagten gerade nicht der Fall ist. Diese Auffassung mag man dadurch rechtfertigen, daß man annimmt, der gegen den Ehemann klagende Dritte sei nicht in der Lage gewesen, sich für das mandat domestique ein schriftliches Beweisstück zu beschaffen; bei dieser Annahme ist allerdings Beweisführung durch Zeugen und demzufolge auch die Berufung auf eine nicht vom Gesetz aufgestellte Vermutung zugelassen (vgl. art. 1348 C. c.)[12].

3. Sind hiernach vom Standpunkt des Gesetzes gegen das mandat domestique wegen der Form der Erteilung keine Einwendungen herzuleiten, so bestehen weiterhin auch keine Bedenken, daß hier eine Ehefrau Mandatarin ist. Wie bei uns nach BGB. § 165 auch ein beschränkt Geschäftsfähiger aktiver oder passiver Vertreter sein kann, so gilt im französischen Recht der Satz, daß es beim mandat auf die capacité des Mandatars überhaupt nicht ankommt, sondern nur darauf, daß der Mandant die erforderliche Geschäftsfähigkeit besitze. Als praktisch bedeutsamste Beispiele für diese Regel nennt art. 1990 als mögliche Mandatare die emanzipierten Minderjährigen und — für

[11] Dennoch ist die sehr enge Verknüpfung dieser französischen Beweisvorschriften mit dem materiellen Recht nicht zu leugnen; sie sind im Grunde genommen nichts anderes als in dieses besondere Gewand gesteckte Formvorschriften. Das wird wichtig im internationalen Privatrecht: Entgegen der in Deutschland und Österreich herrschenden Lehre, die für das Verfahrensrecht ausnahmslos die lex fori maßgebend sein lassen will und also fremdes Verfahrensrecht für schlechthin unanwendbar erklärt, ist meines Erachtens zu behaupten, daß wegen des erwähnten innigen Zusammenhanges z. B. der deutsche Richter gegebenenfalls nicht nur die französischen Sachnormen, sondern auch die hier in Rede stehenden Beweisvorschriften anzuwenden habe. Richtig behandelt wird das Problem in Frankreich (vgl. SURVILLE, Cours élém. de droit int. privé [7. Aufl. Paris 1925] Nr. 419, 421 und ARMINJON: La forme des actes en droit int. privé [Paris 1926], S. 5f.; bei beiden weitere Angaben).

[12] In diesem Sinne: GÉNY: Préface zu BINET S. XVIIf.; COLIN et CAPITANT II, S. 709; DEMOGUE: Rev. trim. 1909, 412 (bei Besprechung eines sich in gleicher Richtung bewegenden Urteils des Tribunal Château-Thierry vom 17. 2. 1909). Vgl. dazu noch unten S. 113 Anm. 37 und S. 119 bei Anm. 4.

unseren Zusammenhang wichtig — ausdrücklich auch die verheirateten Frauen. Hier ist ein Punkt, an dem die Doppelnatur des französischen mandat, das begrifflich zugleich Auftragsvertrag und Verleihung der Vertretungsmacht ist, besonders klar zum Ausdruck kommt und wo das Gesetz (art. 1990) zwischen dem durch das mandat begründeten Innen- und Außenverhältnis deutlich scheidet: Völlig belanglos ist die Geschäftsfähigkeit des Mandatars nur für das Außenverhältnis; damit das Innenverhältnis wirksam zustande komme und die verheiratete Frau ihrem Auftraggeber voll nach den Regeln des mandat verantwortlich sei, bedarf sie — wie sonst zu Vertragsobligationen — der autorisation ihres Mannes. Erteilt freilich der Mann selbst seiner Frau ein mandat, so autorisiert er sie damit zugleich zur Annahme des Mandates: es liegt dann der nach art. 217 C. c. als Form der Autorisierung zulässige „concours du mari dans l'acte" vor. Hierauf beruht es, daß beim mandat domestique auch ein vollgültiges Innenverhältnis zwischen dem Mann und der Frau vorliegt; wie diese Beziehungen im einzelnen zu beurteilen sind, wird noch später darzulegen sein[13].

III. Steht nach alledem das Gesetz einem mandat tacite zwischen Ehegatten formell nicht entgegen, so bleibt für das mandat domestique doch ein wesentlicher Punkt noch zu klären: es mag sein, daß der Mann im Einzelfall stillschweigend seiner Frau zum Abschluß der Haushaltgeschäfte Vollmacht erteilt hat — was berechtigt aber dazu, dafür, daß dies geschehen sei, eine allgemeine Vermutung aufzustellen? Oder anders ausgedrückt: worin liegt die innere, materielle Begründung für dies mandat tacite présumé? Überwiegend wird sie in der Stellung des Mannes innerhalb der ehelichen Gemeinschaft und in den Vorschriften über die Unterhaltspflicht gefunden[14]. Nicht allerdings in der allgemeinen und wechselseitigen obligation alimentaire, die aus art. 212 C. c. folgt, wonach die Ehegatten einander zu „Hilfe und Beistand" verpflichtet sind — eine Bestimmung, aus der die wenigstens subsidiäre Unterhaltspflicht der Ehefrau abgeleitet wird. Entscheidendes Gewicht wird vielmehr auf *art. 214 C. c.* gelegt und das mandat domestique mit der *obligation d'entretien* in Verbindung gebracht: Der Mann sei verpflichtet, seiner Frau nach Maßgabe seiner Vermögensverhältnisse und seines Standes alles zum Leben Notwendige zu beschaffen; da er aber neben seiner Berufsarbeit sich unmöglich selbst um diese Dinge kümmern könne, so sei es mindestens nicht unwahrscheinlich, daß der Mann zur Besorgung des für den Haushalt Erforderlichen seiner Frau Vollmacht erteilt habe. Gelegentlich wird dieser Gedanke

---

[13] Vgl. unten S. 88ff.

[14] Hierzu und zum folgenden besonders: BINET 33f., 41f.; GOUY: Du mandat entre époux (Thèse Dijon; Paris 1902), 115ff.; Trib. paix Paris 17. 1. 1908 (abgedruckt bei LEROY: Le concubinage dans le droit français actuel [Thèse, Lille 1909], 168).

dahin zugespitzt, daß die Anerkennung des mandat domestique aus der Verpflichtung folge, die alle Gesetzgebungen dem Manne für den Unterhalt von Frau und Kindern auferlegten[15].

Das — trotz des richtigen darin steckenden Kernes — Anfechtbare dieser Begründung zu zeigen, soll einer zusammenfassenden Kritik der Lehre vom mandat domestique vorbehalten bleiben[16]. An dieser Stelle kam es nur darauf an, auf die in Frankreich übliche Verknüpfung der ehemännlichen Unterhaltspflicht mit den Haushaltbefugnissen der Frau hinzuweisen. Eine Verbindung, in der man geradezu den Angelpunkt der ganzen Lehre vom mandat domestique sehen darf. Ihre Bedeutung wird im weiteren Verlauf der Erörterungen sich an einer Reihe wichtiger Konsequenzen zeigen[17].

IV. Die gleiche Konstruktion, wie in Belgien und Frankreich, findet sich in *Italien* und in *Rumänien*[18]. Obgleich erheblich jünger als der Code civil und wohl in der Lage, die französische Judikatur über das mandat domestique in geeigneter Weise gesetzlich zu verwerten, haben Codice civile und Codul civil dennoch unterlassen, eine Bestimmung über die Befugnisse der Hausfrau zu treffen. Der Frau bezüglich der Sorge für die fortlaufenden Bedürfnisse des Haushalts die unumgänglich notwendige Stellung zu schaffen, war also auch für diese beiden Rechte Aufgabe der Praxis. Sie hat die Erreichung des Ziels niemals mit Hilfe der Unterstellung stillschweigender Autorisierung der Frau versucht, sondern von vornherein, nach dem Vorbild des großen romanischen Mutterrechts, nach dem Mittel des „mandato tacito", des „mandat tacit" gegriffen. Formell erschien das um so unbedenklicher, als ja das italienische (art. 1738) und das rumänische (art. 1533) Zivilgesetzbuch stillschweigende Erteilung des Mandats ausdrücklich zulassen[19]. Die materielle Rechtfertigung dieses vermuteten Mandats

---

15 So z. B. Paris 17. 6. 1899, D. P. 1900. 2. 106; vgl. auch Paris 5. 11. 1907, Rec. Gaz. Trib. 1908 (1er semestre) 2. 184.

16 Unten S. 119ff.

17 Vgl. S. 27, 40, 53, 54, 71.

18 Über die grundsätzliche Stellung der verheirateten Frau in *Italien* bis 1919 und seitdem: oben S. 6 Anm. 9. — In *Rumänien* gilt gem. artt. 197, 199, 950 Nr. 3 des Codul civil im gleichen Umfange wie nach französischem Recht für Prozesse und alle Rechtshandlungen, vor allem auch für die Vertragsverbindlichkeiten, das Prinzip der Geschäftsunfähigkeit der Ehefrau und also das Erfordernis der ehemännlichen Autorisation. An diesem Rechtszustand ist auch durch art. 6 Abs. 3 der neuen Verfassung vom 29. 3. 1923 nichts geändert: Diese von der bürgerlich-rechtlichen Gleichstellung beider Geschlechter handelnde Vorschrift stellt lediglich einen sog. Programmsatz der Verfassung dar, der noch der Aktualisierung harrt.

19 Das macht z. B. Genua 20. 2. 1891, Mon. Trib. 1891, 336 noch besonders geltend. — Vgl. über diesen Unterschied vom französischen Recht schon oben S. 23 Anm. 9.

ruht in den Artikeln 132 Codice civile und 196 Codul civil, die der französischen Vorschrift (art. 214) über die Unterhaltungspflicht des Mannes völlig entsprechen[20].

II. Voraussetzungen des mandat domestique.

Aus der Reihe der in diesen Zusammenhang gehörenden Fragen schienen mir vorzugsweise die in den beiden nächsten Paragraphen behandelten — und im wesentlichen auch nur sie — näherer Erörterung wert: Die erste führt für die „Schlüsselgewalt" bei nichtiger Ehe und Nichtehe teils zur Revidierung, teils zur Festigung deutscher Anschauungen und nötigt überdies, auf die interessante, bei uns in Deutschland wohl noch wenig bekannte französische Rechtsscheintheorie einzugehen. Die Behandlung der zweiten zeigt charakteristisch die Schwierigkeiten, die die konstruierte Lehre vom mandat domestique macht, und bringt namentlich für die Gütertrennung ein sehr bemerkenswertes Ergebnis.

§ 5. Gültigkeit der Ehe als Voraussetzung des mandat domestique. Nichtige Ehe. Nichtehe.

I. Nach den Ausführungen in § 4 III über die innere Begründung des mandat domestique dürfte ohne weiteres klar sein, daß die Vermutung, die man für die Erteilung der Vollmacht an die Frau aufstellt, nur bei bestehender Ehe gerechtfertigt ist: außerhalb der Ehe würde jene Vermutung jeglichen Grundes entbehren, da unter solchen Umständen eine gesetzliche Unterhaltungspflicht des Mannes nicht gegeben ist.

II. Eine „bestehende" Ehe ist, wie im deutschen, ebenso im französischen Recht, auch die „nichtige" Ehe: Bis die Nichtigkeit durch gerichtliche Entscheidung ausgesprochen ist, hat die nichtige Ehe alle Wirkungen einer vollgültigen. Allerdings hat der Ausspruch der Nichtigkeit rückwirkende Kraft.

---

[20] Für *Italien* sind außer dem soeben in Anm. 19 zitierten und zahlreichen anderen Urteilen namentlich zu erwähnen: Cass. Roma 20. 12. 1899, Foro Ital. 1899. 1. 201; Torino 17. 1. 1902, Foro Ital. 1902. 1. 672; Napoli 13. 5. 1914, Mon. Trib. 1915, 135; Milano 10. 2. 1923, Foro Ital. 1924. 1. 632. — Aus der Literatur insbesondere: PACIFICI-MAZZONI: Istituzioni di diritto civile italiano (5. Aufl., besorgt von VENZI), Vol. VII, Parte 1 (Firenze 1924), S. 336ff; DIGESTO ITALIANO Vol. XV, Parte 1 (Torino 1903 bis 1907) sub verbo „Mandato civile", Nr. 156, und sub verbo „Matrimonio (Diritto Civile)", Nr. 185f.

Für *Rumänien* vgl. HAMANGIU, Codul civil adnotat Bd. I (Bucarest 1925) Anm. 15 zu art. 196, Anm. 11 zu art. 199, Bd. IV (Bucarest 1926) Anm. 42 zu art. 1533 sowie die an diesen Stellen inhaltlich wiedergegebenen — im Wortlaut mir leider nicht erreichbaren — Entscheidungen Cas. 8. 6. 1911, Apel Bucarest 27. 10. 1885, Trib. Buzău 12. 12. 1923.

1. a) Schon im *deutschen* Recht herrscht keine volle Klarheit, wie unter diesen Umständen die Haushaltgeschäfte der Frau zu behandeln seien. DERNBURG und ENDEMANN gewähren, ohne andere Möglichkeiten ins Auge zu fassen, redlichen Dritten Schutz nach Maßgabe von § 1344 BGB.[1]. GOLDMANN-LILIENTHAL und ENGELMANN unterscheiden sich von dieser Ansicht insofern, als sie zwar ebenfalls BGB. § 1344 auf die Schlüsselgewaltgeschäfte anwenden, aber anderweitigen Schutz der Dritten nach allgemeinen Vollmachtgrundsätzen ausdrücklich ablehnen[2]. Umgekehrt endlich gründen MARTIN WOLFF und UNZNER die Entscheidung der Frage gerade auf jene allgemeinen Regeln, ohne daß deutlich würde, ob sie die Anwendbarkeit des § 1344 überhaupt verneinen wollen oder nicht[3]. Jede dieser Meinungen, für sich allein genommen, scheint mir nur halb zutreffend — das rechte Ergebnis wird meines Erachtens durch eine verbindende Betrachtung gewonnen:

Zufolge der dem BGB. in der Lehre von der Vollmacht zu Grunde liegenden Repräsentationstheorie (vgl. § 166) ist die Frau es, die das Haushaltgeschäft abschließt, und nur die Wirkungen daraus treffen den Mann. Aus solchem von der Frau „vorgenommenen Rechtsgeschäft" erlangt also der redliche Dritte gemäß § 1344 die Rechte, die er haben würde, wenn die Ehe gültig wäre[4]. Der Schutz des Dritten entfällt allerdings: erst bei positiver Kenntnis von der Nichtigkeit der Ehe, andererseits schon bei (bekannter oder nicht bekannter) Nichtigerklärung der Ehe, wobei es in beiden Fällen auf den Zeitpunkt der Vornahme des Geschäfts ankommt.

Aber auch die andere Meinung, die den Schutz redlicher Dritter aus allgemeinen Grundsätzen herleitet, ist wenigstens zum Teil im Recht: Wenn zwei Menschen wie Eheleute miteinander leben und sich der Umwelt so geben, so muß darin allerdings von seiten des Mannes im Sinne von § 171 BGB. Erteilung der Vollmacht für die Frau gefunden werden, in der Weise und in dem Umfange tätig zu werden, wie sie es bei vollgültiger Ehe kraft ihrer Schlüsselgewalt könnte. Vorausgesetzt ist hierbei jedoch, daß der Mann um die Nichtigkeit der Ehe weiß. Denn wenn er davon nichts weiß, so nimmt er lediglich die Schlüsselgewalt

[1] DERNBURG: Deutsches Familienrecht (3. Aufl. 1907), 119 Anm. 11; ENDEMANN: Lehrb. II 2 (8./9. Aufl. 1908), 161 f.

[2] GOLDMANN-LILIENTHAL: Das BGB. systemat. dargest., Bd. III 1 (1914), S. 49f., 50 Anm. 2 (gegen M. WOLFF, vgl. nächste Anm.), 53 zu und in Anm. 15; (STAUDINGER-) ENGELMANN: Komm. (9. Aufl.), Bem. 2a zu § 1357 und Bem. 4 zu § 1344 (gegen M. WOLFF).

[3] MARTIN-WOLFF: Familienrecht (5. Bearb., 1925) § 28 III; (PLANCK-) UNZNER: Komm. (4. Aufl., 1924), Bem. 2 zu § 1344; vgl. freilich auch Bem. 5 daselbst.

[4] In der bekannten — hier nicht näher zu verfolgenden — Streitfrage um die Bedeutung des § 1344 trete ich also MARTIN WOLFF, a. a. O., § 28 II, und den dort Anm. 4 Zitierten bei.

als die gesetzlich gegebene Folge der Ehe hin; und auch, daß er der Frau die Schlüsselgewalt nicht entzieht, kann nicht als eine neben der Schlüsselgewalt herlaufende Bevollmächtigung der Frau gewürdigt werden. Soweit mithin überhaupt von Erteilung einer Vollmacht für die Frau gesprochen werden kann, ist zweierlei denkbar: Man könnte annehmen, der Mann habe die Frau nur solchen Dritten gegenüber bevollmächtigen wollen, die an die Gültigkeit der Ehe glauben. Bei dieser Auffassung wären die Dritten nur nach Maßgabe von § 173 BGB. geschützt: der Schutz entfiele also schon für alle die, die von der Nichtigkeit der Ehe hätten Kenntnis haben müssen[5]. Allein, der Mann, der ja selbst die Nichtigkeit der Ehe kennt und in diesem Bewußtsein seine Frau mit Dritten in Geschäftsverkehr treten läßt, erteilt dadurch meines Erachtens die Vollmacht auch solchen Dritten gegenüber, denen die Nichtigkeit der Ehe bekannt ist; denn er will, daß die Frau, obwohl nicht vollgültig verheiratet, doch die Funktionen einer Ehefrau in Führung des Haushalts versehen soll, und der Mann könnte den Zweck der Bevollmächtigung nicht voll erreichen, wenn er ihre Wirkungen auf diejenigen beschränkte, die von der Nichtigkeit der Ehe nichts wissen.

Hiernach sind die Schlüsselgewaltgeschäfte der Frau bei nichtiger Ehe hauptsächlich für den Fall, daß der Mann die Nichtigkeit der Ehe nicht kennt, nach § 1344 — und dann nur nach dieser Vorschrift — zu beurteilen. Weiß dagegen der Mann um die Nichtigkeit der Ehe, so gelten in erster Linie die Regeln der Vollmacht, mit der Maßgabe, daß für die Entstehung der Vertretungsmacht § 173 außer Anwendung bleibt; daneben freilich behält § 1344 insofern seine Bedeutung, als er z. B. dann eingreift, wenn wegen Geschäftsunfähigkeit des Mannes eine wirksame Vollmachterteilung nicht angenommen werden kann.

b) Wie steht es nun mit der gleichen Frage im *französischen* Recht? Eine ausdrückliche, dem § 1344 BGB. entsprechende Vorschrift ist dem französischen Code civil fremd[6]. Dennoch ist die Lücke nicht so empfindlich, als es auf den ersten Blick scheinen mag. Das — in der französischen Literatur, soviel ich sehe, nirgends eigens be-

---

[5] Dabei gehe ich von der — freilich bestrittenen — Ansicht aus, daß § 173 analog auch für die Frage der Entstehung der Vollmacht gem. § 171 Abs. 1 gilt. Vgl. über den Stand der Meinungen: (PLANCK-) FLAD: Allg. Teil (4. Aufl.), Bem. 3 zu § 173, und OERTMANN: Allg. Teil (3. Aufl.), Bem. 1 zu § 173.

[6] Ebenso Belgien, Italien, Spanien, Portugal und zahlreiche lateinamerikanische Staaten. Besser z. B. *Niederlande*, Burg. Wetb. art. 153, *Argentinien*, C. c. art. 249, *Guatemala*, C. c. art. 216, wonach die Rechte redlicher Dritter durch die Nichtigkeit der Ehe nicht berührt werden; das gilt sicher auch für die „Schlüsselgewalt"-Geschäfte (worüber oben S. 15, 17, 18) bei nichtiger Ehe.

handelte — Problem der Haushaltgeschäfte bei nichtiger Ehe spitzt sich praktisch namentlich auf eine bestimmte Fall-Lagerung zu: Von seiten aller Beteiligter im Augenblick der Nichtigerklärung völlig abgewickelte Geschäfte dürfen außer acht gelassen werden, da sie trotz der Rückwirkung der Nichtigkeit regelmäßig vernünftigerweise niemand in Frage ziehen wird[7]. Wie aber bei einem von der Frau geschlossenen Kreditgeschäft, aus welchem die Bezahlung bei der dem Vertragsschluß folgenden Nichtigerklärung der Ehe noch ausstand? An wen soll der Gläubiger sich in diesem Falle halten? Man darf jedenfalls nicht sagen, da zufolge der Rückwirkung des Nichtigkeitsurteils die Frau niemals unter der puissance maritale gestanden habe, sondern stets, also auch bei dem fraglichen Geschäftsabschluß voll geschäftsfähig gewesen sei, so könne der Gläubiger sie aus dem Vertrage in Anspruch nehmen. Diese Folgerung aus der allerdings richtigen Prämisse wäre falsch: entscheidend ist, daß die Frau sich zwar persönlich hätte verpflichten können, es aber sicherlich nicht hat tun wollen[8]. Vielmehr dürfte die Lösung sich auf Grund der Maxime „*Error communis facit ius*" ergeben, auf die um so eher etwas näher eingegangen werden darf, als ihre Bedeutung gerade für das moderne französische Recht weit über die hier untersuchte Frage hinausragt[9].

2. Diese Regel gehört zu der Reihe von „adages" oder „brocards", die sich in überraschend großer Zahl neben dem Gesetzesrecht bis auf den heutigen Tag in Geltung erhalten haben[10]. Der sachliche Gehalt des Grundsatzes „Error communis . . ." wird verschiedenen Stellen des Corpus iuris entnommen. Vor allem kommt in Betracht die berühmte lex Barbarius Philippus[11]: Ein Sklave dieses Namens ist flüchtig geworden und wird in Rom, da man von seiner Sklaveneigenschaft nichts weiß, zum Prätor ernannt und fungiert als solcher. Es fragt sich, was

[7] Vgl. dazu auch unten S. 39 Anm. 50.

[8] Vgl. dazu Gouy 164, 171; Binet 122; Dauriac (oben S. 21[2]), 250.

[9] Über den erwähnten Grundsatz vor allem: Valabrègue: De la maxime „Error communis facit ius", Rev. crit. 1890, 30ff. (wertvoll namentlich wegen des geschichtlichen Überblicks); Loniewski: Essai sur le rôle actuel de la maxime: error communis facit ius (Thèse d'Aix 1905); Demogue: Traité des obligations I (1923), Nr. 276ff., S. 452ff.; neuestens: Mazeaud: La maxime „Error communis facit ius", Rev. trim. 1924, 929ff.

[10] Aufschlußreich hierüber: Perreau: Du rôle de l'habitude dans la formation du droit privé, Rev. trim. 1911, 229ff., bes. 244ff. Vgl. neuestens auch bei Fabreguettes: La logique judiciaire et l'art de juger (2me éd. Paris 1926), S. 200—279, die lange Liste der „brocards en vigueur". — Welche Stellung jene Grundsätze einnehmen, geht am klarsten daraus hervor, daß bei Nichtanwendung oder falscher Anwendung Kassationsbeschwerde zulässig ist: Perreau: a. a. O., 256ff.; Mazeaud: a. a. O., 935; Cass. 12. 12. 1882, D. P. 1883. 1. 264 (den Grundsatz „Error communis . . ." betreffend).

[11] D. 1, 14, 3.

von den Akten, die dieser Sklave während Ausübung seines Prätoramtes vorgenommen hat, zu halten sei: Sollen sie ein Nichts sein oder soll man sie bei Bestand halten? ULPIAN entscheidet sich für Aufrechterhaltung — um das Interesse derer zu wahren, die sich mit diesem Scheinprätor eingelassen haben[12]. Eine andere wichtige Stelle betrifft das bekannte Verbot der Darlehnshingabe an Hauskinder[13]: Hier wird von ULPIAN der Satz aufgestellt, wenn jemand für einen pater familias gehalten worden sei, weil er der Allgemeinheit so erschien und bei seinen Geschäften so auftrat, dann müsse das Senatusconsultum Macedonianum außer Anwendung bleiben, d. h. also es wird keine exceptio gegeben, und der Gläubiger, der sich auf den erzeugten Rechtsschein verlassen darf, kann ungehindert mit der Darlehnsklage vorgehen. Den in diesen und in noch einigen anderen Stellen[14] steckenden Gedanken gab später die Glosse Ausdruck gelegentlich durch den Satz: „Error communis excusat", überwiegend jedoch in der Form: „Error communis facit ius".

3. a) In der letztgenannten Gestalt fand die Regel Eingang in das alte französische Recht, namentlich auch in die Judikatur der Parlamente, und wurde bedeutsamerweise noch nach Erlaß des Code civil in einem avis des Conseil d'Etat vom 2. Juli 1807 anerkannt, in dem es heißt: „Considérant ... qu'enfin, de tout temps et dans toutes les législations, l'erreur commune et la bonne foi ont suffi pour couvrir, dans les actes et même dans les jugements, les irrégularités que les parties n'avaient pu ni prévoir ni empêcher". Wenn auch dieses avis anerkanntermaßen Gesetzeskraft hat[15], so nehmen doch jedenfalls die soeben wiedergegebenen Entscheidungsgründe nicht daran teil. Das betonen mit Recht namentlich WAHL[16] und CRÉMIEU[17], die beide die Fortgeltung des Grundsatzes „Error communis ..." im heutigen französischen Recht für außerordentlich zweifelhaft halten. Einen ablehnenden Standpunkt nehmen auch BAUDRY-LACANTINERIE et HOUQUES-FOURCADE[18] ein. Dem gegenüber treten VALABRÈGUE, LONIEWSKI,

[12] Es ist allerdings zweifelhaft, ob nicht die Worte „hoc enim humanius est" interpoliert sind. Dann würde eben zu sagen sein, daß die im weiteren geschilderte Entwicklung sich nur auf justinianisches Recht stützen kann. Überdies ist klar, daß ULPIAN, selbst wenn der erwähnte Passus nicht von ihm stammt, jedenfalls von der den Schutz redlicher Dritter anstrebenden Fragestellung ausgegangen ist.

[13] D. 14, 6, 3 pr.

[14] Über sie: VALABRÈGUE: a. a. O., 32ff.

[15] Dazu VALABRÈGUE: a. a. O., 39ff.; MAZEAUD: a. a. O., 934f.

[16] Bei Besprechung der noch zu erwähnenden Urteile des Kassationshofs vom 17. 7. 1907 und vom 17. 12. 1907 in Rev. trim. 1908, 127.

[17] De la validité des actes accomplis par l'héritier apparent, Rev. trim. 1910, 75.

[18] Des Personnes II, Nr. 2382.

Demogue, Mazeaud[19], ferner Demolombe[20], Planiol[21], Picard[22] und Fabreguettes[23] für Weitergeltung des Satzes ein.

b) Daß der Grundsatz, so förderlich er der Rechtssicherheit im redlichen Geschäftsverkehr gewiß ist, Gefahren in sich birgt und daß mit ihm Mißbrauch getrieben werden kann, soll nicht geleugnet werden. Dieser Grund kann aber nicht für hinreichend erachtet werden, um deswegen den Satz „aus der Rechtswissenschaft zu verbannen", wie dies Laurent[24] möchte. Die Judikatur ist weit davon entfernt, diesem Wunsche nachzukommen. Kennzeichnend für ihre Haltung scheinen mir namentlich zwei Urteile: In einer Entscheidung vom 16. Januar 1874 erklärt die Cour d'Appel Paris, „que la règle („Error communis facit ius"), enseignée par la loi romaine, a passé dans le droit civil de la France, et qu'elle appartient encore à ce dépôt de maximes qui, suivant l'expression du législateur, a constamment été regardé comme le vrai supplément de la législation"[25]. Dabei verhehlt auch die Rechtsprechung sich offenbar nicht die Bedenken, die sich gegen die Regel erheben lassen, glaubt aber trotzdem, sie gegebenenfalls anwenden zu sollen; in diesem Sinne heißt es in dem Urteil des Tribunal civil Lyon vom 3. Juli 1896: „Attendu . . . qu'on ne doit faire qu'avec circonspection l'emploi de l'adage ‚Error communis facit ius'; mais qu'on ne doit non plus en négliger absolument l'usage, principalement lorsque les circonstances le demandent, ou bien y autorisent . . ."[26]. Andere Urteile, die ausgesprochen oder unausgesprochen sich auf die Maxime „Error communis . . ." stützen, lassen sich deutlich von den in den erwähnten beiden Entscheidungen niedergelegten Gedanken leiten. Die Zahl jener Urteile ist recht beträchtlich, und man kann sich — selbst wenn man theoretisch der Frage ablehnend gegenüberstehen sollte — jedenfalls dem nicht verschließen, daß die französische Rechtsprechung dem Grundsatz „Error communis . . ." ein immer größeres Anwendungsgebiet geschaffen hat und daß ihre Tendenz unverkennbar dahin geht, dem

---

[19] In den oben S. 30 Anm. 9 zitierten Schriften.

[20] Demolombe IV, Nr. 332 und XXI, Nr. 220; vgl. auch II, Nr. 240ff., 249.

[21] Planiol: Traité élém. III, Nr. 2060 (bei Behandlung der Frage des héritier apparent).

[22] (Planiol-Ripert-) Picard III, Nr. 245.

[23] Fabreguettes (oben S. 30 Anm. 10): S. 237 Text und Note 2; vgl. auch S. 198f. und die Überschrift S. 200.

[24] Laurent XIII, Nr. 282; vgl. überhaupt Nr. 281ff.

[25] Paris 16. 1. 1874, Sir. 1874. 2. 138.

[26] Trib. Lyon 3. 7. 1896, D. P. 1897. 2. 33. Ähnlich das bei Valabrègue: Rev. crit. 1890, 63 wiedergegebene Urteil der Cour d'Aix vom 30. 7. 1838, in dem es heißt, man müsse die Regel durchgreifen lassen „à la condition de ne l'appliquer qu'avec une juste et sage mesure".

Rechtsschein in immer stärkerem Maße Beachtlichkeit zuzugestehen und ihn über die Wirklichkeit siegen zu lassen[27].

4. Bevor dies an den markantesten und für unseren Zusammenhang wichtigsten Beispielen gezeigt wird, bedarf es noch einiger Worte darüber, welches Ziel durch Anwendung der Regel vom error communis erreicht werden kann und soll und welche Voraussetzungen für die Anwendbarkeit der Regel gegeben sein müssen. Der Grundgedanke ist der, daß in zahlreichen Fällen die „sécurité sociale", der „ordre public", die „nécessités des affaires" oder die „sécurité des transactions"[28] ein Abweichen vom harten Buchstaben des Gesetzes und die Aufrechterhaltung einer „situation de fait", eines tatsächlich geschaffenen Zustandes erfordere, der nur scheinbar dem streng und rein logisch angewandten Recht entspreche. Gerade weil es sich darum handelt, „die Strenge des Gesetzes sich vor der Billigkeit beugen zu lassen", ist begreiflich, daß diese Wirkung nicht schon an einen gewöhnlichen Irrtum und einfache Gutgläubigkeit des zu Schützenden geknüpft wird, sondern daß man mehr verlangt — eben einen error communis: Die Allgemeinheit, die breite Öffentlichkeit muß sich im Irrtum befunden und den Schein für Wahrheit genommen haben, und der Irrtum muß unvermeidbar gewesen sein; der Irrende muß gehandelt haben „de bonne foi, sous l'empire de *l'erreur commune invinciblement produite par l'état de choses,* et contre laquelle aucune prudence humaine ne pouvait le prémunir"[29].

Man sollte meinen, daß infolge dieser scharfen an die Beschaffenheit des Irrtums gestellten Anforderungen der französischen „théorie de

[27] Vgl. dazu die kurze Bemerkung von PERREAU: Rev. trim. 1911, 246, und vor allem auch PERREAU: Technique de la jurisprudence en droit privé (Paris 1923) Bd. I, S. 191, 194f. und Bd. II, S. 199ff.; in gleicher Richtung auch die Prophezeiung von LONIEWSKI: a. a. O., 223f. — Die für die Zwecke dieser Arbeit wichtigsten Belege für das oben Gesagte werden sogleich noch im Text anzuführen sein. Für eine eingehende Darlegung ist hier nicht der Ort. Nur soviel sei noch kurz bemerkt, daß vorsichtige Verwendung der Entwicklungsstrebungen der französischen Judikatur — sei es, daß sie sich auf den Grundsatz „Error communis . . .", sei es, daß sie sich auf den noch zu erwähnenden art. 1382 C. c. stützt —, zusammen mit der mehrfach verwandte Züge aufweisenden englischen estoppel-Lehre, wohl rechtsvergleichend noch manches Wertvolle zum Ausbau der deutschen Theorie vom Rechtsschein (z. B. Scheinkaufmann, namentlich auch Scheinvollmacht u. a.) beitragen könnte. Das hoffe ich demnächst an anderer Stelle ausführlicher zeigen zu können.

[28] Das sind die hauptsächlichen, immer wiederkehrenden Begründungen für die Anwendung der Maxime; vgl. MAZEAUD: a. a. O., 931, 950; DEMOGUE: Obligations I, Nr. 279, S. 457, und Rev. trim. 1921, 283; LONIEWSKI: a. a. O., 87f., 92f.

[29] So Cass. 3. 7. 1877, D. P. 1877. 1. 429. Vgl. zum Vorhergehenden noch: LONIEWSKI: a. a. O., 96ff., 116ff., 122ff.; MAZEAUD: a. a. O., 930ff., 936ff., 950f.

l'apparence du droit"[30] nur ein verhältnismäßig enger Wirkungskreis beschieden sein könne. Allein, die Beurteilung, ob eine erreur commune et invincible vorliege, untersteht dem freien auch für den Kassationshof bindenden Ermessen der Instanzrichter, und diese sind — wie ein Blick durch die Judikatur zeigt — mit der Feststellung solches nicht zu vermeidenden Irrtums, wenn das Ergebnis im Interesse der Billigkeit sich ihnen als wünschenswert darstellt, augenscheinlich ziemlich leicht bei der Hand. Diese Tendenz der Rechtsprechung kommt auch darin deutlich zum Ausdruck, daß in der Literatur bei Behandlung der Praxis im allgemeinen nur davon die Rede ist, erreur invincible liege dann vor, wenn es gewesen sei „*à peu près* impossible d'y échapper"[31], oder es müsse sich handeln um „une erreur *quasi*-invincible", „une erreur *à peu près* invincible"[32]. Diese nicht unerhebliche Abschwächung der äußerlich rigorosen für die Anwendbarkeit der französischen Lehre vom Rechtsschein aufgestellten Anforderungen wohl zu beachten, ist um deswillen wichtig, weil dann um so unbedenklicher erscheinen wird, die bislang nur für gewisse sogleich noch zu erwähnende Problemlagen entwickelten Grundsätze auch auf andere, von der französischen Literatur und Judikatur bisher nicht behandelte Fälle auszudehnen.

5. Die vorausgegangenen grundsätzlichen Erörterungen sind nun zu ergänzen durch einen Überblick über die **Hauptanwendungsfälle der Maxime** „*Error communis* . . .": das sind der héritier apparent, der propriétaire apparent und die capacité apparente.

a) Beim *héritier apparent*, d. h. bei dem bloßen Erbschaftsbesitzer, den alle Welt für den wahren Erben hielt, mußte die Judikatur sich frühzeitig wiederholt mit der Frage beschäftigen, ob seine Verfügungen dem wirklichen Erben gegenüber wirksam seien oder nicht. Soweit es sich um bewegliche Sachen handelte, machte die Entscheidung keine Schwierigkeiten: in solchem Falle griff der berühmte Satz des art. 2279 C. c.: „En fait de meubles, la possession vaut titre" durch, der gutgläubige[33] Geschäftsgegner des Scheinerben erwarb also Eigentum.

---

[30] Diese gewiß naheliegende und zutreffende Bezeichnung ist in Frankreich, soviel ich sehe, erstmalig von Crémieu: Rev. trim. 1910, 44 gebraucht.

[31] So Crémieu: a. a. O., 65.

[32] Valabrègue: a. a. O. 58 (Nr. 44) und 63 (Nr. 53); Fabreguettes: a. a. O., S. 237 Note 2 verlangt „une erreur universelle, *presque* invincible". — Für den praktischen Umfang des Anwendungsgebiets der französischen Rechtsscheintheorie sind neben dem im Text Gesagten bedeutsam auch die Ausführungen von Loniewski: a. a. O., 135: Wer sich zu seinen Gunsten auf einen ihm unterlaufenen Irrtum berufen wolle, müsse das Vorliegen dieses Irrtums beweisen; sei dieser Irrtum aber von der Allgemeinheit geteilt worden, so bedürfe es für die „nécessité" oder „invincibilité" des Irrtums keines besonderen Nachweises mehr, da insoweit dann eine Vermutung bestehe.

[33] Obwohl der Text des art. 2279 darüber schweigt, ist sicher, daß der Erwerber in gutem Glauben gewesen sein muß: vgl. Colin et Capitant

Auch die Wirksamkeit einer in gutem Glauben an den Erbschaftsbesitzer geleisteten Zahlung konnte nach art. 1240 C. c. nicht in Zweifel gezogen werden[34].

Höchst problematisch erschienen dagegen die Verfügungen über Immobilien. Für sie galt wohl der alte Satz: „Nemo plus iuris transferre potest quam ipse haberet" — erklärt doch art. 1599 C. c. den Verkauf einer fremden Sache für nichtig und besagt art. 2182 Abs. 2 C. c., daß der Verkäufer dem Erwerber nur die Rechte an der Sache überträgt, die er selbst hatte. Mußte man danach nicht die erwähnte Bestimmung in art. 2279 C. c. als eine nur für bewegliche Sachen getroffene Ausnahmevorschrift ansehen und also folgern, daß bei Immobilien Rechtserwerb vom Nichtberechtigten ausgeschlossen sei? Anfangs vertrat die Judikatur in der Tat diese Auffassung. Aber bald schon glaubte die Rechtsprechung, bei dieser gewiß dem Buchstaben des Gesetzes entsprechenden, aber die Rechtssicherheit und den redlichen Geschäftsverkehr ungebührlich beeinträchtigenden Entscheidung nicht stehenbleiben zu können. So ging sie seit einem Urteil des Kassationshofs vom 26. August 1833 dazu über, die von dem Scheinerben über Immobilien getroffenen Verfügungen — meist handelte es sich um Belastung eines Erbschaftsgrundstücks mit einer Hypothek — dem wahren Erben gegenüber wirksam sein, also zugunsten des gutgläubigen Dritten Rechtserwerb eintreten zu lassen. Die anfänglichen Begründungsversuche dürfen hier übergangen werden: die Praxis selbst hat sie als unzulänglich erkannt und längst aufgegeben[35]. Heute stützt sich die Rechtsprechung, die nunmehr als feststehend zu betrachten ist[36], auf die Maxime „Error communis facit ius". Sie wird zwar in den beiden wichtigen Urteilen des Kassationshofs vom 3. Juli 1877[37] und vom 26. Januar 1897[38] nicht formell zitiert, sachlich ruhen diese Entscheidungen aber unzweifelhaft auf der Anwendung jenes Grundsatzes. Das zeigt deutlich die schon oben S. 33 bei Anm. 29 mitgeteilte

I, 912, 920f.; (PLANIOL-RIPERT-) PICARD III, Nr. 381 mit reichen Angaben aus der Judikatur des Kassationshofs.

[34] Vgl. auch noch die Fälle in art. 132, 790 C. c.

[35] Hierüber wie überhaupt zum Vorhergehenden: CRÉMIEU in seinem bereits zitierten Aufsatz in Rev. trim. 1910, 49ff., 53ff., 72; MAZEAUD: Rev. trim. 1924, 953ff.

[36] Vgl. dazu die Angaben bei CRÉMIEU: a. a. O., 52 Anm. 3 und bei DEMOGUE I, Nr. 284, S. 466 Anm. 1. — Bemerkenswert ist, daß die *belgische* Praxis sich nicht hat dazu entschließen können, die Verfügungen des héritier apparent als wirksam anzuerkennen: vgl. Cass. belge 7. 1. 1847, Pas. 1847. I. 294; 11. 7. 1878, Sir. 1879. 2. 108. — Zum *italienischen* Recht: ALDO DE BERARDINIS: La condizione giuridica dell'erede apparente nel codice civile italiano, Archivio giuridico 1904, Bd. II, S. 247ff.

[37] D. P. 1877. 1. 429.

[38] D. P. 1900. 1. 33.

Begründung des Urteils von 1877[39]. Sie darf um so eher in dem hier vertretenen Sinne gedeutet werden, als der Kassationshof sich in einem anderen Falle ausdrücklich zu dem Grundsatz „Error communis ..." bekannt hat: Der Code civil (art. 931) erfordert für Schenkungen einen Notariatsakt. Und zwar müssen nach art. 9 des Gesetzes vom 25. ventôse des Jahres XI in der Fassung des Gesetzes vom 12. August 1902 (insoweit übereinstimmend mit der Fassung des Gesetzes vom 21. Juni 1843) bei Verlesung des Aktes und bei der Unterzeichnung durch die Parteien zwei Notare oder ein Notar und zwei Zeugen zugegen sein, widrigenfalls der ganze Schenkungsakt nichtig ist. Zu den wesentlichen Voraussetzungen für die Fähigkeit, bei solcher Gelegenheit Zeuge zu sein, gehört Volljährigkeit und französische Staatsangehörigkeit. Wiederholt ist versehentlich vorgekommen, daß Nichtfranzosen zu einem derartigen Notariatsakt als Zeugen zugezogen wurden. Ein Fall, in dem der Zeuge sich nachträglich als Belgier herausstellte, beschäftigte einmal die Cour d'Appel Paris, die die Schenkung für wirksam erklärte in der Erwägung, daß aus den Umständen des Falles sich ergab „... que ... Hubert ... était considéré par tous comme Français et que, en l'état de cette notoriété, ... son incapacité était couverte par le principe: Error communis facit ius ..." Die hiergegen gerichtete Kassationsbeschwerde war u. a. auf „fausse application de la maxime: „Error communis ..." gestützt. Der Kassationshof verwarf sie unter Wiedergabe der Begründung des Vorderrichters mit dem Hinzufügen: „(attendu) que ... l'arrêt attaqué n'a fait qu'une saine et juste application d'un principe traditionnel emprunté à la loi romaine et admis de tout temps dans la jurisprudence ..."[40].

[39] Daß diese Praxis von der Regel „Error communis ..." getragen wird, nehmen auch an: Crémieu: a. a. O., 57; Mazeaud: a. a. O., 953; Perreau: Rev. trim. 1911, 246; (Planiol-Ripert-) Picard III, Nr. 246.

[40] Urteil vom 12. 12. 1882, D. P. 1883. 1. 264. Entsprechend schon Cass. 6. 5. 1874, D. P. 1874. 1. 412 (für den Fall der capacité putative eines Testamentszeugen), wo es heißt: „attendu que l'erreur commune a toujours été regardé comme suffisante pour couvrir, dans les actes et même dans les jugements, des irrégularités que les parties n'avaient pu ni prévoir ni empêcher; que ce principe, admis par notre ancien droit n'a pas cessé d'être en vigueur depuis la promulgation du code civil ...". — Eine ausführliche Orientierung über die sehr zahlreichen Fälle der Aufrechterhaltung eines Notariatsakts wegen capacité apparente eines in Wahrheit unfähigen Zeugen gibt Valabrègue: a. a. O., Nr. 40ff., S. 55ff.; Vgl. auch Demogue I, Nr. 280; Colin et Capitant III, 863.

Die französische Rechtsprechung hat übrigens in einer Reihe lateinamerikanischer Staaten gesetzlichen Niederschlag gefunden: so schlechthin in *Argentinien*, C. c. art. 3731 (früher 3697); nach anderen Rechten (z. B. *Colombien*, C. c. art. 1069; *Chile*, C. c. art. 1014; *Honduras*, C. c. art. 992; *San Salvador*, C. c. art. 1007; *Uruguay*, C. c. art. 810) ist bei error communis die „inhabilidad" wenigstens eines Testamentszeugen unschädlich.

Nach der geschilderten Judikatur ist also auch Erwerb von Liegenschaftsrechten vom Scheinerben möglich. Gleichgültig ist, da es ja nur darauf ankommt, den gutgläubigen Dritten unbedingt zu schützen, ob der Scheinerbe seinerseits gut- oder bösgläubig war; gleichgültig auch, wie und aus welchem Grunde er den Besitz der Erbschaftssachen erlangt hatte: ob unbestrittenermaßen oder erst auf Grund eines Urteils, ob als scheinbar nächstberechtigter, später von einem näheren Verwandten verdrängter gesetzlicher Erbe oder als Testamentserbe, der etwa in der Folge wegen eines neu aufgefundenen, das erste widerrufenden Testaments einem anderen Erben das Feld räumen mußte[41]. Wichtig dagegen ist, ob der Scheinerbe entgeltlich oder unentgeltlich verfügt hat: nur entgeltliche Verfügungen werden als wirksam aufrechterhalten, der Empfänger einer freigebigen Zuwendung erscheint weniger schutzwürdig und ist daher der hereditatis petitio ausgesetzt[42].

b) Was von den Verfügungen des héritier apparent gesagt worden ist, gilt auch für den *propriétaire apparent*. Die Frage drängte zur Entscheidung bei Gelegenheit der durch Gesetz vom 1. Juli 1901 verfügten Auflösung der nicht autorisierten religiösen Kongregationen, die zufolge dieses Gesetzes als von Anfang an der Rechtspersönlichkeit entbehrend, also auch unfähig, Eigentum zu haben oder zu übertragen, anzusehen waren. Sehr häufig waren Grundstücke, die solchen Kongregationen zu gehören schienen, durch einen sog. prête-nom, d. h. kurz: durch einen (in indirekter Vertretung handelnden) Strohmann, dem das Grundstück „übertragen" war, veräußert oder mit Hypotheken belastet worden. Nach den Grundsätzen des Code civil hätten alle diese von einem bloßen propriétaire apparent ausgehenden Verfügungen als nichtig betrachtet werden müssen. Die Praxis hat sie jedoch bei Gutgläubigkeit des Erwerbers als wirksam anerkannt. Was der Kassationshof[43] hierbei verschweigt, geben die unteren Gerichte[44] fast durchweg offen zu: diese Lösung stützt sich auf die Maxime „Error commu-

[41] Dazu CRÉMIEU: a. a. O., 62ff. mit weiteren Nachweisen.

[42] CRÉMIEU: a. a. O., 68 und dort Anm. 29 Zitierte, zu denen u. a. noch LONIEWSKI: a. a. O. 210f. hinzugefügt werden kann. („Qui certat de damno vitando anteponendus est ei qui certat de lucro captando".) — Dieser Gedankengang ist ja auch uns nicht fremd; nur sind die Franzosen radikaler als wir: sie lassen in solchem Falle (wie das alte preußische Recht und andere Rechte, vgl. MARTIN WOLFF: Sachenrecht [7. Bearb. 1927], § 45 bei u. in Anm. 22) mit Grund die dingliche Klage durchgreifen, während wir den Rechtserwerb eintreten lassen und nur obligatorisch einen Ausgleich gem. § 816 Abs. 1 Satz 2 schaffen.

[43] Vgl. namentlich Cass. 17. 7. 1907, D. P. 1908. 1. 11; 17. 12. 1907, Sir. 1908. 1. 396; 23. und 24. 3. 1909, D. P. 1910. 1. 114.

[44] So z. B. Trib. Nantua 12. 8. 1905, Sir. 1907. 2. 237; Paris 12. 7. 1905, Sir. 1907. 2. 236; Aix 9. 12. 1907, Sir. 1908. 2. 229 u. a.

nis ..."[45]. Es erscheint freilich nicht ausgeschlossen, daß diese Entscheidungen wenigstens teilweise mit durch die besondere Lagerung der Fälle und die durch das Gesetz von 1901 geschaffene Eigenart der Situation beeinflußt worden sind. Um so größeres Gewicht ist daher darauf zu legen, daß der Kassationshof in dem jüngsten hierher gehörenden Urteil über jene Sonderfälle hinaus die Wirksamkeit von Verfügungen eines bloßen propriétaire apparent schlechthin anerkannt hat; es heißt in dieser Entscheidung ganz allgemein: „... attendu que les hypothèques consenties par le propriétaire apparent d'un immeuble en vertu d'un titre régulier sont valables et conservent effet au profit des créanciers de bonne foi vis-à-vis du propriétaire véritable ..."[46].

c) Endlich ist noch der *capacité apparente* zu gedenken. Sie spielt namentlich eine Rolle bei einer verheirateten Frau. Gesetzt, die Allgemeinheit hätte sie für unverheiratet gehalten oder geglaubt, ihr Mann sei gestorben — in beiden Fällen, lägen sie wirklich so, käme die berüchtigte autorisation maritale nicht in Betracht, die Frau wäre unbeschränkt geschäftsfähig und also die von ihr vorgenommenen Rechtsgeschäfte gültig. Wenn nun etwa der totgeglaubte Ehemann, wie dies im Weltkrieg ja wiederholt vorgekommen ist, plötzlich doch zurückkehrt, soll dann die Frau bei einem ihr vielleicht nicht ganz genehmen Geschäft sich hinter den Mangel der ehemännlichen Autorisierung zurückziehen und auf Nichtigerklärung des Geschäfts klagen dürfen? Die Praxis hat die Frage verneint — freilich hatte sie sich bisher nur mit Fällen zu beschäftigen, in denen die Frau „manœuvres dolosives" zur Täuschung ihres Geschäftsgegners über ihre Situation gebraucht hatte[47]. Aber auch wenn die Frau nicht in dieser Weise vorgegangen ist, sondern selbst fest an den Tod ihres Mannes und damit an ihre freie Handlungsfähigkeit geglaubt hat, muß man sie nach Maßgabe des Grundsatzes „Error communis ..." an dem von ihr geschlossenen Geschäft festhalten. Diesen Standpunkt vertrat schon POTHIER für das alte französische Recht[48]. Und das ist auch heute noch richtig[49].

[45] So auch PERREAU: Rev. trim. 1911, 259 zu u. in Anm. 4; PLANIOL: Traité élém. II, Nr. 2793; COLIN et CAPITANT II, 938f. — Vgl. zum Vorhergehenden wie zum Folgenden noch PERREAU: a. a. O., 246f.; CRÉMIEU: a. a. O. 42ff., 60f.; MAZEAUD: a. a. O., 952f., 955.

[46] Cass. 20. 7. 1910, D. P. 1910. 1. 392.

[47] Vgl. zuletzt Cass. 28. 3. 1888, D. P. 1888. 1. 361. — Über die ältere Judikatur: VALABRÈGUE: a. a. O., Nr. 64ff., S. 70ff.

[48] POTHIER: Puissance du mari, Nr. 28.

[49] In diesem Sinne: BUGNET: Anm. 2 zu der erwähnten Stelle von POTHIER; DEMOLOMBE IV, Nr. 332; VALABRÈGUE: a. a. O., Nr. 67, S. 72f.; DEMOGUE: Obligations I, Nr. 281; MAZEAUD: a. a. O., 958f. (der übrigens zu Unrecht behauptet, VALABRÈGUE verlange manœuvres dolosives der Frau); DAURIAC (oben S. 21 Anm. 2), 130ff. — Dawider: BAUDRY-LACANTINERIE et HOUQUES-FOURCADE II, Nr. 2382.

6. Die vorangehenden Darlegungen, sollte es ihnen gelungen sein, einigermaßen eine Vorstellung von der Bedeutung der Maxime: „Error communis ..." zu vermitteln, dürften uns instand setzen, die uns im Augenblick beschäftigende Frage zu entscheiden: wie es mit Haushaltgeschäften der Frau bei nichtiger Ehe stehe. Man kann wohl sagen, daß regelmäßig die Allgemeinheit, die den Mann und die Frau wie vollgültig verheiratete Eheleute miteinander leben und sich gerieren sah, sich in einem nahezu unvermeidlichen Irrtum über die Gültigkeit der Ehe befand. Daher ist meines Erachtens auch hier das Prinzip „Error communis ..." anzuwenden: gutgläubige Dritte sind also, auch ohne daß an der Entstehung ihres Irrtums die nichtig verheirateten Ehegatten irgendwie schuldhaft mitgewirkt hätten, zu schützen, und es ist ihnen demgemäß die Stellung zuzugestehen, die sie auf Grund des mandat domestique einer vollgültig verheirateten Frau haben würden[50].

III. Die gleichen Regeln, wie sie soeben für die nichtige Ehe entwickelt sind, müssen auch für die Nichtehe zur Anwendung kommen. In welchem Umfang für den Begriff des matrimonium non existens Raum sei, ist freilich in neuerer Zeit recht streitig geworden[51]. Zu näherer Stellungnahme ist hier nicht der Ort. Es genügt festzustellen,

---

[50] Der im Text eingenommene Standpunkt darf um so eher vertreten werden, als er nicht nur der allgemeinen Tendenz der Rechtsprechung in der Frage des Rechtsscheins entspricht (oben S. 32f., bes. zu und in Anm. 27), sondern auch zu der Behandlung eines in doppeltem Sinne verwandten Problems durch die französische Judikatur stimmt: Aufrechterhaltung der Haushaltgeschäfte mit ihren gewöhnlichen Wirkungen läuft bei nichtiger Ehe darauf hinaus, daß man die Rückwirkung des Ausspruches der Nichtigkeit der Ehe (der „ehelichen Gesellschaft") eliminiert. Ebensolche Eliminierung ist der Kernpunkt der Theorie von der *„société de fait"*, die — heute fester Bestandteil des praktisch geltenden französischen Rechts — zu den hervorragendsten Schöpfungen der französischen Rechtsprechung gehört. Sucht man überdies den allgemeinen Zusammenhang, in den die sociétés de fait gehören, so ist unzweifelhaft, daß auch sie einen besonderen Anwendungsfall des großen Rechtsscheinproblems darstellen: Eine Gesellschaft leidet z. B. an einem Mangel des Gesellschaftsvertrags oder an einem sonstigen Gründungsfehler, der ihre Nichtigkeit bedingt; oder es liegt eine Gesellschaft zwischen Ehegatten (darüber oben S. 5 Anm. 8) vor. Das auf Nichtigkeitsklage ergehende Urteil müßte, strenggenommen, dazu führen, die Gesellschaft als von Anfang an nichtig zu betrachten. Aber es war doch eine „situation apparente" vorhanden, die Gesellschaft hatte in der Welt der Tatsachen gelebt und de facto funktioniert! Deshalb wird sie als société de fait anerkannt, die vor der Nichtigerklärung liegenden „Rechts"handlungen der „Gesellschaft" werden aufrechterhalten und der Nichtigkeit Bedeutung nur für die Zukunft beigelegt; demgemäß tritt bloße Auflösung der Gesellschaft und reguläre Liquidation ein. Vgl. das Nähere in dem bereits zitierten Buche von HÉMARD (oben S. 5 Anm. 8).

[51] Vgl. dazu (PLANIOL-RIPERT-) ROUAST II, Nr. 252ff.

daß niemand das Vorkommen einer Nichtehe gänzlich leugnet und daß auch diejenigen, die ihren Anwendungsbereich gegenüber der bisher herrschenden Lehre erheblich einengen wollen als einen — für unsere Erörterungen wesentlichen — Fall des mariage inexistant anerkennen: den concubinage oder, wie es gewöhnlich heißt, die *union libre*[52]. Wie man in Frankreich überhaupt der Entwicklung des Konkubinats in der Sorge, er werde sich immer mehr ausbreiten und zu einer Art Ehe zweiten Ranges auswachsen, seit langem lebhafte Aufmerksamkeit zugewandt hat, so haben Theorie und Praxis sich insbesondere auch wiederholt mit der Frage der Haushaltgeschäfte der Konkubine beschäftigt. PLANIOL erklärt noch in der neuesten Auflage seines Traité élémentaire unter Anführung zweier älterer Entscheidungen des Tribunal civil Seine, daß beim Konkubinat der Mann aus Verträgen seiner Pseudo-Gattin nicht verpflichtet werde; er fügt bedauernd hinzu, darin liege eine der zahlreichen Begünstigungen, die Gesetzgebung und Rechtsprechung denen zukommen ließen, die die Bande der Ehe mieden, und er meint, es wäre erstaunlich, wenn die union libre bei all den Prämien, die man ihr gewährte, sich nicht immer mehr zum Schaden der Ehe ausdehnte[53]. Damit gibt PLANIOL indessen — wenigstens bezüglich der Haushaltgeschäfte der Konkubine — ein unzutreffendes Bild vom heutigen Stand der Frage und erhebt, wie das Folgende zeigen wird, gegen die Judikatur unberechtigte Vorwürfe.

1. Sollte PLANIOL mit seinen Ausführungen etwa meinen, man müsse das grundsätzlich der Ehefrau vorbehaltene mandat domestique schlechthin auch beim Konkubinat anerkennen, so würde das jedenfalls zu weit gehen: mangels jeglicher rechtlich anerkannter Beziehungen, namentlich da es an der wesentlichen Grundlage des mandat domestique, nämlich an der Rechtspflicht des Mannes zur Unterhaltung seiner Konkubine fehlt, dürfte diese Annahme unmöglich sein[54].

2. Eine andere Frage ist, ob man nicht im Ergebnis dazu gelangen muß, auch aus Haushaltgeschäften der Konkubine mindestens die Rechtswirkungen zu Lasten des Mannes eintreten zu lassen, die sich aus dem Bestehen des mandat domestique ergeben würden.

[52] Gleichbedeutend werden gelegentlich auch die Ausdrücke „faux ménage" oder „ménage de fait" gebraucht.

[53] PLANIOL III ([10]1927), Nr. 1100*bis*.

[54] So mit Recht (PLANIOL-RIPERT-) ROUAST II, Nr. 76. Abzulehnen daher PEYTEL: L'union libre devant la loi (Diss. Paris 1905), 267ff., bes. 272; LEROY: Le concubinage dans le droit français actuel (Diss. Lille 1909), 162f., 176f., sowie das bei ihm (171ff.) wörtlich mitgeteilte Urteil der Cour d'Appel d'Alger vom 20. 6. 1906. Mindestens unklar NAST: Rev. crit. 1925, 259. — Daß (im Gegensatz zu dem präsumierten mandat domestique) ein gewöhnliches mandat tacite mit den oben S. 23f. erwähnten Beweiserfordernissen auch beim Konkubinat möglich ist, ist selbstverständlich; ausdrücklich ausgesprochen in Trib. paix Paris 17. 1. 1908, abgedruckt bei LEROY, 169.

a) Diese Frage wird mit Recht überwiegend bejaht. Regelmäßig wird die Begründung in der Anwendung des Grundsatzes „Error communis ..." liegen[55]: denn im allgemeinen werden der „Mann" und die „Frau" durch ihr Zusammenleben und durch die Art ihres Auftretens der Öffentlichkeit als Eheleute erscheinen, ein Anschein, der häufig genug durch das Vorhandensein von Kindern noch verstärkt sein wird — kurz: die Allgemeinheit hat vor sich *„un mariage apparent"*[56].

b) Daß die neuere französische Praxis auch diesem Rechtsschein Rechnung trägt, ist nach ihrer früher dargelegten allgemeinen Tendenz kaum verwunderlich, vielmehr nur folgerichtig. Im Gegensatz zu den bereits erörterten Fällen greift die Rechtsprechung hier aber nicht auf die Maxime „Error communis ..." zurück. Der Grund dafür liegt vielleicht in folgendem: Schon bei Betrachtung der Fälle, deren Entscheidung sachlich sicher auf der Anwendung jenes alten „brocard" ruht, von denen man also nicht sagen kann, daß sie einfach einen die Fortgeltung des erwähnten Grundsatzes ablehnenden Standpunkt der Rechtsprechung erkennen ließen, konnten wir vor allem in der Praxis des Kassationshofs das Bestreben feststellen, die wahre Begründung für die gegebenen Lösungen schamhaft zu verschweigen[57]. Man unterläßt es dort also nur, ungesetztes Recht zu zitieren, obwohl man es anwendet. Wenn es nun aber in anderen Fällen wirklich nicht angewandt wird, so ist damit noch nicht zum Ausdruck gebracht, daß überhaupt seine Geltung geleugnet würde: man stützt sich (begreiflicherweise) nur nicht darauf, weil man das erstrebte Ergebnis ohne große Schwierigkeiten in sehr viel näher liegender Weise — nämlich aus dem geschriebenen Gesetz begründen kann. So etwa mag sich erklären, daß das allgemeine Rechtsscheinproblem — zu welchem sich, wie bei der vernichtbaren Ehe, so auch beim mariage apparent die Frage der Haftung für Haushaltschulden weitet — in Frankreich zu einem wesentlichen Teile nicht mit der Maxime: „Error communis ..." gelöst wird, sondern mit Hilfe des berühmten art. 1382 C. c., dessen namentlich durch eine umfängliche,

[55] So namentlich: Boyer: Conséquences juridiques des états de fait entraînés par l'union libre (Diss. Montpellier 1908), 90, 93, 99; Bataille: Le mandat domestique hors mariage (Bernay 1923), 86f. Die letztere Schrift war aus der nach dem Kriege erschienenen Spezialliteratur die einzige, die ich erreichen konnte. Dagegen mußten die — durchweg die gesamten Rechtsfragen des concubinage behandelnden — Thèses von Aubineau (Poitiers 1921), Benoît-Cattin (Grenoble 1922), Landre (Nancy 1921) und Libotte (Lille 1921) leider unberücksichtigt bleiben, da sie weder auf einer Berliner Bibliothek vorhanden noch sonst zu beschaffen waren.

[56] Dieser von Lalou: Gazette Dalloz 1923, 101 geprägte Ausdruck hat sich rasch eingebürgert; er findet sich z. B. auch bei Mazeaud: Rev. trim. 1924, 957; Nast: Rev. crit. 1925, 259.

[57] Vgl. oben S. 35f., 37f.

ideenreiche Rechtsprechung geschaffener überragenden Bedeutung in unserm Recht wohl kaum etwas gleichkommt[58].

3. a) Das Prinzip, auf dem sich dieser Zweig der französischen Rechtsscheintheorie aufbaut, scheint mir kaum je klarer und knapper formuliert worden zu sein als in einer fast im Vorübergehen gemachten Bemerkung von HÉMARD: „Celui qui crée une situation apparente doit répondre de toutes les conséquences qu'elle entraîne à l'égard d'autrui"[59]. Wer also einen Rechtsschein schafft, muß sich so behandeln lassen, als ob der Schein Wirklichkeit wäre; denn dies ist der natürlichste und kürzeste Weg zum Ersatz des — auf quasi-deliktischer Grundlage wiedergutzumachenden — Schadens. Freilich setzt die Haftung aus art. 1382, 1383 C. c. Verschulden voraus. Aber wie die Praxis überhaupt bei Anwendung des art. 1382 im Suchen nach irgend etwas (sei es auch nur in ganz geringem Maße) Vorwerfbaren und demgemäß in der Feststellung einer „faute" außerordentlich weit geht, so ist für unser Problem ihr Standpunkt wohl geradezu der: derjenige, auf dessen — positives oder negatives — Verhalten bewußtermaßen die Erzeugung oder auch nur die Aufrechterhaltung einer trügerischen Situation zurückzuführen ist, begeht durch eben dieses Verhalten eine zum Schadenersatz verpflichtende „faute", da er es zu solchem Schein gar nicht erst hätte kommen lassen dürfen und einen dennoch entstandenen hätte aufklären müssen[60].

b) Unter den zahlreichen Anwendungsfällen des erwähnten allgemeinen Prinzips[61] ist wegen der engen Verwandtschaft der Problemlage mit der hier zur Diskussion stehenden Frage der Fall des „*mandataire apparent*" kurz hervorzuheben[62]. Jemand hatte eine Vollmacht erteilt, aber die Vollmachtsurkunde so unklar abgefaßt, daß sich Zweifel über

---

[58] Mit den hier angestellten Erwägungen sollte wenigstens der Versuch gemacht werden, ein wenig in das Dunkel hineinzuleuchten, das unverkennbar über dem Verhältnis zwischen den Entscheidungen auf Grund der Maxime: „Error communis . . ." und den auf art. 1382 C. c. beruhenden liegt. In Frankreich nimmt man die verschiedenen Lösungen hin, ohne daß man sich — soviel ich sehe — bislang ernstliche Gedanken über diese Frage gemacht hätte.

[59] HÉMARD (oben S. 5 Anm. 8 a. E.), 2. Aufl. 1926, S. 194. Sachlich ebenso DEMOGUE: Obligations III (1923), Nr. 238; SAVATIER: Anmerkung in D. P. 1922. 1. 202.

[60] Aus diesem Gedankengang erklärt sich die oben im Text zu Anm. 59 wiedergegebene Formel von HÉMARD, der er wenige Zeilen darauf — ebenso charakteristisch — den Satz folgen läßt: „Ceux qui ont laissé croire à l'existence d'une société ont commis une faute, et si un dommage en est résulté, ils en doivent réparation." In der Richtung des Textes liegt auch die Charakterisierung dieser Rechtsprechung bei PERREAU: Technique de la jurisprudence en droit privé (Paris 1923) Bd. II, S. 199ff.

[61] Vgl. die ausführlichen Angaben aus der Praxis bei DEMOGUE III, S. 392 Anm. 1 und bei SAVATIER: a. a. O.

[62] Dazu auch DEMOGUE I, Nr. 100ff., bes. Nr. 109.

den Umfang der Macht des Vertreters ergeben mußten. Hier muß der Vollmachtgeber die Geschäfte seines Vertreters so gegen sich gelten lassen, wie sie dem von einem redlichen Dritten angenommenen Umfang der Vertretungsmacht entsprechen: denn er hat durch seine „imprudence" oder „négligence" den Dritten „induit en erreur sur la portée du mandat"[63]. Das gleiche gilt, wenn ein Geschäftshaus mehrere über den Rahmen des Gewöhnlichen hinausgehende Geschäfte seines auswärtigen Vertreters unbeanstandet gelassen und damit gebilligt hat: damit haben die Beklagten „laisser croire au public que leur mandataire était investi de pleins pouvoirs pour les engager dans des entreprises commerciales quelconques" und haben die Kläger „par leur imprudence et leur défaut de surveillance induit en erreur sur la portée du mandat", weswegen die Rechtsfolge die gleiche ist wie im vorigen Falle[64]. Ein letztes Beispiel: A erteilt für ein bestimmtes Grundstücksgeschäft einem Notar Blankovollmacht, die er in dessen Händen läßt, nachdem die Angelegenheit sich erledigt hat. Ein redlicher Dritter zahlt Geld an den Scheinmandatar, das er wegen dessen Konkurs verliert. Für den Schaden des Dritten muß A. gem. art. 1382 C. c. aufkommen, da er eine „imprudence" begangen hat[65].

c) Die Anwendung dieses Prinzips auch auf den Fall der Konkubine als mandataire apparente war lange zweifelhaft. Anfangs verhielt sich die Praxis rund heraus ablehnend[66]: das mandat domestique wurde der Konkubine zwar mit Recht versagt, zu Unrecht aber wurde die Prüfung der Fälle unter dem Gesichtspunkt quasi-deliktischer Haftung unterlassen. Später verstand man sich zwar wenigstens zu solcher Prüfung — das Ergebnis blieb freilich das gleiche wie früher: denn es wurde von dem Lieferanten verlangt, daß er sich über die Verhältnisse der „Frau" X und ihres „Mannes" erkundige, wenn er das unterlasse und mit der „Frau" kontrahiere, so begehe er eine „imprudence";

---

[63] Paris 25. 3. 1892, D. P. 1892. 2. 263. Sachlich ebenso Cass. 23. 11. 1903, D. P. 1906. 1. 66 für den Fall von „circonstances particulières imputables au mandant et de nature à tromper sur l'étendue du mandat." — Neuestens hat die Cour d'Appel Paris 11. 1. 1928, D. H. 1928, 280 ganz allgemein formuliert, die Regel, daß der Mandant bei Überschreitung der Vertretungsmacht durch den Mandatar nicht verpflichtet werde, erleide eine Ausnahme „dans le cas où, par les termes obscurs de la procuration, par ses agissements ou, d'une façon plus générale, par sa faute le mandant a donné aux tiers susceptibles de traiter avec le mandataire, une idée fausse des pouvoirs de ce dernier."

[64] Cass. 17. 5. 1905, Rec. Gaz. Trib. 1905 (2me semestre) 1. 192.

[65] Cass. 29. 12. 1890, D. P. 1891. 1. 464. — Diese Rechtsprechung muß man sich gegenwärtig halten, um zu wissen, daß das aktuell geltende französische Recht über die Bestimmung des art. 1998 Abs. 2 C. c. hinausreicht.

[66] Dazu Bataille 35ff. und die dort (z. T. wörtlich) zitierten Entscheidungen.

diese wurde offenbar für schwerwiegender gehalten als die faute des Mannes und darum die Klage gegen ihn abgewiesen[67]. Solche Erkundigungspflicht — mindestens in dieser Allgemeinheit — zu statuieren, dürfte wohl zu weit gehen: diese Forderung verkennt die tatsächlichen Verhältnisse im Geschäftsverkehr und seine Bedürfnisse und ist darum zu verwerfen[68]. Etwas anderes ist es allerdings, wenn der Geschäftsmann gewußt hat, daß er es nicht mit Eheleuten zu tun habe, oder wenn er wenigstens Verdacht in dieser Richtung hatte: dann mag man eine erhebliche faute auch auf seiner Seite feststellen und aus diesem Grunde seiner Klage gegen den Mann den Erfolg versagen[69]. Wenn aber solches Wissen oder Vermuten bei dem Dritten nicht vorliegt, sondern er redlich ist, dann muß sich der Mann — gleichviel, ob er den Glauben des Dritten, eine Ehefrau vor sich zu haben, positiv gestärkt hat (faute in committendo), oder ob er seine Konkubine nur hat gewähren lassen und es verfehlt hat, die Dritten über den wahren Sachverhalt aufzuklären (faute in omittendo) — zufolge des von ihm begangenen Quasidelikts so behandeln lassen, als ob das scheinbare mandat domestique seiner „Frau" wirklich bestünde: was er als Ehemann kraft des mandat domestique seiner Frau, muß er also als concubin gem. art. 1382 C. c. bezahlen. Das ist die Auffassung, die sich langsam in der Praxis durchgesetzt hat und die man heute wohl als gesichertes Gut der Rechtsprechung ansehen darf[70]. So wurde z. B. ein Herr Masters, der einen großen Teil der

[67] So namentlich Trib. Seine 11. 12. 1901, D. P. 1902. 2. 133.

[68] Insoweit hat PLANIOL: Traité élém. III, Nr. 1100*bis* Recht. Ebenso z. B. PEYTEL: a. a. O., 273; LEROY: a. a. O., 156, 166f.; BOYER: a. a. O., 113; DEMOGUE: Rev. trim. 1924, 350; Trib. paix Nogent-sur-Marne 28. 1. 1910, Gaz. Pal. 1910. 1. 397 („. . qu'en effet les tiers avant de contracter ne peuvent exiger de ceux avec qui ils traitent, qui ne manqueraient pas d'ailleurs de trouver la question au moins indiscrète, s'ils ont oui ou non un livret de famille . . .") und ganz ähnlich Trib. paix Paris 14. 11. 1912, Rec. Gaz. Trib. 1913 (1er semestre) 2. 444.

[69] Mit Recht betonen (PLANIOL-RIPERT-) ROUAST II, S. 62 Anm. 2 und BATAILLE: a. a. O., 70f., daß das Urteil des Trib. Seine vom 10. 12. 1901, D. P. 1904. 2. 238 auf dieser Erwägung beruhe: es verwirft das mandat domestique der Konkubine und läßt sich auf eine nähere Untersuchung der Haftung des „Mannes" aus art. 1382 deshalb nicht ein, „puisque les demandeurs reconnaissent que, dès le début de leurs relations d'affaires avec la demoiselle C., se disant épouse T., ils ont tout au moins soupçonné l'absence d'union légitime". Die Entscheidung steht also mit der — sogleich noch zu erörternden — neueren Judikatur anderer Gerichte und auch des Trib. Seine selbst nicht in Widerspruch.

[70] Kulturgeschichtlich interessant sind die Gründe, die, wie mir scheint, zu diesem Umschwung geführt haben: Offenbar hat der Konkubinat in Frankreich so an Ausdehnung gewonnen und haben sich die Klagen von Lieferanten so gemehrt, daß die Judikatur — vielleicht mit in der berechtigten Erwägung, wie unbillig es sei, den concubin nur die Vorteile und Annehmlichkeiten der Wirtschaftsführung seiner concubine genießen und

Wintersaison mit seiner Freundin im Grand-Hotel in Mentone zugebracht, wobei er im Hotelbuch „M. et Mme Masters" eingetragen hatte, verurteilt, für Kreditkäufe, die „Madame" während dieser Zeit in einer maison de lingerie vorgenommen hatte, den Betrag von 2245 Fr. zu zahlen[71]. Das Gericht erklärt es für unnötig zu untersuchen, ob die Dame seine Ehefrau sei oder nicht — „il suffit de constater qu'il la faisait passer pour telle ... qu'en agissant de la sorte, Masters a commis une faute qui engage sa responsabilité envers ceux qui ont traité avec la soi-disant Mme Masters ..". In einem anderen Falle handelte es sich um den Erwerb einer Singer-Nähmaschine auf Abzahlung durch ein im Konkubinat lebendes Mädchen, das bei den Verhandlungen von ihrem „mari" gesprochen hatte; dieser hatte das Mädchen gewähren lassen und die Verkäuferin in dem Glauben gelassen, daß er wirklich der Ehegatte sei, ohne etwas zur Aufklärung des Sachverhalts zu tun. Wie es scheint, wurde wegen nicht pünktlicher Ratenzahlung nach den Vertragsvereinbarungen der ganze Restbetrag von 176 Fr. fällig; wegen dieser Summe ließ die Verkäuferin darauf die Gehaltsforderung des „mari" pfänden. Vergeblich beantragte dieser Aufhebung der Pfändung: er haftet für den Betrag, denn er hat „en laissant croire qu'il était le mari de la dame signataire ... commis au regard de la Compagnie Singer une faute qui engage au plus haut point sa responsabilité personnelle"[72].

ihn nicht auch die pekuniären Folgen daraus Dritten gegenüber tragen zu lassen — sich veranlaßt sah, der Macht der Tatsachen nachzugeben. Diese Annahme wird jedenfalls nahegelegt durch Bemerkungen, wie z. B. in der (auch den Mann verurteilenden) Entscheidung des Trib. Seine vom 10. 7. 1912: „... qu'il n'en saurait d'ailleurs être autrement sans encourager la fraude et le dol ..." oder auch in dem Urteil des Trib. paix Paris vom 14. 11. 1912, wo es heißt: „... (attendu) que le commerce a besoin d'être protégé contre les manœuvres de ce genre, assez fréquentes aujourd'hui ...".

[71] Trib. Nice 27. 10. 1909, D. P. 1912. 2. 216. Zustimmend: DEMOGUE: Rev. trim. 1912, 1015f.

[72] So Trib. paix Paris 14 11. 1912, Rec. Gaz. Trib. 1913. (1er semestre) 2. 444. Von weiteren, die quasi-deliktische Haftung des concubin anerkennenden Entscheidungen sind zu nennen: Trib. paix Lyon 15. 2. 1908 und Trib. paix Paris 10. 3. 1910 (beide abgedruckt bei BATAILLE: a. a. O., 53f., 76f.); Nogent-sur-Marne 28. 1. 1910, Gaz. Pal. 1910. 1. 397; Trib. Seine 10. 7. 1912, Rec. Trib. 1912 (2me semestre) 2. 377; Trib. Bordeaux 9. 2. 1914 (zitiert von DEMOGUE: Rev. trim. 1924, 350); Trib. Seine 13. 12. 1920 und (auf Berufung) Paris 21. 11. 1923, Gaz. Pal. 1924. 1. 187.

Zum gleichen Ergebnis gelangt (trotz der für die „Schlüsselgewalt" der Ehefrau vom französischen Recht abweichenden Konstruktion, worüber oben S. 13ff.) auch die *niederländische* Praxis: Ein Mann hat seine Freundin stets als seine Frau ausgegeben und bereits mehrfach von ihr gemachte Bestellungen bezahlt. Er muß auch die zuletzt bestellten Kleider bezahlen: so Gerechtshof Amsterdam 29. 10. 1916 (Weekbl. 1917, Nr. 10082) mit der Begründung, daß der Mann durch sein Verhalten Vollmacht zur Vornahme solcher Rechtsgeschäfte erteilt habe. Das ist auch nach *deutschem* Recht

4. Das zuvor gezeichnete Bild ist noch in einer Richtung zu ergänzen: eine volle Vorstellung von dem Standpunkt der französischen Praxis erhält man erst, wenn man dem Satz: „Aus Haushaltgeschäften der concubine haftet jedenfalls der concubin" noch hinzufügt: „regelmäßig aber nicht nur er". Denn bei der Stellung der Judikatur zu unserem Problem, so wie sie oben S. 42 gekennzeichnet und durch die Erörterungen S. 44 näher beleuchtet ist, wird kaum ein Fall vorkommen, wo nicht dem „Mann" und auch der „Frau" eine faute bezüglich der Erzeugung oder Aufrechterhaltung des Rechtsscheins zur Last gelegt werden kann, und es werden daher regelmäßig beide als dem Lieferanten haftbar angesehen. So hat z. B. das Tribunal de la Paix Paris in dem zuletzt erwähnten Singer-Nähmaschinen-Fall den concubin und die concubine für „*solidairement*" haftbar erklärt[73] und hat das Tribunal civil de la Seine ausgesprochen: „C'est à bon droit que l'individu qui vit maritalement avec une femme dans un appartement qu'il a loué est actionné avec elle en paiement *solidaire* de fournitures livrées sur la demande de sa concubine dans cet appartement ...[74]". Dagegen hatte das Tribunal civil de la Seine in einem anderen Fall einen Herrn Derrien und ein Fräulein Levy für von dieser im Laufe von drei Jahren gekaufte Kleider zur Bezahlung von 5046,75 Fr. nebst Zinsen nur „*conjointement*" verurteilt; die Cour d'Appel Paris verurteilte auf Berufung der Verkäufer, insoweit das erstinstanzliche Urteil abändernd, „*in solidum*"[75].

Wenn in diesen Entscheidungen sich Unsicherheit darüber zeigt, ob concubin und concubine als „coauteurs d'un quasi-délit" conjointement, solidairement oder in solidum haften, so liegt das daran, daß dem französischen Zivil-Deliktsrecht Bestimmungen, wie wir sie in §§ 830, 840 BGB. haben, fehlen[76]. Bei Mehrheit von Schuldnern gilt

der Grund, weswegen aus Haushaltgeschäften der Frau selbst in einer Nichtehe (wilden Ehe) der Mann haften muß: für ihn gilt das gleiche, wie für den in nichtiger Ehe lebenden Mann, der die Nichtigkeit der Ehe kannte (vgl. oben S. 28f.) — eine Entscheidung, die gegen die erhobenen Angriffe (oben S. 28 Anm. 2) nicht nur durch den Vergleich mit dem niederländischen, sondern auch durch die Betrachtung des französischen Rechts eine wertvolle Stütze erhält: Entscheidend ist, daß auch im Ausland dies Ergebnis für richtig gehalten wird; daß die rechtstechnischen Konstruktionen zu seiner Erreichung von einander abweichen, ist bei der Verschiedenheit der Rechtsordnungen in ihrer Grundstruktur selbstverständlich und darf daher außer Betracht bleiben.

[73] Trib. paix Paris 14. 11. 1912, Rec. Gaz. Trib. 1913 (1er semestre) 2. 444.

[74] Trib. Seine 10. 7. 1912, Rec. Gaz. Trib. 1912 (2me semestre) 2. 377.

[75] Paris 21. 11. 1923, Gaz. Pal. 1924. 1. 187.

[76] Ebenso in den meisten Gesetzbüchern des romanischen Rechtskreises; besser dagegen z. B. die Zivilgesetze von *Italien* (art. 1156), *Portugal* (art. 2372), *Argentinien* (art. 1115, früher art. 1081), *Brasilien* (art. 1518), *Chile* (art. 2317), *Colombien* (art. 2344), die ausdrücklich Solidarhaftung vorschreiben.

zwar, entsprechend BGB. § 420, auch im französischen Recht der (ebenso wie bei uns durch die Fülle der praktisch wichtigen Ausnahmen nahezu eliminierte) Grundsatz der Teilverpflichtung, die herkömmlicherweise als obligation conjointe bezeichnet wird[77]; und namentlich LAURENT hatte behauptet, daß dies Prinzip auch gelte, wenn mehrere für eine unerlaubte Handlung verantwortlich seien[78]. Diese Ansicht ist indessen heute von Theorie und Praxis aufgegeben, und der Streit dreht sich nur noch um die beiden anderen erwähnten Alternativen. Ihnen ist gemeinsam, daß bei der obligation „solidaire" wie bei der obligation „in solidum" jeder Schuldner aufs Ganze belangt werden kann und daß durch solche Leistung die übrigen befreit werden. Der Unterschied: jene entspricht der Korrealobligation, diese der Solidarobligation im Sinne des gemeinen Rechts. Nur bei jener treten also auch die z. B. in C. c. art. 1205—1207, 1213, 1214, 1285 normierten sog. effets secondaires der Solidarität ein, bei der Verpflichtung in solidum, die auch solidarité imparfaite genannt wird, dagegen nicht. Dies im einzelnen hier weiter zu verfolgen, kann um so eher unterlassen werden, als die Berechtigung der ganzen Unterscheidung angesichts des Schweigens des Code civil recht zweifelhaft ist[79]. Überdies darf aus den neueren Entscheidungen der ehedem — namentlich in der Begründung — schwankenden französischen (und belgischen) Judikatur die deutliche Tendenz entnommen werden, auch in der Verpflichtung mehrerer an einer unerlaubten Handlung Beteiligter einen Fall voller Solidarität im Sinne des C. c. art. 1202ff. (also Korrealität) zu sehen[80].

Wie dem auch sei: der französische Kaufmann steht im allgemeinen besser, wenn eine concubine etwas bei ihm bestellt, als wenn er Waren auf Bestellung einer Frau liefert. Diese haftet grundsätzlich[81], da sie kraft des den Mann verpflichtenden mandat domestique handelt, nicht

[77] Diese Bezeichnung ist mehrfach als unglücklich gerügt und statt dessen als deutlicher „obligation disjointe" empfohlen worden: so z. B. COLIN et CAPITANT II, 176. Allein, der Ausdruck „conjointe" scheint ohne weiteres klar, wenn man sich vom römischen Recht her der heredes oder legatarii coniuncti, die miteinander teilen (D. 32, 80), erinnert.

[78] LAURENT XVII, Nr. 318ff., besonders Nr. 320 u. 322.

[79] Dazu COLIN et CAPITANT II, 190f.

[80] Vgl. zuletzt für *Frankreich*: Cass. 2. 1. 1924, D. P. 1924. 1. 16; 5. 7. 1926, D. H. 1926, 401; 23. 3. 1927, Gaz. Pal. 1927. 2. 127; für *Belgien*: Cass. 14. 3. 1907, Pas. 1907. I. 160; 24. 1. 1924, Pas. 1924. I. 159. Genaueres über Entwicklung und gegenwärtigen Stand der ganzen Frage gibt der sorgfältige, ausführliche Aufsatz von REY: De la responsabilité solidaire des coauteurs de délits et quasidélits civils, Belgique Judiciaire 1926, Sp. 513ff. mit zahlreichen Nachweisen aus dem ancien droit, aus der Entstehungsgeschichte des Code civil, sowie aus der neueren Literatur und Rechtsprechung.

[81] Über Ausnahmen unten S. 54ff., 78ff.

persönlich; beim Konkubinat dagegen stehen dem Lieferanten regelmäßig zwei Schuldner gegenüber, deren jeder ihm auf das Ganze verpflichtet ist. Zu dieser Lösung, die für die Ehe, für die sie wohl angemessen wäre, nicht erreicht wird, gelangt das französische Recht auf Grund der durch die Praxis entwickelten Sätze überraschenderweise gerade für die Fälle der nur wilden Ehe. Diese interessante Erscheinung ist unter zweifachem Gesichtspunkt wohl wert, scharf beleuchtet zu werden: Zeigt sie doch für das *französische* Recht mit hinreichender Deutlichkeit, daß es zum mindesten für die Frage der Haushaltschulden irrig ist zu sagen, der Konkubinat werde noch durch Prämien belohnt und auf diese Weise gefördert[82]. Vom *deutschen* Standpunkt aus fordert jene Erscheinung die Beachtung des rechtsvergleichenden Betrachters, der mit Bedauern wird feststellen müssen, daß die Erreichung jenes Ergebnisses nach unserem Recht wohl verwehrt ist: denn da die „Frau" in der Nichtehe für Haushaltgeschäfte als Bevollmächtigte des „Mannes" zu betrachten ist[83], so ist auch grundsätzlich der „Mann" allein haftbar, und nur in ganz besonderen Fällen, nämlich in den engen Grenzen von § 826 BGB. wird sich eine Haftung der „Frau" begründen lassen[84].

§ 6. Mandat domestique und eheliches Güterrecht.

I. In Rechtsordnungen, die der Stellung der Ehefrau überhaupt und namentlich auch im Hauswesen die allein angemessene Regelung zuteil werden lassen, bietet die Frage nach dem Einfluß des ehelichen Güterrechts auf die Haushaltbefugnisse der Frau keinerlei Schwierigkeiten. Dies gilt vornehmlich für unser *deutsches* Recht, für das *schweizerische* Recht sowie für die *skandinavischen* Rechte: hier wird die „Schlüsselgewalt" der in ihrer Geschäftsfähigkeit durch die Eheschließung nicht berührten Frau richtigerweise unzweideutig für eine von den güterrechtlichen Verhältnissen der Ehegatten unabhängige allgemeine Wirkung der Ehe erklärt[1].

II. Auch diejenigen *romanischen* Rechte, die noch an dem Grundsatz der Geschäftsunfähigkeit der verheirateten Frau festhalten und ihr nicht kraft eines mandat domestique Vertreterstellung in Haushaltangelegenheiten verleihen, sondern die Befugnisse der Ehefrau auf die Vermutung stillschweigender Autorisierung durch den Mann gründen oder in ähn-

---

[82] Über diese Behauptung von Planiol vgl. schon oben S. 40.

[83] Vgl. oben S. 45 Anm. 72.

[84] Insoweit liegt es bei der Nichtehe nicht anders als bei der Schlüsselgewalt der vollgültig verheirateten Frau, worüber Josef: ZivA 118, 389f.; Martin Wolff: Familienrecht (5. Bearbeitung 1925), § 43 Anm. 15 u. a.

[1] *Deutschland*: BGB. § 1357; *Schweiz*: ZGB. Art. 163; *Schweden*: Ges. über d. Eherecht (v. 11. 6. 1920), Kap. 5, § 12; *Dänemark*: Ges. über d. Rechtswirkungen der Ehe (v. 18. 3. 1925), § 11; *Norwegen*: Ges. über d. Vermögensverhältnisse der Ehegatten (v. 20. 5. 1927), § 7.

licher Weise konstruieren[1a], sind insofern noch besser als das französische Recht: denn jene Bestimmungen finden sich in den erwähnten Zivilgesetzen durchweg in dem allgemeinen, von den Rechten und Pflichten der Ehegatten als solcher, insbesondere von der eheherrlichen Gewalt handelnden Abschnitt, wodurch die Unabhängigkeit des Problems von der unter den Ehegatten bestehenden Regelung des Güterrechts deutlich zum Ausdruck gebracht wird[2].

III. Nicht ganz so einfach dagegen liegt die Frage im *französischen* Recht. Hier macht sich die an früherer Stelle erörterte innere Begründung des mandat domestique entscheidend geltend[3]. Würde es nur mit der obligation d'entretien des Mannes in Zusammenhang gebracht, so könnte ein Zweifel kaum auftauchen, da diese Verpflichtung zu den allgemeinen Folgen der Eheschließung gehört, für die somit der von den Gatten gewählte Güterstand gleichgültig ist. Aber, wie schon oben angedeutet[3], soll auch die Stellung, die der Mann gegenüber dem Vermögen der Ehegatten einnimmt, von Bedeutung sein: Die Frau verfüge über gar keine Mittel, da diese sich, zur Verwendung für die ehelichen Lasten bestimmt, grundsätzlich in der Hand des Mannes vereinigten, so daß bei allen Güterständen das berühmte Wort von POTHIER (Traité de la communauté No. 464), wonach die Frau bei ihrem Manne „en pension" ist, auch heute noch wahr sei[4]; habe der Mann sonach allein die Möglichkeit, etwaigen Ansprüchen Dritter nachzukommen, so sei es auch angemessen, ihn aus Haushaltgeschäften der Frau verpflichtet sein zu lassen; eben diese Wirkung werde durch die Annahme eines

---

[1a] Darüber oben S. 13ff.

[2] Das scheint so klar, daß es nicht in Zweifel gezogen werden sollte. Dennoch sah sich die *niederländische* Praxis wiederholt genötigt, es für art. 164 Burgerl. Wetb. ausdrücklich auszusprechen; vgl. z. B. Kantongerecht Rotterdam 9. 3. 1908, Weekbl. 1908, Nr. 8760; Hooge Rad 5. 2. 1909, Weekbl. 1909, Nr. 8819.

[3] Vgl. oben S. 25.

[4] CHÉRON: La contribution des époux aux charges du ménage et la loi du 13 juillet 1907, Rev. trim. 1909, 752ff. (758f.). — Ganz die gleichen Erwägungen, die hier zur Konstruktion des mandat domestique und der daraus folgenden alleinigen Verpflichtung des Mannes führen, stellt für das *niederländische* Recht auch der Hooge Rad 5. 2. 1909 Weekbl. 1909, Nr. 8819 an: aus den art. 160—162, 200, 201, 248 Burgerl. Wetb. ergebe sich, daß sowohl bei Gütergemeinschaft wie auch bei Gütertrennung der Mann, in dessen Händen sich im allgemeinen die Mittel zur Bestreitung der Haushaltskosten befänden, für die Haushaltschulden haftbar sei. Ist nicht auch diese Begründung noch ein starkes Indiz dafür, daß die niederländische Praxis den Gedanken der Alleinhaftung des Mannes vertritt? (vgl. dazu oben S. 18, Anm. 31 und S. 19, Anm. 34). Auch (OPZOOMER-) GRÜNEBAUM: Het Burgerl. Wetboek verklaard, Bd. I (3. Aufl., 's Gravenhage 1911), 318ff. kommt unter ausdrücklicher Zustimmung zu der Begründung des Hooge Rad zu dem Ergebnis, daß nur der Mann hafte.

mandat domestique erreicht, das damit eine weitere Rechtfertigung erhalte. So etwa ist der Gedankengang. Er darf freilich nicht ganz ohne Prüfung auf seine sachliche Richtigkeit hingenommen werden.

1. a) Für den gesetzlichen Güterstand, d. h. die Fahrnisgemeinschaft genügen wenige Worte. Wie das ancien droit den Mann als „seigneur et maître" de la communauté bezeichnete[5], so verwaltet auch nach dem Recht des Code civil der Mann, der „chef" des Hauswesens (art. 1388), allein das Gesamtgut mit grundsätzlich freier Verfügungsbefugnis (art. 1421 ff.); und ebenso verwaltet der Mann mangels gegenteiliger Bestimmung des Ehevertrages außer seinem eigenen Vermögen auch die „biens propres" der Frau (art. 1428)[6]. Damit hat der Mann in der Tat alle Mittel zur Bestreitung der Haushaltskosten in der

---

[5] POTHIER: Traité de la communauté, Nr. 3; Coutume de Paris, art. 225.

[6] Davon, was nach dem lebendigen *französischen* Recht als „*bien propre*" eines Ehegatten anzusehen ist, vermittelt der Text des Code civil mit der einzigen ausdrücklichen Bestimmung in art. 1401, Nr. 1 a. E. nur eine ganz unzureichende Vorstellung. So gibt es z. B. biens propres kraft Surrogation, und auch eine große Zahl von droits mobiliers à caractère personnel gehören dahin. Im einzelnen ist auf die ausgezeichnete Darstellung bei (PLANIOL-RIPERT-) NAST VIII, Nr. 179–217 zu verweisen. Nur ein — in Erinnerung an eine leidige deutsche Streitfrage in einem analogen Fall besonders interessanter — Punkt darf kurz hervorgehoben werden. Zu welcher Gütermasse eine Entschädigung wegen unerlaubter Handlung gegen die Person eines Gatten (Körperverletzung, Beleidigung) gehört, sagt der C. c. nirgends. Mit Fug hat die Praxis (Poitiers 19. 1. 1920 und auf Revision die Cour de Cassation 13. 4. 1921, beide D. P. 1922. 1. 5; zustimmend NAST: l. c. Nr. 215f. und die dort S. 265 Anm. 5 Zitierten, denen noch GAUDEMET: Rev. trim. 1922, 404f. hinzuzufügen wäre) solche Entschädigung dennoch unter die biens propres des verletzten Ehegatten gereiht. Dieser französischen Praxis ist — was NAST zur Stützung seines Standpunkts noch hätte anführen können — implicite die Cour d'Appel Gand gefolgt: Urteil vom 22. 12. 1923, Belgique Judiciaire 1924, Sp. 189 (in ausführlichen Darlegungen zustimmend: WARLOMONT: Journal des Tribunaux 1925, Sp. 444ff., 460f., 476ff.). Der in der Tat entscheidende Grund klingt auch aus dem Urteil des Kassationshofs heraus: es handelt sich um ein Surrogat des Persönlichkeitsrechts (dazu treffend NAST: l. c., S. 226: „Or, ces droits de la personnalité ne sont pas des biens patrimoniaux; ils échappent aux règles de la communauté"). Aus eben diesen Erwägungen rechnet MARTIN WOLFF (Familienrecht, 5. Bearb. 1925, § 46 bei und in Anm. 35) beim *deutschen* gesetzlichen Güterstand die Surrogate der Persönlichkeitsrechte, namentlich auch den Anspruch auf Schmerzensgeld mit Recht zum Vorbehaltsgut der Frau. Bedauerlicherweise freilich hat das Reichsgericht sich noch nicht zu der von der französischen und belgischen Rechtsprechung vertretenen freien Auffassung entschließen können: ohne Eingehen auf den Kern des Problems erklärt es bekanntlich den Schmerzensgeldanspruch als zum eingebrachten Gut der Frau gehörig — mit der formalistischen Begründung, er sei in den die Bestandteile des Vorbehaltsguts erschöpfend aufzählenden §§ 1366–1370 BGB. nicht mit aufgeführt (so RGE 90, 69).

Hand: denn die während der Ehe fällig gewordenen oder gezogenen Früchte auch der biens propres gehören zum Gesamtgut (art. 1401 Nr. 2); dieses hat die charges du mariage zu tragen (art. 1409 Nr. 5), und zwar in dem Sinne, daß die Haushaltschulden nicht nur im Verhältnis zu den Gläubigern Gesamtgutschulden, sondern auch im Verhältnis der Gütermassen untereinander Gesamtgutslasten sind[7]. Das ist nicht mehr als billig; denn an diese Gütermasse hat die Frau alles was sie hat, sei es dem Eigentum, sei es dem Fruchtgenuß nach gegeben, und das stellt ihren Beitrag zu den ehelichen Lasten dar, so daß man nach dem in art. 1540 gekennzeichneten Wesen der dos bei der Gütergemeinschaft alles Vermögen der Frau als „dotaux, soit quant à la propriété, soit quant à la jouissance" bezeichnen kann[8]. Diese Sachlage macht es allerdings wohl wahrscheinlich, daß die Frau, die weder die Verpflichtung hat, für den ehelichen Aufwand aufzukommen, noch auch die Mittel dazu in der Hand hat, beim Abschluß von Haushaltgeschäften nicht die Absicht hatte, im eigenen Namen zu handeln, sondern daß sie vom Ehemann dazu Vollmacht erhalten hat; kraft der Vollmacht trifft die Verpflichtung den Mann und damit (art. 1409 Nr. 2) als Gesamtgutschuld und -last die communauté, also diejenige Gütermasse, die, wie wir gesehen haben, im Endergebnis auch die Last zu tragen hat. So darf also die güterrechtliche Organisation des gesetzlichen Güterstandes als eine Stütze für die Lehre vom mandat domestique angesehen werden, das denn auch für diesen Güterstand von der (noch) herrschenden Meinung[9] begreiflicherweise nie bestritten worden ist[10].

b) Nicht anders liegt es bei den sonstigen Formen der Gütergemeinschaft, namentlich also nicht bei der Errungenschaftsgemeinschaft der artt. 1498, 1499 und auch nicht bei der allgemeinen Gütergemeinschaft des art. 1526: lediglich der Umfang des Gesamtguts ist dabei ein anderer, in den für unseren Zusammenhang entscheidenden Punkten (Verwaltung durch den Mann, Lastentragung, „dos") ändert sich nichts; vgl. art. 1528.

2. Auch für das régime exclusif de communauté (artt. 1530ff.), d.h. für die Verwaltungsgemeinschaft kann der oben S. 49f. zur Stützung

---

[7] Dem deutschen Juristen ist diese scharfe Scheidung geläufig; der Code civil dagegen erschwert das Verständnis dadurch, daß er die beiden Fragen häufig miteinander verwechselt oder auch nur eine von ihnen behandelt (wobei nicht immer sofort ersichtlich ist, welche); dazu gut: (Planiol-Ripert-) Nast VIII, Nr. 290ff.

[8] Guillouard I, Nr. 133; Aubry et Rau VII, § 500, Nr. 1 (S. 436).

[9] Vgl. dazu die Bemerkung oben S. 22 und unten S. 119ff.

[10] So wird das mandat tacite der Ehefrau in den Lehrbüchern fast durchweg bei der Darstellung der communauté légale behandelt, und die Mehrzahl der oben S. 22 Anm. 6 zitierten Urteile ist für diesen Güterstand ergangen. — Vgl. zum Vorhergehenden auch Binet 60f.

der Theorie vom mandat domestique wiedergegebene Gedankengang als zutreffend anerkannt werden. Das Vermögen auch der Frau, das der Rechtszuständigkeit nach keine Änderung erfährt, wird vom Mann verwaltet[11], und auch bei diesem Güterstand gibt es der Sache nach eine dos[12]: die Früchte des Frauenvermögens stehen dem Manne zu, als Beitrag zur Bestreitung der ehelichen Lasten durch ihn (art. 1530).

3. Gewisse Zweifel dagegen erheben sich schon beim Dotalrecht. Hier zerfällt das Frauengut in zwei Arten: Die Dotalgüter und die Paraphernalien, für die die Vermutung spricht (vgl. art. 1541, 1574). Von wenigen Ausnahmen abgesehen, bleiben die Dotalgüter nach dem Recht des Code civil — im Gegensatz jedenfalls zum klassischen römischen Recht — der Frau rechtszuständig, aber der Mann hat die Verwaltung über sie mit ausgedehnter Verfügungsbefugnis und vor allem die Nutznießung daran (art. 1549). Der Fruchtgenuß an den Dotalgütern stellt den der dos nach art. 1540 wesenseigenen Beitrag der Frau an den Mann zur Bestreitung der ehelichen Lasten dar. Damit dieser Beitrag seiner Bestimmung nicht entfremdet werde und damit der Mann den bestimmungsgemäßen Gebrauch davon machen und sich nicht seiner Verpflichtung zur Bestreitung des ehelichen Aufwandes entziehen könne, erklärt eine feste Praxis dieses ehemännliche Nutzungsrecht eben wegen seiner besonderen Natur für unabtretbar[13] und unpfändbar und läßt die Pfändung der Früchte und Einkünfte aus den Dotalgütern auch nur insoweit zu, als sie nicht für den Unterhalt der Familie erforderlich sein sollten[14].

Folgt aus dem Bisherigen aber schon, daß die Frau wegen ihres erwähnten Beitrages keinerlei Verpflichtung mehr habe, sich an den finanziellen Lasten der ehelichen Gemeinschaft zu beteiligen, sondern daß der Mann wirklich allein verpflichtet sei, für die Unterhaltung von Haushalt und Familie aufzukommen (so daß also das mandat domestique berechtigt wäre)? Diese Frage drängt sich beim Dotalrecht

---

[11] Und zwar, geschichtlicher Entwicklung gemäß, nach den Grundsätzen der Gütergemeinschaft, nicht nach den Regeln, die für das mancherlei Ähnlichkeit zeigende Dotalrecht gelten: Colin et Capitant III, 242f.; Planiol: Traité élém. III, Nr. 1424.

[12] Guillouard I, Nr. 133; Aubry et Rau VII, § 500, Nr. 1 (S. 436).

[13] Das gewöhnliche Nießbrauchsrecht ist (im Gegensatz zu der verfehlten Regelung des BGB.) gemäß art. 595 C. c. nach herrschender Meinung als solches übertragbar; vgl. Aubry et Rau II, § 230, Nr. 4 (S. 696f.) mit weiteren Angaben.

[14] Dazu Aubry et Rau VIII, § 535 bei Anm. 32ff. (S. 457f.) und namentlich Colin et Capitant III, 286f. mit zahlreichen Nachweisen (denen als letztes Urteil hinzuzufügen ist: Cass. 22. 6. 1926, Gaz. Pal. 1926. 2. 458). — Schöpferische Rechtsprechung hat hier also auch ohne besondere Gesetzesvorschrift das sachgemäße Ergebnis gefunden, das entsprechend bei uns durch § 1408 BGB., § 861 ZPO. sichergestellt ist.

auf, da hier die Frau grundsätzlich einen mehr oder weniger bedeutenden Teil ihres Vermögens in Gestalt ihrer Paraphernalien zu eigener Verwaltung und Nutzung hat (art. 1576), so daß man vielleicht von ihr verlangen könnte, sie müsse die ihr so verbleibenden Mittel mindestens zur Befriedigung ihrer persönlichen Lebensbedürfnisse verwenden. Diesem Einwand begegnet man mit dem Hinweis, daß solche Verpflichtung der Frau nirgends statuiert sei; das ergebe sich indirekt auch aus art. 1575, wonach die Frau lediglich in dem — der Gütertrennung gleichkommenden — Ausnahmefalle, in dem sie überhaupt nur Paraphernalien habe, diese für einen Beitrag zu den ehelichen Lasten in Anspruch nehmen müsse; entscheidend sei endlich, daß beim Dotalrecht wie bei allen Güterständen die obligation d'entretien des Mannes (art. 214) bestehe, die allein genüge, um die Theorie vom mandat domestique auch bei diesem Güterstand zu rechtfertigen[15]. Diese Verpflichtung des Mannes, auf deren Wichtigkeit für den Aufbau der Lehre vom mandat domestique schon früher hingewiesen wurde[16], rückt damit wieder in den Vordergrund. Sie allein ist es auch, auf die sich das — soweit feststellbar, einzige bisher in unserer Frage zum Dotalrecht ergangene — Urteil des Kassationshofs vom 7. Juli 1896 stützt, in dem das mandat domestique auch bei diesem Güterstand angenommen wird[17].

4. a) Die überragende Bedeutung der dem Manne nach art. 214 C. c. obliegenden Verpflichtung tritt vollends bei der Gütertrennung zutage. Hier stehen der Frau Verwaltung ihres Vermögens, Befugnis zu Verfügungen darüber sowie Verpflichtungsfähigkeit in dem bereits erörterten Umfang zu[18]. Freilich: der Mann bleibt „chef du ménage" — aber darf man deswegen von ihm als solchem verlangen, daß er für die Kosten des Haushalts und des Unterhalts seiner Familie allein aufkomme? Bei den anderen Güterständen gibt die Frau für diesen Zweck in den geschilderten verschiedenen Formen eine dos. Bei der Gütertrennung dagegen kann von einer dos im eigentlichen Sinne wohl nicht die Rede sein[19]: art. 1540 spricht von dem bien, das die Frau (sc. zu Eigentum oder Fruchtgenuß) „apporte" — hier besteht aber nur die Verpflichtung der Frau, nach Maßgabe der art. 1448, 1537 dem

[15] Binet 61 ff.; Daveaux, La femme et les contrats qu'elle passe pour les besoins du ménage (Thèse Paris 1908), 27 ff.

[16] Vgl. oben S. 25 f.

[17] Cass. 7. 7. 1896, D. P. 1898. 1. 18. — Für das mandat domestique beim Dotalrecht auch die gemeine Meinung in der Literatur: Demolombe IV, Nr. 169; Laurent XXII, Nr. 105; Guillouard IV, Nr. 2204 I u. a.

[18] Vgl. oben S. 7 ff.

[19] So: Guillouard I, Nr. 134; Aubry et Rau VII, § 500, Nr. 1 (S. 436); Baudry-Lacantinerie, Le Courtois et Surville I, Nr. 212. — Dagegen: Laurent XXI, Nr. 157 und XXII, Nr. 105.

Manne einen Beitrag zur Bestreitung der ehelichen Lasten zu leisten. Trotz dieser Verschiedenheit und obwohl die Frau hiernach aus ihrem Vermögen Mittel selbst in der Hand behält, wird man doch sagen können, daß es Sache des Mannes ist, die charges du ménage zu tragen: denn an der grundlegenden obligation d'entretien des Mannes gem. art. 214 ändert sich auch bei der Gütertrennung nichts, und das mag die Annahme des mandat domestique auch bei diesem Güterstand rechtfertigen[20]. In den Gerichtsentscheidungen wird nur gelegentlich auf diesen Zusammenhang ausdrücklich verwiesen[21]. Gemeinhin begnügt sich die Judikatur mit dem apodiktischen Satz: „que sous ce régime comme sous tous les autres la femme est investie d'un mandat tacite pour toutes les dépenses du ménage . . ."[22] oder mit einer ähnlichen Wendung, um das mandat domestique auch bei der Gütertrennung anzuerkennen[23]. Ebenso wie in der Praxis herrscht auch in der Literatur die Ansicht, daß das mandat domestique selbst bei der séparation de biens gelte[24].

b) Darf hiernach zusammenfassend festgestellt werden, daß die Grundsätze des mandat domestique ungeachtet der zwischen den Ehegatten bestehenden güterrechtlichen Regelung stets eingreifen, so ist für die Gütertrennung doch noch auf eine Besonderheit aufmerksam zu machen, deren weittragende Bedeutung meist, wie mir scheint, nicht genügend gewürdigt wird[25]. Mit voller Klarheit haben Colin et Capitant diesen Punkt herausgehoben, indem sie den Stand der Dinge dahin charakterisieren: „. . . il semble qu'au cas de séparation de biens, la Jurisprudence met de côté la théorie du mandat tacite, et

---

[20] Vgl. dazu Binet, 63ff.

[21] So z. B. in dem Urteil der Cour d'Appel Riom vom 16. 2. 1853, D. P. 1854. 5. 685, wo es heißt: „. . . Considérant qu'aux termes de l'article 1448 la femme, même séparée de biens, doit contribuer, proportionnellement à ses facultés et à celles de son mari, aux charges du ménage; considérant que cette part contributoire de la femme doit être réunie aux revenues du mari pour par *lui* pourvoir, comme chef de l'association conjugale, aux besoins communs, et fournir, comme il le doit (sc. nach art. 214), à la femme, tout ce qui lui est nécessaire, suivant son état et ses facultés . . .".

[22] So Trib. Seine 26. 12. 1925, D. P. 1926. 2. 78.

[23] Dafür wohl schon Cass. 27. 1. 1857, D. P. 1857. 1. 142. Deutlich: Paris 8. 7. 1925, D. P. 1926. 2. 77.; Trib. Seine 3. 12. 1895, 26. 12. 1925, D. P. 1896. 2. 132, D. P. 1926. 2. 78.

Ebenso in *Belgien*: z. B. Liège 3. 7. 1890, Pas. 1891. II. 12; Trib. Bruxelles 27. 5. 1895, Pas. 1895. III. 350.

[24] Demolombe IV, Nr. 169; Laurent XXII, Nr. 105; Baudry-Lacantinerie, Le Courtois et Surville I, S. 370 Anm. 1; Gouy 131; Chéron, Rev. trim. 1909, 757 („. . . sous *tous* les régimes . . .") u. a. m.

[25] Das gilt z. B. auch von der sonst anerkanntermaßen ausgezeichneten Schrift von Binet, der (S. 66 Anm. 2) ein Eingehen darauf aus m. E. nicht stichhaltigen Gründen ablehnt.

décide que chaque époux est personnellement obligé"[26]. Woraus soll diese direkte Verpflichtung beider Ehegatten, also auch der Frau, dem Gläubiger gegenüber folgen?

Ausgangspunkt für die Beantwortung dieser lebhaft umstrittenen Frage ist die Bestimmung in art. 1448 C. c., wonach die Frau zu den Kosten des Haushalts wie zu den der Erziehung der gemeinschaftlichen Kinder entsprechend ihrem und ihres Mannes Vermögen „*doit contribuer*"[27]. Ein unbefangener deutscher Leser wird gewiß den Ausdruck „contribuer" mit „beitragen" übersetzen und dabei meinen, daß diese Vorschrift nur das Innenverhältnis zwischen den Ehegatten betreffe. Er wird überrascht sein zu erfahren, daß diese Ansicht nur von einem Teil der Schriftsteller vertreten wird[28]. Eine weitverbreitete, mit von anerkannten Autoritäten verteidigte Meinung dagegen geht dahin, daß durch die erwähnte Vorschrift für die Frau in den Grenzen ihrer Beitragspflicht auch eine direkte Haftung gegenüber den Gläubigern begründet werde[29], und zwar soll das auch dann gelten, wenn die Frau ihren Haushaltsbeitrag bereits an den Mann geleistet, dieser ihn aber etwa vergeudet hat und zahlungsunfähig geworden ist[30], so daß die Frau durch die Notwendigkeit nochmaliger Zahlung offensichtlich geschädigt ist.

In der Richtung, daß aus art. 1448 eine Schuld der Frau im Außenverhältnis folge, bewegt sich seit langem auch die französische Rechtsprechung, die diesen Grundsatz in zahlreichen Entscheidungen offensichtlich vertreten, wenn auch nicht immer ausdrücklich ausgesprochen

---

[26] COLIN et CAPITANT III, 253

[27] In art. 1537 C. c. wird für den Fall der Gütertrennung kraft Ehevertrags das Verhältnis, in dem „chacun des époux *contribue* aux charges du mariage" anders festgelegt. Das Problem, auf das es im Augenblick ankommt, liegt dort aber genau so. Daher wird die Frage der Einfachheit halber nur im Anschluß an art. 1448 C. c. entwickelt.

[28] Diese (m. E. richtige) Anschauung wird vor allem — im Gegensatz zu der sogleich noch zu erwähnenden französischen — von der *belgischen* Rechtsprechung festgehalten: so Liège 3. 7. 1890, Pas. 1891. II. 13; Trib. Anvers 16. 3. 1885, Pas. 1885. III. 159; Trib. Bruxelles 8. 11. 1893, 27. 5. 1895 und 26. 10. 1910, Pas. 1894. III. 19, 1895. III. 350 und 1911. III. 36. Aus der Literatur gehören hierher: PLANIOL: Traité élém. III, Nr. 1438; BAUDRY-LACANTINERIE, LE COURTOIS et SURVILLE III, Nr. 1489ff. (1491 a. E.); CHÉRON: Rev. trim. 1909, 759ff.; und namentlich LAURENT XXII (1876), Nr. 284, der so weit geht, die Gegenmeinung als „plus qu'étrange" und die dafür beigebrachten Gründe als „dignes d'un fournisseur, mais indignes d'un jurisconsulte" zu bezeichnen.

[29] So AUBRY et RAU VIII, § 516, Nr. 5b (S. 237); GUILLOUARD III, Nr. 1222; HUC IX, Nr. 276; DE LOYNES, Anm. in D. P. 1890. 1. 338; wohl auch COLIN et CAPITANT III, 253.

[30] So ausdrücklich AUBRY et RAU, GUILLOUARD und HUC: a. a. O. (vorige Anm.).

hat[31]. So ist die Frau aus Geschäften des Mannes, wenn dieser zahlungsunfähig geworden war, zur alleinigen Bezahlung der ganzen Schuld an den Gläubiger[32], in einem anderen Falle, in dem der Mann gestorben war, zur Bezahlung der Hälfte verurteilt worden, obwohl in der Erbmasse genügend Mittel vorhanden waren[33].

Aus diesen Entscheidungen ist der Schluß gezogen worden, daß der Grundsatz der direkten Haftung der Frau gegenüber dem Dritten „a fortiori" durchgreifen müsse, wenn die Frau selbst im Interesse des Haushalts kontrahiert habe: sie verpflichte dann sich selbst und zugleich ihren Mann[34]. In dieser Form scheint mir der Satz bedenklich oder doch mindestens mißverständlich: abgesehen von dem Zweifel, ob die Frau wirklich die Absicht hatte, sich selbst zu verpflichten, darf vor allem nicht außer acht gelassen werden, daß die Frau auch bei Gütertrennung grundsätzlich incapable ist, sich also ohne autorisation des Mannes vertraglich gar nicht verpflichten kann[35]. Wenn also die Frau selbst für die Bedürfnisse des Haushalts tätig geworden ist, so darf man sich die rechtlichen Folgen daraus nicht so vorstellen, daß sie sich damit persönlich gebunden habe und daß deshalb auch der Mann verpflichtet sei. M. E. liegt es gerade umgekehrt. Man muß von der Auffassung der Rechtsprechung über die Bedeutung des art. 1448 C. c. ausgehen und außerdem das mandat domestique der Frau auch bei der Gütertrennung anerkennen. Dann ergibt sich: kraft des mandat treffen die Folgen des Haushaltgeschäfts den Mann, aber auch die Frau wird dadurch mit verpflichtet — zufolge der besonderen Vorschrift

[31] Besonders deutlich Trib. Seine 18. 3. 1909, Gaz. Trib. 1909 (2me sem.) 2. 189, und zwar völlig wie AUBRY et RAU (oben Anm. 29 u. 30). — Dagegen muß vorweg bemerkt werden, daß — gegen NAST, Anm. in D. P. 1926. 2. 78 — die von ihm zitierten, mit der Frage der Erziehung und des Unterhalts der Kinder sich beschäftigenden Urteile aus unserem Gedankenkreis m. E. völlig auszuscheiden sind. Wenn z. B. in Cass. 21. 5. 1890, D. P. 1890. 1. 337 für die Gütergemeinschaft (zustimmend für alle Güterstände: DE LOYNES, Anm. das. [340]) ausgesprochen wird, daß, gleichviel wer von beiden Ehegatten das Kind bei einem Dritten untergebracht habe, für die dadurch entstehenden Kosten der Erziehung und des Unterhalts sowohl der Mann wie auch die Frau hafte, so beruht diese Entscheidung, ebenso wie auch die anderen von NAST verzeichneten, lediglich auf art. 203 und besagt daher für unseren Zusammenhang wohl nichts. — Übrigens haften die Ehegatten — wie nach moderner Auffassung mehrere Unterhaltsverpflichtete bei der allgemeinen Unterhaltspflicht — gemäß art. 203 zwar jeder aufs Ganze, aber ohne Solidarität: dazu (PLANIOL-RIPERT-) SAVATIER I, Nr. 339 und (PLANIOL-RIPERT-) ROUAST II, Nr. 55 mit weiteren Angaben.

[32] Cass. 25. 5. 1891, D. P. 1892. 1. 20.

[33] Cass. 3. 7. 1907, D. P. 1907. 1. 384. Weitere hierher gehörige Entscheidungen: Trib. Marseille 27. 7. 98 und Aix 26. 5. 99, beide sous Cass. 11. 4. 02, D. P. 1903. 1. 469, 470; Trib. Seine 18. 3. 1909 (oben Anm. 31) u. a.

[34] So COLIN et CAPITANT III, 253.

[35] Vgl. oben S. 8f. und unten S. 77f., 78 Anm. 1.

in art. 1448 und in Ausstrahlung des dort normierten Innenverhältnisses zwischen den Ehegatten. Es handelt sich also, scheint mir, nicht um eine (wegen der incapacité der Frau rechtlich unmögliche) Schlußfolgerung a fortiori aus den bisherigen Ergebnissen der Judikatur, sondern, so betrachtet, liegt es gerade so wie in den früheren oben erwähnten Fällen. Nur diese Betrachtung läßt sich m. E. halten: wenn ihr gegenüber geltend gemacht wird, es sei wegen der incapacité der Frau unerfindlich, wie ohne autorisation eine wirksame persönliche Verpflichtung der Frau neben dem Mann zustandekommen solle[36], so kann man darauf wohl erwidern, diese Verpflichtung der Frau folge unmittelbar aus dem Gesetz, nämlich aus art. 1448, so daß es einer Autorisierung gar nicht bedürfe; denn das Erfordernis der autorisation hat offenbar nur einen Sinn im rechtsgeschäftlichen Verkehr und entfällt unbestrittenermaßen[37] bei andersartigen Verbindlichkeiten der Frau, also namentlich bei Deliktsobligationen und Obligationen ex lege.

Gleichviel, wie es mit der theoretischen Rechtfertigung stehen möge: Die Rechtsprechung ist auf dem einmal betretenen Wege der Sache nach in der von COLIN und CAPITANT angedeuteten Weise fortgeschritten und hat ihre Auffassung über den art. 1448 auch in Fällen zur Geltung gebracht, in denen (äußerlich) die Frau im Interesse des Haushalts handelnd aufgetreten war. Zwei jüngst ergangene Entscheidungen der Cour d'Appel Paris und des Tribunal civil de la Seine haben unter ausdrücklicher Anerkennung, daß die mit ihrem Mann in Gütertrennung lebende Ehefrau in Ausübung ihres mandat domestique kontrahiert habe, beide Ehegatten zur Bezahlung der ganzen Schuld an die Gläubiger verurteilt[38].

Wie diese Verpflichtung sowohl des Mannes wie auch der Frau auf das Ganze genauer zu charakterisieren ist, ist in unserem Zusammenhang eine Nebenfrage, auf die hier nicht näher eingegangen werden soll[39].

---

[36] Diesen Einwand erheben gegen die oben geschilderte Auslegung des art. 1448 durch die Judikatur: LAURENT XXII, Nr. 284 (S. 296 f.) und CHÉRON: Etude sur l'adage „Uxor non est proprie socia, sed speratur fore" (Thèse, Paris 1901), 251. Er wird, soviel ich sehe, in der gesamten Literatur und Rechtsprechung mit Stillschweigen übergangen. Vielleicht, weil man das im Text Folgende für selbstverständlich hält?

[37] Dazu AUBRY et RAU VII, §472, Nr. 2 (S. 234 f.) mit weiteren Nachweisen.

[38] Paris 8. 7. 1925 und Trib. Seine 26. 12. 1925, beide D. P. 1926. 2. 77. Zustimmend NAST, Anm. das. — Gegen das (allein besprochene) letztere Urteil: DEMOGUE: Rev. trim. 1926, 424, weil es mit den Regeln des Mandats in Widerspruch stehe und man auch von einer ungerechtfertigten Bereicherung der Frau nicht sprechen könne; aber auf die Besonderheit, die sich aus dem im Sinne der Praxis verstandenen art. 1448 ergibt, geht DEMOGUE leider nicht ein.

[39] Das Trib. Seine hat „conjointement et solidairement" verurteilt — eine ebenso oft gebrauchte wie (mit Recht) getadelte Formel: die obligation

Aber der Grundgedanke durfte nicht unerwähnt bleiben. Wenn Juristen wie COLIN und CAPITANT die Ergebnisse, zu denen die Rechtsprechung ihres eigenen Landes in der vorliegenden Frage gelangt, als eine „solution intéressante" ansehen[40], so fordert diese Lösung mindestens in gleichem Maße das Interesse des einem anderen Lande angehörenden rechtsvergleichend und rechtspolitisch schauenden Betrachters: Selbst wenn man jene Grundsätze der Praxis nach positivem französischen Recht für unzutreffend hält, so zeugen sie doch von dem mit einer gewissen Natürlichkeit sich durchsetzenden gesunden Gefühl, daß es wohl dem Wesen der Ehe entsprechend und billig sei, für alles, was den Haushalt angeht, beide Ehegatten einstehen zu lassen, und daß insoweit dieser — genossenschaftliche — Gedanke auch nicht durch die Gütertrennung zu verdrängen ist, sondern gerade auch bei diesem Güterstande gelten muß, der heute von zahlreichen Seiten als der gesetzliche Güterstand der Zukunft gepriesen wird.

III. Bedeutung des mandat domestique im Außenverhältnis.

§ 7. Gegenstand des mandat domestique.

I. Eine Untersuchung über den Gegenstand des mandat domestique hat es mit der Frage zu tun, innerhalb welches Kreises von Geschäften die Befugnisse der Frau liegen[1]. Hierauf eine Antwort mit absoluter Gültigkeit zu geben, ist unmöglich: welche Art von Geschäften in den Rahmen des mandat domestique gehören, schwankt z. B. nach örtlicher Sitte, richtet sich namentlich auch nach der sozialen wie nach der Bildungsschicht, der die Ehegatten angehören. Ebenso ist die Tatsache, ob der Mann ständig bei seiner Familie oder für längere Zeit

conjointe ist das gerade Gegenteil von der obligation solidaire (vgl. oben S. 46f). — Die Cour Paris meint wohl ebenfalls solidarische Verpflichtung, wenn sie eine „condamnation conjointe et indivisible" ausspricht: diese Formel ist wegen der unbezweifelbaren Teilbarkeit der Geldschuld sicher falsch und bedeutet einen Rückfall in heute grundsätzlich überwundene Zeiten, wo die französische Rechtsprechung z. B. die gemeinschaftliche Haftung mehrerer an einer unerlaubten Handlung Beteiligter oder mehrerer Unterhaltsverpflichteter durch die Idee der „indivisibilité" erklären zu sollen glaubte. — NAST in der Anm. zu den beiden Entscheidungen nimmt eine obligation „in solidum" an; vgl. dazu oben S. 47.

[40] COLIN et CAPITANT III, 253.

[1] Zur Vereinfachung der Darstellung, namentlich zur Vermeidung von Doppelausführungen wird im folgenden grundsätzlich nur vom *mandat domestique* gesprochen. Aber die Erörterungen dieses Paragraphen, vor allem auch das zu den einzelnen Beispielen aus den romanischen Rechten Gesagte gilt ebenso für die deutsche Schlüsselgewalt, soweit für sie nicht eine abweichende Ansicht besonders zum Ausdruck gebracht ist.

abwesend ist, nicht ohne Einfluß[2]. Auch die allgemeinen wirtschaftlichen Verhältnisse des Landes zur Zeit des fraglichen Haushaltgeschäfts müssen gehörig berücksichtigt werden[3]. Es kommt also in erheblichem Maße darauf an, wie der einzelne Fall liegt — „les tribunaux ont une grande latitude d'appréciaton, et leurs décisions pourront varier suivant les circonstances de la cause"[4].

Eins ist von vornherein zu betonen: wenn häufig formuliert wird, es müsse sich um „dépenses ordinaires et nécessaires", um „fournitures nécessaires d'entretien du ménage" handeln[5], so sind diese kurzen Zusammenfassungen gefährlich, weil irreleitend. Wie die weiteren Darlegungen für das *französische* (und *belgische*) Recht ergeben werden, trüben jene Formeln nicht nur den Blick dafür, was Gegenstand des mandat domestique ist, sie verzeichnen auch das Bild, das man sich nach der heute in Frankreich wie auch in anderen romanischen Ländern herrschenden Lehre davon machen muß, welchen Umfang die Macht der Frau Dritten gegenüber hat[6]. Daß man jedenfalls zur Kennzeichnung der Art von Geschäften, zu deren Vornahme die Frau befugt ist, den

[2] Über diesen Punkt vgl. noch unten S. 68, 69f., 93f.

[3] Für dies Beurteilungsprinzip, das wohl für alle Rechtsordnungen, die sich in irgendeiner Form mit der Frage der „Schlüsselgewalt" der Ehefrau beschäftigen, Geltung beanspruchen darf, ein interessantes Beispiel aus der *niederländischen* Praxis: Eine Frau hatte 250 Pack eines bestimmten Waschmittels gekauft. Das Kantongerecht Leeuwarden, 18. 1. 1919, Weekbl. 1919 Nr. 10380 führt dazu aus, im allgemeinen könne man das nicht als eine „gewöhnliche tägliche Haushaltsausgabe" im Sinne von art. 164 Burgerl. Wetb. (dazu oben S. 15) ansehen. Anders aber im September 1918, da „der Einkauf einer solchen Menge unter den gegenwärtigen abnormen Umständen keine ungewöhnliche Erscheinung zu sein pflegt, vielmehr eine allgemein bekannte ist". Dieser Fall berührt zwar auch — die Grenzen dahin sind flüssig — die den Umfang der Frauenbefugnisse im Außenverhältnis betreffende Frage, ob solcher Einkauf dem Zuschnitt des Hauses entsprach. Aber man darf sich nicht, weil es sich um ein Waschmittel handelte, darüber täuschen lassen, daß die Bestimmung über Anschaffung so großer Vorräte wohl grundsätzlich allein Sache des Mannes ist (richtig Opzoomer-Grünebaum: Het Burgerl. Wetb. verklaard, Bd. I [3. Aufl. 1911], 321: unter art. 164 Burgerl. Wetb. fällt nicht „het inkoopen van buitengewoon groote hoeveelheden van overigens huishoudelijke zaken"). Der Hinweis auf die besonderen Zeitläufte dient also in erster Linie dazu, aus einem im Hinblick auf die Befugnisse der Frau artfremden Geschäft ein artgemäßes zu machen. — Für das *deutsche* Recht vgl. insbesondere ein Urteil des Landgerichts Karlsruhe, Badische Rechtspraxis 1919, 76, das den durch den Krieg bedingten tiefgreifenden Veränderungen in den Lebensverhältnissen mit Recht allgemeinen Einfluß auch auf die Schlüsselgewaltbefugnisse der Frau gewährt; vgl. auch unten S. 70 Anm. 33.

[4] Gouy 123.

[5] Guillouard II, Nr. 871; Baudry-Lacantinerie et Wahl: Du mandat, Nr. 484; Baudry-Lacantinerie, Le Courtois et Surville I, Nr. 500.

[6] Zum letzteren vgl. unten S. 70ff.

Begriff des Notwendigen nicht pressen darf, gilt ebenso für das *italienische* Recht[6a]. Auch das „mandato tacito" der italienischen Ehefrau wird begründet mit der dem Mann gemäß art. 132 Codice civile obliegenden Verpflichtung, der Frau nach Maßgabe seines Vermögens zur Verfügung zu stellen „tutto ciò che è necessario ai bisogni della vita". Diese Verpflichtung des Mannes und der Gegenstand der Befugnisse der Frau gehen parallel. Daher ist wichtig, was denn als „für die Bedürfnisse des Lebens notwendig" anzusehen ist: Darunter gehören, wie die Corte d'Appello Genua in einer bemerkenswerten Entscheidung einmal ausgesprochen hat, nicht nur Nahrung, Wohnung, Kleidung, sondern auch die Bedürfnisse, „die die Fortschritte der Künste, des Luxus und der Lebensgewohnheiten in den verschiedenen Schichten der Gesellschaft eingeführt haben und die ein allgemeines Empfinden in gewisser Weise hat selbstverständlich werden lassen"[7]. Diesem wohl auch über den Geltungsbereich des italienischen Rechts hinaus allgemein zutreffenden Grundsatz darf man, scheint mir, noch hinzufügen, daß namentlich auch Fortschritte in (den Haushalt angehenden) technischen Errungenschaften den Kreis der Geschäfte erweitern, die die Frau kraft ihrer „Schlüsselgewalt" vornehmen darf[8].

II. Wenn nun im folgenden aus den romanischen Rechten Beispiele für die Befugnisse der Frau gegeben werden, so werden wir uns auf einen Überblick in den Grundzügen beschränken, zumal sich ja nach den eingangs gemachten Bemerkungen von den einzelnen Fällen kaum

[6a] Auch vom Standpunkt des *argentinischen* Rechts wird das besonders betont von CAMMAROTA: Incapacidad de la mujer casada (Buenos Aires 1922), 79, Anm. a.

[7] Genua 20. 2. 1891, Mon. Trib. 1891, 336. Sachlich ebenso: (PACIFIZI-MAZZONI-) VENZI: Istituzioni di diritto civile italiano, Bd. VII, Teil 1 (Firenze 1924), S. 336f. — Im Gegensatz zu Nahrung usw. nennt das Urteil das übrige: „bisogni fittizi", wofür mir ein wirklich äquivalenter knapper deutscher Ausdruck zu fehlen scheint. Der Sinn der Gegenüberstellung dürfte indessen klar sein: es handelt sich wohl um die bekannte nationalökonomische Scheidung zwischen Existenz- und Kulturbedürfnissen. Auch die letzteren darf die Frau nach Ansicht des Gerichts mit Hilfe ihres mandato tacito befriedigen. Das ist, die entsprechende Gesellschaftsschicht vorausgesetzt, gewiß richtig, ein besonderer Ausspruch darüber dennoch nicht ohne Wert.

[8] Dabei wird es sich im allgemeinen um einen — bald schnellen, bald langsamen — Entwicklungsprozeß handeln: Solange der betreffende Gegenstand neuartig und als solcher noch etwas Außergewöhnliches (und meist auch noch besonders Kostspieliges) ist, wird die Bestimmung über seine Anschaffung wohl dem Manne zustehen. Sobald aber der Gegenstand sich eingebürgert und das ursprünglich vielleicht Extravagante verloren hat (womit überdies infolge verstärkten Absatzes, Vereinfachung des Fabrikationshergangs usw. fast immer auch eine Preissenkung verbunden sein wird), wird seine Anschaffung nun auch zu den Haushaltbefugnissen der Frau gehören.

Solche Erwägungen haben wohl z. B. ein *belgisches* Gericht geleitet, das (schon) im Jahre 1885 erklärte, eine Nähmaschine werde „*actuellement* mehr sagen läßt, als daß die Frau regelmäßig dies oder jenes Geschäft vornehmen dürfe. Hervorgehoben werden sollen solche Anwendungsfälle des mandat domestique, die dem deutschen Rechtsvergleicher Stoff bieten zur Handhabung und Weiterbildung des eigenen Rechts.

1. Sicherlich ist die Frau befugt, alles zu besorgen, was der laufende Haushalt an Lebensmitteln und sonstigen Dingen gebraucht, wie z. B. Heizungs- und Beleuchtungsmaterial, Gerätschaften zur Reinigung der Wohnung und dergleichen mehr. Ebenso selbstverständlich darf die Frau Wäsche und sonstige Kleidung für die Kinder beschaffen und vor allem auch für sich selbst — „attendu que le devoir du mari comprend l'obligation de *vêtir*, entretenir et même *orner* la femme“[9]. Ohne Zweifel darf die Frau auch Dienstmädchen anstellen und Verträge mit sonstigen für den Haushalt tätig werdenden Personen (z. B. Aufwartefrauen, Waschfrauen usw.) schließen sowie etwaige Reparaturen im Haushalt durch Handwerker vornehmen lassen[10].

Auch die Befugnis zur Anschaffung von Möbeln wird der Frau je nach den Umständen des Falles zugestanden[11]; es kann ihr sogar der Ankauf eines Klaviers erlaubt sein[12].

comme un meuble presque nécessaire“ betrachtet und falle daher unter die Kategorie von Gegenständen, die die Frau kraft ihres mandat domestique erwerben dürfe: Paix Arlon 12. 12. 1885, Pas. 1886. III. 269.

Eine entsprechende Überlegung kann man heute z. B. für einen Staubsauger anstellen: Für das *niederländische* Recht hat das Kantongerecht Rotterdam 16. 11. 1925, Nederlandsche Jurisprudentie 1926, 396 ausgesprochen, daß solche Anschaffung nicht unter art. 164 Burgerl. Wetb. (darüber oben S. 15) falle. Für die besonderen Verhältnisse jenes Falles war die Entscheidung wohl richtig. Ob sie auch unter dem hier interessierenden allgemeineren Gesichtspunkt zutrifft, ist mir schon für die Gegenwart recht zweifelhaft; mindestens scheint mir so viel sicher, daß man in absehbarer Zeit in weiten Bevölkerungsschichten den Staubsauger nicht anders wird behandeln dürfen als heute die Nähmaschine oder z. B. auch ein elektrisches Bügeleisen.

[9] Aix 3. 3. 1887 sous Cass. 16. 7. 1889, D. P. 1891. 1. 158.

[10] Zum Vorhergehenden: BINET 70f.; GOUY 124, 125; (PLANIOL-RIPERT-) ROUAST II, Nr. 394; AUBRY et RAU VIII, § 509, Nr. 4c (S. 119ff.). — Im *niederländischen* Recht ist die Befugnis der Ehefrau, für Zwecke des Haushalts „arbeidsovereenkomsten“ als „werkgeefster“, d. h. Dienstverträge als Dienstherrin (vgl. die Definition in art. 1637a Burgerl. Wetb.) abzuschließen, heute gesetzlich anerkannt: durch Ges. vom 13. 7. 1907 wurde dem art. 164 Burgerl. Wetb. eingefügt, daß auch für solche Verträge die Vermutung der Autorisierung gelten solle; vgl. dazu oben S. 15, 18f.

[11] LAURENT XXII, Nr. 107; DEMOLOMBE IV, Nr. 170; BAUDRY-LACANTINERIE, LE COURTOIS et SURVILLE I, Nr. 500; GOUY 124; Paix Paris 29. 5. 1902, Rec. Gaz. Trib. 1902. (2me semestre) 2. 204 (Ankauf eines Schrankes). — Die Anschaffung einer ganzen Wohnungseinrichtung gehört jedenfalls nicht hierher; so für das *niederländische* Recht (oben S. 15, 18f.), Amsterdam 24. 11. 1916, Weekbl. 1917 Nr. 10144.

[12] Vgl. für das *niederländische* Recht Middelburg 14. 5. 1924, Nederlandsche Jurisprudentie 1924, 775. Im konkreten Fall freilich kam das

In den Rahmen des mandat domestique der Frau gehört weiter die Sorge nicht nur für Nahrung und Kleidung der Kinder, sondern auch — wenigstens in gewissen Grenzen — für Erziehung und Unterricht. Die Frau darf also beispielsweise die notwendigen Schulbücher anschaffen. Vielfach wird sogar angenommen, daß die Befugnisse der Frau sich auch auf Verträge mit Hauslehrern und Inhabern von Pensionaten erstrecken[13].

2. Die Geschäfte, zu deren Vornahme die Frau überhaupt befugt ist, kann sie unzweifelhaft nicht nur gegen Barzahlung, sondern auch auf Kredit abschließen. Gerade Kreditgeschäfte der Frau sind außerordentlich häufig, und eben sie geben den Anlaß zu den zahllosen Prozessen, die regelmäßig eine Klage auf Zahlung zum Gegenstande haben[14].

Gericht (wohl mit Recht) zur Verneinung, weil das Klavier 848 Gulden kostete und der Mann nur ein Jahreseinkommen von rund 2000 Gulden hatte, wovon er mit Frau und zwei Kindern leben mußte.

[13] BINET 71; (PLANIOL-RIPERT-) ROUAST II, Nr. 394. Das geht für das *deutsche* Recht wohl zu weit, scheint mir aber auch für das *französische* Recht bedenklich. Vgl. dazu DAVEAUX 50, der begründete Einschränkungen macht; vor allem auch art. 373 C. c.

[14] Wenn in *lateinamerikanischen* Gesetzbüchern (*Argentinien*, art. 213 [vgl. dazu aber oben S. 15, Anm. 20]; *Brasilien*, art. 247; *Chile*, art. 147; *Colombia*, art. 192; *Ecuador*, art. 141; *Uruguay*, art. 141) ausdrücklich ausgesprochen wird, daß die Frau Sachen für den Haushalt auch auf Kredit kaufen könne, so hat das in Anbetracht der grundsätzlichen Konstruktion der Frauenbefugnisse durch diese Gesetze nichts Erstaunliches: Prinzipiell ist die Frau geschäftsunfähig, kann also keinen Vertrag (ohne Autorisierung) schließen. Der erste erhebliche Schritt, die Frau besser zu stellen, ist es, ihr vermutungsweise Geschäftsfähigkeit für Barkäufe zu geben. Diese Regel zeigt einerseits, daß ihre generelle Ausdehnung auf Kreditgeschäfte wohl als zu weitgehend empfunden wurde; andererseits mag man sich der Einsicht nicht haben verschließen können, daß diese Norm zur Erfüllung der natürlichen Aufgaben der Frau im Haushalt noch unzureichend sei. Daher wurde geradezu notwendig, dem ersten Schritt zur Ergänzung noch einen zweiten folgen zu lassen und eben die besondere Bestimmung über die Kreditkäufe für den Haushalt zu treffen (vgl. zum Bisherigen auch oben S. 13f., 15). Mit dieser Vorschrift allerdings glauben die Gesetze von Chile, Colombia, Ecuador und Uruguay (a. a. O.) doch schon etwas zu weit gegangen zu sein; denn sie fügen sofort hinzu, daß die Vermutung der Autorisierung nicht gelte „beim Kauf auf Kredit von Festkleidern, Juwelen, kostbaren Sachen, möchten diese Sachen auch ihrer Natur nach zur Bekleidung und für den Haushalt bestimmt sein, außer wenn nachgewiesen würde, daß diese Dinge mit Wissen und ohne Einspruch des Mannes gekauft oder in den Gebrauch der Frau oder der Familie genommen seien". Argentinien (art. 213) und Brasilien (art. 247) haben nach dem Gesetzestext diese Einschränkung in der Befugnis der Frau zu Kreditkäufen nicht. Andererseits sind in *Spanien* (C. c. art. 62) und in *Cuba* (C. c. art. 62) — zu beidem oben S. 16, 17 — jede Art Käufe (also auch Barkäufe) von Juwelen sowie von kostbaren Möbeln und Gegenständen durch die Frau grundsätzlich nichtig, und zwar, wie es scheint, selbst wenn diese Dinge ihrer Natur nach für die gewöhnlichen Bedürfnisse in der Familie bestimmt sein sollten;

Wenn nun etwa die Frau bei einem Lieferanten ein laufendes Konto hat einrichten und für ihre Besorgungen regelmäßig hat „anschreiben" lassen, so wird sich von Zeit zu Zeit die Notwendigkeit ergeben, über die bisherigen Lieferungen abzurechnen. Der Kaufmann wird jedenfalls vor Ablauf der Verjährung[15] darauf dringen, um so mehr, als die Verjährung ungeachtet etwaiger weiterer Lieferungen im Rahmen der Geschäftsverbindung für jede frühere Lieferung einzeln läuft[16]. Um die Verjährung zu „unterbrechen", wird der Gläubiger, wenn er nicht sogleich gerichtlich vorgehen will, mindestens einen der in art. 2274 Abs. 2 C. c. erwähnten Akte verlangen; dadurch wird er in besonders hohem Maße gesichert, da durch solchen Akt die bisherige kurze Verjährung nicht im gewöhnlichen Sinn unterbrochen, sondern durch die nun von neuem laufende gewöhnliche 30jährige Verjährung ersetzt wird[17]. Diese Wirkung tritt ein durch „compte arrêté, cédule ou obligation". Unter diesen Ausdrücken versteht das Gesetz „une reconnaissance par écrit avec fixation du chiffre de la dette; .... que c'est seulement lorsque la dette est ainsi reconnue que la courte prescription fait place à la prescription trentenaire"[18]. Erreicht der Gläubiger aber sein Ziel, wenn er sich solch schriftliches Anerkenntnis von der Frau geben läßt? Schon POTHIER (Puissance du mari, No. 49) hatte erklärt, um „des arrêtés" vorzunehmen „pour les fournitures faites pour le

---

solche Käufe werden nur wirksam, wenn der Mann dem Gebrauch oder Verbrauch der erwähnten Dinge durch seine Frau zustimmt.

[15] Sie beträgt seit der Novelle vom 26. 2. 1911 zu art. 2272 C. c. zwei Jahre (früher ein Jahr).

[16] Diesen Grundsatz glaubt der Code civil (art. 2274) besonders aussprechen zu müssen.

[17] Vgl. namentlich Cass. 7. 5. 1906, Sir. 1906. 1. 513; 5. 5. 1914, Sir. 1914. 1. 392. Ebenso BAUDRY-LACANTINERIE et TISSIER: De la prescription (4. Aufl. 1924), Nr. 755; GUILLOUARD: De la prescription II (1901), Nr. 768; PLANIOL: Traité élém. II, Nr. 675 (vgl. auch Nr. 673/74, wo sich die zum Verständnis von art. 2274 unbedingt erforderlichen historischen Angaben finden).

[18] Cass. 7. 5. 1906, Sir. 1906. 1. 513. Das entspricht dem ancien droit (POTHIER: Des obligations, Nr. 710) und ist für das geltende Recht herrschende Praxis und Lehre: vgl. GUILLOUARD: De la prescription II (1901), Nr. 771 und AUBRY et RAU XII, § 774 (S. 562) Anm. 79 mit zahlreichen Nachweisen; dagegen wird das Erfordernis der Schriftform in Zweifel gezogen von BAUDRY-LACANTINERIE et TISSIER: De la prescription (4. Aufl. 1924) Nr. 758.

Im einzelnen werden die erwähnten Ausdrücke noch heute so verstanden, wie POTHIER (a. a. O.) sie charakterisiert hat: „*compte arrêté*" liegt vor, wenn der Schuldner eine besondere Aufstellung des Gläubigers über die Lieferungen oder die entsprechenden Eintragungen im Geschäftsbuch des Gläubigers als in Ordnung befindlich unterzeichnet; ein gesondertes Zahlungsversprechen ist eine „*obligation*", wenn in notarieller Form, eine „*cédule*", wenn privatschriftlich abgegeben.

ménage", brauche die Frau keine besondere Autorisation — „car ce n'est pas la femme qui est censée faire en son nom ces arrêtés; c'est le mari qui est censé les faire par le ministère de sa femme". Entsprechend dieser Tradition und den allgemeinen Regeln des Mandats, wonach der Mandatar Schulden seines Mandanten mit Wirkung gegen diesen anerkennen kann[19], wird allgemein angenommen, daß das mandat domestique der Frau auch die Befugnis in sich begreift, über Haushaltschulden mit dem Gläubiger abzurechnen und sie anzuerkennen, und daß das Anerkenntnis der Frau, wenn in gehöriger Form, ebenso wirke, als wenn es vom Mann selbst herrühre, insbesondere also „Unterbrechung" der Verjährung gegenüber dem Mann herbeiführe[20]. Diese Auffassung ruht, abgesehen von der historischen Überlieferung, vornehmlich wohl auf zwei Erwägungen: Wenn erklärt wird, daß das mandat domestique „implique *nécessairement* le droit de reconnaître la réalité de la fourniture", so liegt dem offenbar der Gedanke zugrunde, daß ohne jene (Hilfs-) Befugnis die Frau ihr mandat domestique nicht gehörig ausüben könne; andererseits wird geltend gemacht, es sei unmöglich anzunehmen, daß die Frau „n'avait pas le droit de régler avec ses fournisseurs le compte de fournitures qui lui avaient été faites et dont *seule elle était à même de contrôler l'exactitude*"[21].

Schließlich ist in diesem Zusammenhang noch eine besondere Situation kurz zu erwähnen, die sich aus Anlaß der Abrechnung über Krediteinkäufe der Frau ergeben kann: Stellt sich nämlich bei der Abrechnung ein Saldo zugunsten des Kaufmanns heraus, so wird dieser häufig —

---

[19] Cass. 5. 5. 1914, Sir. 1914. 1. 392.

[20] So z. B. Douai 24. 12. 1833, D. P. 1847. 2. 59; Rouen 3. 7. 1895, Gaz. Pal. 1896. 1. 419; Trib. Evreux 14. 1. 1896, Gaz. Pal. 1896. 1. 227; BAUDRY-LACANTINERIE et TISSIER: a. a. O., S. 408 Anm. 2 und S. 611 bei Anm. 6; GUILLOUARD: De la prescription II (1901), Nr. 773; AUBRY et RAU VIII, § 509 (S. 121) zu u. in Anm. 49*bis* u. a. Ebenso für *Belgien:* Liège 3. 7. 1890, Pas. 1891. II. 13; Trib. Bruxelles 6. 2. 1884, Pas. 1885. III. 87. — Dagegen: HUC XIV, Nr. 479.

[21] Die im Text wörtlich zitierten Begründungen entstammen den Urteilen der Cour d'Appel Rouen 3. 7. 1895, Gaz. Pal. 1896. 1. 419 und des Tribunal civil Vouziers 24. 4. 1895, Gaz. Pal. 1896. 1. 322. Gerade sie sind, weil allgemeiner Natur und nicht an Eigenheiten eines nationalen Rechts gebunden, rechtsvergleichend bedeutsam: Daß die Frau in Ausübung ihrer Schlüsselgewalt über von ihr kontrahierte Haushaltschulden abrechnen und solche Schulden mit Wirkung der Verjährungsunterbrechung anerkennen kann, muß hiernach auch für das *deutsche* Recht gelten, und zwar meines Erachtens ohne die Unterscheidung von ZIELKE: DJurZ. 1912, 456 zwischen ausdrücklicher und — von ZIELKE allein für zulässig gehaltener — konkludenter Anerkennung, z. B. durch eine Abschlagszahlung; so anscheinend auch (PLANCK-) UNZNER: Bem. 3 zu § 1357. Nur für die Regel bejahend: GOLDMANN-LILIENTHAL: BGB. III, 66 Anm. 26. Völlig ablehnend: Frankfurt OLGE. 18, 254f.; WARNEYER: Bem. I zu § 1357.

zumal wenn der Posten schon seit längerem anstehen und nach der Anerkennung vielleicht auch für absehbare Zeit mit Bezahlung noch nicht zu rechnen sein sollte — verlangen, daß die ihm noch geschuldete Summe wenigstens verzinst werde. Ein Urteil der Cour d'Appel Nancy ist soweit gegangen, der Frau die Befugnis zuzuerkennen, in solchem Falle in Ausübung ihres mandat domestique auch Zinsen zu versprechen[22]. Und diese Entscheidung findet in der Literatur, soweit sie sich überhaupt mit dieser Frage beschäftigt, vielfach Zustimmung[23].

3. Fast zwangsläufig folgt aus den Erörterungen über Kreditgeschäfte, Schuldanerkenntnis und Zinsenvereinbarung die Notwendigkeit, sich nun mit dem Problem der Darlehnsaufnahme für Zwecke des Haushalts vom Standpunkt der romanischen Rechte auseinanderzusetzen.

a) Hierbei ist in erster Linie auf den *brasilianischen* Código civil zu verweisen, der in art. 247 bestimmt, es werde vermutet, daß die Frau durch ihren Mann autorisiert sei, „sich durch Aufnahme eines Darlehns diejenigen Mittel zu verschaffen, die der Erwerb der erwähnten Sachen (nämlich der coisas necessarias á economia domestica) erforderlich machen kann". Nicht nur, daß überhaupt diese ausdrückliche Gesetzesvorschrift besteht, scheint mir bemerkenswert — ihre Hauptbedeutung zeigt sich erst, wenn man sich die aus solcher Darlehnsaufnahme ergebenden Rechtsfolgen vergegenwärtigt: Handelte es sich nur darum, die grundsätzlich bestehende Geschäftsunfähigkeit der Frau für diesen Fall, ohne daß es der sonst erforderlichen besonderen Autorisierung durch den Mann bedürfte, vermutungsweise zu beheben in dem Sinne, daß die Frau der Regel entsprechend — sich (und nur sich!) persönlich aus dem Darlehnsvertrage verpflichten könne, so wäre diese Vorschrift zwar ein gewiß begrüßenswerter kleiner Fortschritt auf dem Wege zur Besserstellung der Frau, hätte aber im übrigen, eben da der Mann von ihr überhaupt nicht berührt würde, doch nur geringes Interesse. Aber der Grundsatz: „Qui auctor est . . ." ist, wie schon oben S. 17 erwähnt, durch die besondere Bestimmung des art. 254 durchbrochen, wonach für alle in art. 247 genannten Geschäfte der Frau — also nicht nur für die unmittelbaren Haushaltanschaffungen, sondern auch für die erwähnten Darlehn — bei jedem Güterstand beide

[22] Nancy 16. 1. 1896, Gaz. Pal. 1896. 1. 322 (in Bestätigung des Urteils Trib. Vouziers 24. 4. 1895, ebenda). — Ablehenend Liège 3. 7. 1890, Pas. 1891. II. 13.

[23] So von AUBRY et RAU VIII, § 509 (S. 121) Anm. 49bis; BAUDRY-LACANTINERIE et WAHL: Du mandat, Nr. 484. — BINET 72 und GOUY 126 beschränken sich darauf, das erwähnte französische Urteil zu verzeichnen (die hier benutzte Literatur konnte ihnen noch nicht bekannt sein), ohne selbst deutlich Stellung dazu zu nehmen. Über den eigenen Standpunkt: unten S. 68 Anm. 28.

Ehegatten gleichermaßen haften. Mit der Verpflichtung zur Rückzahlung eines für Haushaltzwecke aufgenommenen Darlehns ist also der Mann nicht mehr und nicht weniger belastet als mit der Verpflichtung zur Bezahlung etwa der für den Haushalt auf Kredit gekauften Lebensmittel: Daß eine Rechtsordnung dieses Gleichmaß der Mannesverpflichtungen für angemessen hält, darf allerdings wohl das Interesse des rechtsvergleichenden Betrachters in Anspruch nehmen.

b) In den übrigen romanischen Ländern, in denen eine gesetzliche Unterlage zur Entscheidung der Frage fehlt, herrscht begreifliche Unsicherheit. Der brasilianischen Regelung völlig entgegengesetzt verhält sich die *niederländische* Praxis: Der entscheidende Grund ist, daß die der Frau in art. 164 Burgerl. Wetb. verliehene Befugnis sich nur auf Geschäfte beziehe, die direkt auf Befriedigung der Haushaltbedürfnisse gerichtet seien. Dies ist bei einer Darlehnsaufnahme für Zwecke des Haushalts, die man wohl als ein nur in mittelbarem Zusammenhange mit der Deckung der Haushaltbedürfnisse stehendes Hilfsgeschäft bezeichnen kann, allerdings nicht der Fall. Haftung des Mannes aus solchem Darlehn wird also — nicht nur von den unteren Gerichten, sondern auch vom Hooge Rad — abgelehnt.[24] Die Entscheidung des Hooge Rad ist um so bemerkenswerter, als sie für einen besonders kraß liegenden Fall ergangen ist, so daß man hätte verstehen können, wenn etwa aus Billigkeitserwägungen anders geurteilt worden wäre: Zwischen der Frau und ihrem Mann war das Scheidungsverfahren in Gang (das zur Zeit der Kassationsbeschwerde mit der Ehescheidung geendet hatte). Für dessen Dauer war der Frau vom Gericht gestattet worden, getrennt von ihrem Mann zu leben, und diesem war gleichzeitig aufgegeben worden, seiner Frau einen bestimmten Betrag monatlich zum Lebensunterhalt zu zahlen. Dieser Verpflichtung hatte sich der Mann dadurch entzogen, daß er ins Ausland verzog. Dadurch war die Frau mit dem Kind, das sie bei sich hatte, in Not geraten und hatte ihre Zuflucht zur Aufnahme von Darlehn genommmen.

c) Unter solchen Umständen würden die *belgische* und *italienische* Rechtsprechung wohl der niederländischen entgegengesetzt entscheiden. Zwar fällt auch nach ihrem Standpunkt die Aufnahme eines Darlehns grundsätzlich aus dem Rahmen des mandat tacite der Frau heraus, so daß also der Mann nicht verpflichtet wird. Aber zwei Urteile des

---

[24] Hooge Rad 17. 12. 1915, Weekbl. 1916 Nr. 9920; die Vorinstanzen (Rechtbank Amsterdam 16. 1. 1914 und Gerechtshof Amsterdam 8. 1. 1915) hatten schon gerade so entschieden; ebenso neuestens Kantongerecht Amsterdam 10. 2. 1927, Weekbl. 1927 Nr. 11711. Zustimmend: VEEGENS-OPPENHEIM: Schets van het Nederl. Burgerl. Recht I (3. Aufl. Haarlem 1923) S. 117. — Übrigens kann auch die Frau nicht aus dem Darlehn verklagt werden, da dieses mangels der erforderlichen Autorisierung nichtig ist: Hooge Rad a. a. O.

Tribunal civil Anvers und der Corte di Cassazione Roma erklären in fast wörtlicher Übereinstimmung, das Gegenteil gelte ausnahmsweise dann, wenn dargetan werde, daß der Mann seiner Frau und seiner Familie nicht einmal die notwendigsten Subsistenzmittel zur Verfügung gestellt habe[25]. Freilich spricht die römische Entscheidung auch für diesen Fall nur von „*piccoli* prestiti"; aber das bedeutet wohl sachlich keine weitere Einschränkung, da es sich um mehr kaum je handeln wird.

d) Mindestens ebenso weit wie die belgische und italienische Praxis geht man schließlich in *Frankreich*. In zwei Entscheidungen aus den Jahren 1901 und 1922 hat der Kassationshof Darlehnsaufnahme als durch das mandat tacite der Frau gedeckt betrachtet[26], und in der Literatur wird unter Berufung hierauf mehrfach — m. E. zu Unrecht ohne jede Einschränkung — gelehrt, daß die Frau im Rahmen ihrer Befugnisse, also mit den Mann verpflichtender Wirkung, schlechthin auch Geld aufnehmen könne[27]. Allein, genaue Betrachtung der erwähnten beiden Urteile zeigt, daß sie keine „arrêts de principe", sondern bloße für den besonderen Fall ergangene „arrêts d'espèce" sind. Die Entscheidung von 1922 spricht lediglich aus: wenn das angegriffene Urteil erklärt, die eingeklagte Forderung stamme aus einem Darlehn, das die Frau auf Grund eines mandat tacite ihres damals in Amerika weilenden Mannes für Haushaltzwecke aufgenommen habe — so genügen diese tatsächlichen Feststellungen, um die Verurteilung des Mannes zu rechtfertigen. Ebenso legt die Entscheidung von 1901 offensichtlich größtes Gewicht (und gibt es daher ganz ausführlich wieder) auf das, was tatbestandsmäßig vom Vorderrichter festgestellt worden war: Der Mann hatte von vornherein den Haushalt auf eine weit über seine Verhältnisse gehende Basis gestellt und daher schon selbst immer wieder Geld aufnehmen müssen; während er sich aus beruflichen Gründen fern von Frau und Tochter aufhalten mußte, hatte er von ihnen ausdrücklich verlangt, sie müßten in Paris in einer ihrer sozialen Stellung würdigen (die vorhandenen Mittel, wie ihm bekannt, erheblich überschreitenden) Weise auftreten, aber nicht nur hatte der Mann nicht die genügenden Mittel zur Befolgung seiner Weisung zur Verfügung gestellt, sondern sich sogar seinerseits von der Frau noch erhebliche Summen für seine eigenen Bedürfnisse geben lassen und so seine Frau in die Notwendigkeit getrieben, für ihren und ihrer Tochter Unterhalt Darlehn aufzunehmen. „Unter diesen Umständen" — sagt die Entscheidung

[25] Trib. Anvers 7. 2. 1874, Pas. 1875. III. 37 (ganz ähnlich auch Paix Verviers 7. 11. 1884, Pas. 1885. III. 21); Cass. Roma 20. 12. 1899, Foro Ital. 1899. I. 201.

[26] Cass. 17. 12. 1901, D. P. 1903. 1. 156; 27. 6. 1922, D. P. 1922. 1. 200.

[27] So (PLANIOL-RIPERT-) ROUAST II, Nr. 394; (PLANIOL-RIPERT-) NAST VIII, Nr. 568; AUBRY et RAU VIII, § 509 (S. 121) Anm. 49*bis*.

ausdrücklich — konnte ein mandat tacite angenommen und der Mann aus den Darlehn für haftbar erklärt werden.

Es liegt also der französischen Praxis fern, allgemein die Befugnisse der Frau so weit auszudehnen, andererseits aber lehnt sie auch Darlehnsaufnahme durch die Frau mit Wirkung gegen den Mann nicht völlig ab. Das halte ich — auch vom Standpunkt des *deutschen* Rechts — für den richtigen Mittelweg, den ja ebenso die Judikatur in Belgien und in Italien verfolgt. Man darf doch namentlich nicht unbeachtet lassen, daß mandat domestique und Schlüsselgewalt der Frau nicht nur Rechte geben, sondern sie auch zur Sorge für das Hauswesen verpflichten (vgl. C. c. art. 1991, BGB. § 1356). Es sind genug Fälle denkbar, in denen etwa wegen langer Abwesenheit des Mannes oder weil er aus sonstigen Gründen unzureichend für die Bestreitung der ehelichen Lasten sorgt oder auch der Mann selbst zu Darlehnsaufnahmen gezwungen wäre, es Sache der Frau ist, zur Aufrechterhaltung des Haushalts sogar Darlehnsgeschäfte zu machen, aus denen der Mann zur Rückzahlung des aufgenommenen Geldes verpflichtet wird[28].

Es liegt gewiß nahe, gegen die hier — wenngleich nur für besondere Fälle — verfochtene Befugnis der Frau einzuwenden, sie sei dem Manne zu gefährlich, da keinerlei Sicherheit dafür bestehe, daß die Frau das Geld, das sie aufgenommen, auch wirklich für Haushaltzwecke verwende[29]. Dies Bedenken kann jedoch nicht durchschlagen: Denn sowohl nach französischem wie nach deutschem Recht steht fest, daß der Mann

[28] Annähernd so: BINET 74; PERREAU: Rev. crit. 1903, 224 (bei Besprechung der Entscheidung Cass. 17. 12. 1901). — Mit Recht betrachten unter besonderen Umständen selbst eine Darlehnsaufnahme für Haushaltzwecke als unter die *deutsche* Schlüsselgewalt fallend: DERNBURG: Familienrecht (3. Aufl. 1907), 120 Anm. 18; GOLDMANN-LILIENTHAL: BGB. III, 66 Anm. 26; die gegenteilige Ansicht überwiegt freilich: BEZOLD: Seuffert's Blätter für Rechtsanwendung 74, 167f.; (PLANCK-) UNZNER: Bem. 3 zu § 1357; (STAUDINGER-) ENGELMANN: Bem. 3aα zu § 1357; WARNEYER: Bem. I zu § 1357 u. a.

In eben solchen Ausnahmefällen — nicht allgemein — würde ich nach *französischem* wie nach *deutschem* Recht der Frau auch die Befugnis zugestehen, etwa bei Anerkennung einer Haushaltschuld für noch längeres Stehenlassen dem Gläubiger (mit Wirkung gegen den Mann) Zinsen zu versprechen; vgl. dazu oben S. 65 Anm. 22, 23. Die Verwandtschaft dieses Vorgangs mit der Aufnahme eines Darlehns, das regelmäßig ebenfalls nur verzinslich zu haben ist, liegt auf der Hand; ja, nach deutschem Recht wird darin häufig geradezu die Begründung eines Konsensualdarlehns gemäß § 607 Abs. 2 BGB. zu erblicken sein.

[29] In diesem Sinne z. B. BEZOLD: a. a. O. (vorige Anm.); Kantongerecht Amsterdam 10. 2. 1927, Weekbl. 1927 Nr. 11711. Dieser Einwand dürfte sich wohl auch für die *Niederlande* durch das im Text Folgende erledigen; eine ausdrückliche Äußerung der Literatur oder Rechtsprechung, daß das weiter im Text Gesagte auch für das niederländische Recht gelte, war allerdings nicht festzustellen.

Bezahlung eines von der Frau auf Kredit gekauften Gegenstandes nicht mit dem Hinweis darauf ablehnen kann, er habe seiner Frau ausreichendes Wirtschaftsgeld gegeben, das sie, statt es sonstwie zu verbrauchen, zu Barkäufen für den Haushalt hätte verwenden können und sollen[30]. Der Mann steht aber kaum schlechter als in diesem Falle, wenn die Frau eine von ihr aufgenommene Darlehnssumme, ihrer ursprünglichen Bestimmung zuwider, etwa für sich verbraucht und nun durch irgendeinen Kreditkauf für den Haushalt eine (weitere) Schuld des Mannes begründet. In beiden Fällen steht (nur) eine Ersatzpflicht der Frau gegenüber ihrem Manne in Frage, aber im Verhältnis zu dem Dritten kann der Mann sich nicht auf das Verhalten seiner Frau berufen. Daß der Mann im zweiten Falle nicht besser dasteht als im ersten, dürfte — namentlich nach den für eine Darlehnsaufnahme durch die Frau aufgestellten Voraussetzungen — auch innerlich begründet sein.

4. Aus der Reihe der in diesen Zusammenhang gehörenden Fragen endlich nur noch einige Worte über die Wohnungsmiete. Sie gehört, wie nach deutscher, so auch nach Auffassung der romanischen Rechte grundsätzlich zu dem dem Manne vorbehaltenen Gebiet[31]. Aber wie generell der gegenständliche Umfang des mandat domestique u. a. von örtlichen Sitten beeinflußt werden kann, so gerade auch in dieser besonderen Frage. Dafür ein interessantes Beispiel aus Antwerpen: Früher war es dort in Arbeiter- und namentlich auch in Fischerkreisen Brauch, eine Wohnung u. U. nur auf eine Woche zu mieten. So konnte es kommen, daß der Mann, der auf See gefahren war, bei seiner Rückkehr seine Familie bereits in einer anderen Wohnung vorfand, die die Frau unter Kündigung der alten gemietet hatte. Mit Rücksicht auf diese Art zu mieten und wegen der durch ihren Beruf bedingten häufigen Abwesenheit der Fischer wurde Beschaffung auch der Wohnung allgemein als Sache der Frau betrachtet; daher gehörte auch Wohnungsmiete und -kündigung mit zum Inhalt des mandat domestique[32]. Abgesehen von solchen örtlichen Gepflogenheiten werden überhaupt unter besonderen Umständen, vor allem bei längerer Abwesenheit des Mannes

---

30 Darüber unten S. 78.

31 So für *Frankreich*: DEMOLOMBE IV, Nr. 170; GUILLOUARD II, Nr. 874 und Traité du contrat de louage I (2. Aufl. 1887) Nr. 59; GOUY 124f. u. a. — Für *Belgien*: Trib. Bruxelles 4. 5. 1892, Pas. 1892. III. 274; das gleiche gilt selbstverständlich auch für Vermietung: Paix Laeken 12. 2. 1914, Journal des Tribunaux 1914/18, Sp. 523. — Für die *Niederlande*: DIEPHUIS: Het Nederl. Burgerl. Regt, Bd. IV (1874), 196; (OPZOOMER-) GRÜNEBAUM: Het Burgerl. Wetb. verklaard, Bd. I (3. Aufl. 1911), 321; der gleichen Ansicht ist auch die amtliche Kommission zur Reform des Eherechts, vgl. die Begründung zum Entwurf (oben S. 19 Anm. 34), S. 401, linke Spalte.

32 Trib. Anvers 13. 1. 1887, Pas. 1887. III. 119 (unter ausführlicher Darlegung der oben mitgeteilten Tatsachen).

und bei tatsächlichem Getrenntleben (zumindest, wenn es auf gütlicher Vereinbarung der Ehegatten beruht) die Befugnisse der Frau dahin ausgedehnt daß sie auch durch Mieten einer für sie und die etwa bei ihr verbliebenen Familienmitglieder erforderlichen Wohnung den Mann verpflichten kann[33].

§ 8. Umfang des mandat domestique.

Es ist klar, daß die Befugnisse der Frau irgendwo ihre Schranke finden müssen. Damit erhebt sich für den Dritten, der mit der Frau in Geschäftsverkehr tritt, die praktisch sehr bedeutsame Frage, wonach sich denn der Umfang der der Frau für Haushaltgeschäfte zustehenden Macht richtet, an welche Merkmale der Dritte sich für die Grenzen dieser Macht halten soll und darf.

I. 1. Die Antwort hierauf kann nicht zweifelhaft sein, wenn man sich streng an die Konstruktion des mandat domestique (a) und an seine Grundlagen (b) hält.

a) Das mandat domestique soll ein vermutlich vom Manne stillschweigend erteiltes Mandat sein. Diese Vermutung hält man dem Grunde nach für berechtigt, weil der Mann unbestreitbar außerstande ist, die in Frage kommenden Geschäfte selbst zu besorgen[1]. Für den Umfang, in dem die statuierte Vermutung gerechtfertigt ist, muß die Erwägung entscheidend sein, daß der Mann, würde er wirklich die Haushaltgeschäfte selbst erledigen, dabei sicherlich nicht weiter gehen würde, als seine Verhältnisse es ihm erlauben; man darf daher auch nicht vermuten, daß der Mann in weiteren als den durch die tatsächlich vorhandenen Mittel gewiesenen Grenzen seiner Frau ein Mandat erteilt habe. Vollkommen korrekt und ganz in diesem Sinne spricht daher ein Urteil der Cour d'Appel Paris aus: „... le mari ne peut être tenu comme ayant donné mandat tacite à sa femme ... que dans la proportion

[33] DEMOLOMBE: a. a. O.; GUILLOUARD: a. a. O.; BAUDRY-LACANTINERIE et WAHL: Du contrat de louage I (3. Aufl. 1906), Nr. 115; Bordeaux 29. 3. 1838, Sir. 1838. 2. 389; Paris 9. 12. 1895, D. P. 1896. 2. 134. — Ebenso für *Belgien:* Trib. Bruxelles 4. 5. 1892, Pas. 1892. III. 274; für die *Niederlande:* Kantongerecht Rotterdam 28. 11. 1927, Nederlandsche Jurisprudentie 1927, 1496.

Entsprechend vom *deutschen* Standpunkt mit Recht: FLATOW: Jur. W. 1915, 75f.; MARTIN WOLFF: § 43 zu und in Anm. 5. Vgl. auch WIERUSZOWSKI I, 39f. und HÖRLE: Bürg. A. 31, 131, 132, die ebenfalls „unter Umständen" Wohnungsmiete zu den Befugnissen der Frau rechnen. Dagegen (wie es scheint: schlechthin) ablehnend: (STAUDINGER-) ENGELMANN: Bem. 3aα zu § 1357. — Auch Vermietung einer Wohnung kann unter außergewöhnlichen Verhältnissen Schlüsselgewaltgeschäft sein: so (für den Fall der Abwesenheit des Mannes im Kriege) zutreffend Landgericht Karlsruhe, Badische Rechtspraxis 1919, 76f.

[1] Dazu oben S. 25.

des ressources des époux . . ."[2]. Und auch eine Entscheidung des Tribunal civil de la Seine wird offenbar von dem hier entwickelten Gedankengang beherrscht, wenn sie ausführt: „. . . si la femme qui a fait des acquisitions pour son usage personnel est présumée les avoir faites en vertu du mandat tacite de son mari, c'est à la condition que ces fournitures soient . . . en proportion avec les ressources des époux . . ."[3].

b) Die gleiche Begrenzung der Vertretungsmacht der Frau ergibt sich vor allem auch aus der schon mehrfach berührten inneren Begründung des mandat domestique: Es ruht auf der in art. 214 C. c. statuierten Unterhaltungspflicht des Mannes — auch sie bemißt sich nur nach dem Stand des Mannes und nach seinem wirklich vorhandenen Vermögen. Hiernach ist es also nur konsequent, wenn in der Literatur vielfach gelehrt wird, der Mann werde aus den Geschäften der Frau verpflichtet, vorausgesetzt, daß die fraglichen Anschaffungen nicht diejenigen überschreiten, die der Mann seiner Frau mit Rücksicht auf Mittel und Stand nicht hätte verweigern können, ohne seine gesetzlichen Pflichten zu verletzen[4]. Diese Auffassung findet sich auch in der Praxis nicht selten. So ist z. B. in einem Urteil der Cour d'Appel d'Aix für die Zulassung der Klage gegen den Mann mit entscheidend die Erwägung, daß „les fournitures . . . ne dépassent pas la mesure de celles que, vu la situation, les facultés et l'état du ménage, le mari . . . n'aurait pu refuser à sa femme, sans contrevenir à ses obligations naturelles et au prescrit des art. 212, 213, 214 c. civ. . . ."[5]. Übereinstimmend damit erklärt eine Entscheidung der Cour d'Appel Paris, daß der Mann „ne saurait être tenu de supporter ces dépenses, comme chef de la communauté, que dans les limites de l'obligation qui lui incombait, conformément à l'art. 214 c. civ., d'entretenir sa femme suivant ses facultés et son état . . ."[6].

2. Allein, unbekümmert darum, ob das mit dem Ausgangspunkt und den Grundlagen der Lehre vom mandat domestique vereinbar sei, strebt ein großer — ja, man darf heute sagen: der überwiegende Teil der französischen Literatur und Praxis danach, den Interessen des Dritten Rechnung zu tragen, mit dem die Frau Haushaltgeschäfte abgeschlossen hat. Wie immer man argumentieren mag: strenggenommen müßten die wahren Verhältnisse über den Umfang der Vertretungsmacht der Frau entscheiden. Wie aber soll der Dritte sich einen zuverlässigen Überblick über die wirkliche Vermögenslage des Mannes ver-

[2] Paris 5. 2. 1895, D. P. 1895. 2. 495.

[3] Trib. Seine 14. 3. 1889, D. P. 1891. 2. 259.

[4] So Huc IX, Nr. 152. Sachlich ebenso Laurent XXII, Nr. 108; Baudry-Lacantinerie et Wahl: Du mandat, Nr. 484.

[5] Aix 3. 3. 1887 sous Cass. 16. 7. 1889, D. P. 1891. 1. 158.

[6] Paris 9. 12. 1895, D. P. 1896. 2. 134. Hierher gehört wohl auch Cass. 7. 7. 1896, D. P. 1898. 1. 18.

schaffen? Was er beobachten und worüber er sich ein Urteil bilden kann, sind äußere Kennzeichen: was für ein Haus die Eheleute führen, wie sie im allgemeinen auftreten, was für Lebensgewohnheiten sie haben, welcher Art Bestellungen und in welchem Umfang sonst gemacht und anstandslos bezahlt worden sind — kurz: der tatsächliche Zuschnitt des Haushalts oder die äußere Lebenshaltung. Die Vorstellung, die der Dritte sich nach diesen objektiv erkennbaren Merkmalen von den Verhältnissen der Eheleute, insbesondere des Ehemannes machen kann, soll also ihm gegenüber für den Umfang der Befugnisse der Frau maßgebend sein. Dieser Gedanke wird von zahlreichen Schriftstellern zum Ausdruck gebracht. Teilweise wohl in dem Wunsche, ihre Inkonsequenz nicht allzu deutlich einzugestehen, beschränken sich manche auf den Ausspruch, die Bestellungen müßten sich in Einklang mit Stellung und Vermögensbestand der Eheleute halten, in dieser Beziehung sei aber der „bonne foi des fournisseurs" Rechnung zu tragen[7]. Andere gehen weiter und scheuen sich nicht, einfach zu erklären, daß der „train de vie", die „manière de vivre de la famille", die „fortune apparente" entscheidend sei[8]. Auch in der Praxis wird diese Idee sehr häufig offen ausgesprochen. So wird bei Beurteilung der kritischen Frage, ob etwa „fournitures excessives"[9] vorlägen, auf die „situation apparente du ménage"[10], auf die „manière d'être ordinaire de la famille"[11] abgestellt oder es wird den „fournitures antérieures qui ont été soldées intégralement" und dem „genre de vie des époux" die entscheidende Rolle zugewiesen und dabei ausdrücklich für belanglos erklärt, daß die streitigen Lieferungen nicht im Einklang mit den tatsächlichen Vermögensverhältnissen gestanden hätten[12]. Ein anderes Mal wird ein Ehemann zur Bezahlung einer Rechnung von 9500 Fr. für innerhalb zweier Monate von der Frau angeschaffte Kleider verurteilt mit der Begründung, diese Lieferungen seien „pas en disproportion avec les ressources présumées des époux, telles qu'elles apparaissent d'après leur rang social et le montant de leur loyer"[13]. Aufmerk-

[7] Demolombe IV, Nr. 170; Baudry-Lacantinerie, Le Courtois et Surville I, Nr. 500; Aubry et Rau VIII, § 509 (S. 123) Text hinter Anm. 54; de Loynes: Anm. in D. P. 1891. 2. 257.

[8] (Planiol-Ripert-) Rouast II, Nr. 394; Binet 84; Gouy 130.

[9] Vgl. dazu unten S. 87.

[10] Trib. Seine 3. 12. 1895, D. P. 1896. 2. 132.

[11] Trib. Vouziers 24. 4. 1895, Gaz. Pal. 1896. 1. 322. Dieses Urteil hat die Cour d'Appel Nancy 16. 1. 1896, Gaz. Pal. 1896. 1. 323 „adoptant les motifs des premiers juges" bestätigt.

[12] So Paris 31. 7. 1894, Gaz. Pal. 1894. 2. 426. Ganz ebenso Paris 2. 4. 1903, Rec. Gaz. Trib. 1903 (1er semestre) 2. 469: Mißverhältnis zwischen Anschaffungen und wirklicher Vermögenslage gleichgültig, maßgebend der „train de vie".

[13] Paris 5. 11. 1907, Rec. Gaz. Trib. 1908 (1er semestre) 2. 184.

sames Studium der Praxis fördert noch zahlreiche andere Entscheidungen zutage, die sachlich das gleiche meinen, nur daß sie davon absehen, den zugrunde liegenden Gedanken in eine abstrakte Formel zu kleiden. Wenigstens ein — besonders deutliches — Beispiel dafür sei noch hierher gesetzt: ein erst jüngst ergangenes Urteil des Tribunal civil de la Seine sieht vor allem darauf, daß die Ehegatten „un appartement important" auf dem Boulevard Henri IV bewohnten; in Anbetracht dieser Tatsache und weil die Eheleute auch sonst „des goûts et des habitudes d'élégance" zeigten, sind selbst Damenhüte für den (an sich recht erheblichen) Betrag von 1920 Fr. keine fournitures excessives, müssen also voll bezahlt werden[14].

Der zuvor gegebene Überblick dürfte genügen, um zu zeigen, daß für das französische Recht die heute als herrschend zu bezeichnende Meinung den Umfang der Vertretungsmacht der Frau nach eben den Kriterien sich bestimmen läßt, die in der deutschen Lehre von der Schlüsselgewalt anerkannt und uns wohlvertraut sind. Das bedeutet aber mehr als eine bloße — schon als solche übrigens nicht wertlose — Bestätigung für die Richtigkeit der bei uns in Deutschland für diese Frage geltenden Grundsätze: In größeren Zusammenhang gestellt, liefert das französische Recht hier zugleich einen interessanten Beitrag zu der bei rechtsvergleichender Betrachtung sich immer erneuernden Erfahrung, daß mit einer zuweilen überraschenden Selbstverständlichkeit die durch den Normenkomplex eines einzelnen Landes gebotenen Regeln einfach beiseite geschoben und, trotz abweichender Konstruktion der positiven Grundlagen, vom Boden der verschiedenen Rechtsordnungen übereinstimmend diejenigen Ergebnisse gewonnen werden, auf die ein allgemeines, von den Banden bestimmt geformter Rechtsnormen unabhängiges Rechtsgefühl als die angemessenen und naturgemäßen weist[15].

II. Starkes Vorwärtsschreiten auf dem Wege zu diesem Ziel in der Frage des äußeren Umfanges der Befugnisse der Ehefrau ist auch in den *Niederlanden* zu beobachten. So hat z. B. der Rechtbank Amsterdam wohl die rechte Idee vorgeschwebt, wenn sie erklärt, es komme an auf „den Fuß, auf dem der Haushalt der Ehegatten eingerichtet und betrieben wird"[16]. Ein reicher indischer Notar muß von seiner Frau gekauftes wertvolles Delfter Porzellan (5 Stück für 375 Gulden) und eine Louis XVI-Uhr für 350 Gulden bezahlen — denn „er hat seine Frau ein ihm gehöriges Haus in der Charlotte de Bourbonstraat in Amsterdam bewohnen lassen" und die gekauften Sachen „waren nicht

[14] Trib. Seine 26. 12. 1925, D. P. 1926. 2. 78.

[15] In anderem Zusammenhange hat RABEL: Zeitschr. f. ausl. u. internat. Privatr. I (1927) S. 7 die gleiche Beobachtung gemacht.

[16] Rechtbank Amsterdam 29. 5. 1907, Weekbl. 1908 Nr. 8764.

zu kostbar im Vergleich mit dem Fuß, auf dem das Haus im übrigen eingerichtet war"[17]. Der Sinn schon dieser Ausführungen dürfte deutlich genug sein. Völlig unmißverständlich jedenfalls haben verschiedene Gerichte ausgeführt, das Vorliegen einer gewöhnlichen täglichen Haushaltausgabe beurteile sich nach der „äußerlich wahrnehmbaren Lebensweise" der Eheleute[18]; oder: der Mann müsse eine Rechnung bezahlen, wenn sie nicht sei „außergewöhnlich hoch unter Berücksichtigung von Stand und Lebensweise der Familie, so wie diese sich nach außen darstellt"[19].

Einen Rückschritt in dieser Entwicklung, die in den Niederlanden gerade in neuerer Zeit stark und sichtlich im Gange ist, bedeutet allerdings eine kürzlich ergangene Entscheidung des Gerechtshof s'Gravenhage: Eine Ehefrau hatte im Laufe von 16 Monaten für 11000 Gulden Kleider für sich gekauft. Die Entscheidung berichtet, daß die Rechtbank den Ehemann (Berufungskläger) verurteilt hatte namentlich mit der Begründung, „daß der Berufungskläger ein geräumiges Haus bewohnte und ein Automobil hielt, so daß angenommen werden mußte, daß diese Einkäufe sich in Einklang hielten mit der gewöhnlichen Lebensweise des Berufungsklägers und seiner Ehegattin, und die Partei ‚De Duif' (die liefernde Firma) annehmen durfte, daß die Partei R. (die Frau) zur Tätigung dieser Einkäufe durch ihren Mann autorisiert war". Bedauerlicherweise hat der Gerechtshof diese Erwägungen des erstinstanzlichen Richters kurzerhand für belanglos erklärt und die Klage gegen den Mann abgewiesen[20]. Aber dieser Rückfall dürfte voraussichtlich eine vereinzelte Erscheinung bleiben und nicht verhindern können, daß die offenbar mindestens bereits am Wendepunkt befindliche Entwicklung der Judikatur in kurzer Zeit zu sicherem Abschluß kommt. Ja, man darf wohl sogar schon für die Gegenwart als erfreulicherweise herrschende Meinung der Praxis ansehen, was jüngst vom Standpunkt der Theorie ausgesprochen ist: daß „gewone uitgaven" im Sinne von art. 164 Burgerl. Wetb. diejenigen Ausgaben sind, „die normalerweise von der Hausfrau im Haushalt gemacht zu werden pflegen in dem Stand, zu dem die Ehegatten

[17] Rechtbank s'Gravenhage 22. 4. 1924, Nederlandsche Jurisprudentie 1927, 160.

[18] So Gerechtshof Amsterdam 5. 11. 1926, Weekbl. 1927 Nr. 11673.

[19] So Kantongerecht Amsterdam 23. 1. 1925, Weekbl. 1926 Nr. 11484 und fast wörtlich übereinstimmend schon Rechtbank Utrecht 5. 11. 1913, Nederlandsche Jurisprudentie 1914, 97. Letzteres Urteil wird in dem hier interessierenden Teil wörtlich zitiert von Rechtbank Haarlem 23. 9. 1924, Weekbl. 1925 Nr. 11337, so daß angenommen werden muß, daß auch diese Entscheidung, wenn sie selbst nach dem Zitat nur auf „Stand, Einkommen und Lebensweise" der Familie abstellt, in diesen Zusammenhang gehört.

[20] Gerechtshof s'Gravenhage 17. 6. 1926, Weekbl. 1926 Nr. 11538.

nach ihrer äußerlichen Lebensweise als zugehörig betrachtet werden wollen"[21].

III. Sehr viel zurückhaltender ist die *belgische* Rechtsprechung. Grundsätzlich und überwiegend hält sie wohl noch an der strengen, dem Aufbau des mandat domestique entsprechenden Beurteilung des Umfangs der Vertretungsmacht der Frau fest. Aber es finden sich doch wenigstens Ansätze, den Interessen der Dritten gerecht zu werden[22].

In die Reihe solcher Entscheidungen gehört beispielsweise ein Urteil der Cour d'Appel Liège, das den Ehemann zur Bezahlung einer außerordentlich hohen Rechnung verurteilte — die Frau hatte sich mehrere Jahre lang für durchschnittlich 10000 Fr. jährlich Kleider gekauft; der Grund liegt darin, daß diese frais de toilette „étaient nécessités par le train de vie que le défendeur laissait suivre sa femme" und daß der Duc de Croy diesem Luxus seiner Frau schleunigst hätte Schranken setzen müssen, „s'il ne voulait pas que son silence à cet égard constituât une approbation de la conduite de sa femme et confirmât les fournisseurs dans la conviction qu'elle se tenait dans les termes de son mandat"[23].

In diesen Zusammenhang ist auch ein Urteil des Tribunal civil Bruxelles zu stellen, obgleich es auf den ersten Blick der wohl noch herrschenden Strömung anzugehören scheint[24]. Das Gericht glaubt, mit großem Nachdruck betonen zu sollen, der Kläger versuche vergeblich „d'invoquer la situation apparente des époux, les relations qu'il leur attribue, la notoriété mondaine créée autour d'eux". Aber damit will das Urteil offenbar nicht die grundsätzliche Verwendbarkeit dieses Kriteriums in Abrede stellen. In diesem besonderen Fall durfte der Kläger sich nicht voll auf den äußeren Schein verlassen, da gewisse Tatsachen ihn nach Ansicht des Gerichts zur Vorsicht hätten mahnen müssen: so der Umstand, daß er schon mehrfach Bezahlung nur mit großen Schwierigkeiten hatte erlangen können, weil der Mann die Anschaffungen der Frau für übertrieben erklärte; und vor allem die außer-

[21] Eggens: Weekbl. voor Privaatr., Not. en Registr. 1927 Nr. 2984, S. 144. Er bemerkt dazu, daß „die meisten Entscheidungen der letzten Zeit die Antwort in dieser Richtung suchen", führt aber leider außer dem oben S. 74 Anm. 17 zitierten, von ihm besprochenen Urteil keine weiteren an.

[22] So z. B. wohl, wenn auch noch etwas undeutlich, Trib. Anvers 7. 2. 1874, Pas. 1875. III. 37.

[23] Liège 3. 7. 1890, Pas. 1891. II. 12. Das Verdienst, den richtigen Gesichtspunkt gefunden zu haben, gebührt allerdings dem Richter erster Instanz (Trib. Dinant 8. 2. 1890), von dem die mitgeteilte Begründung stammt. Aber die Cour hat sie sich zu eigen gemacht und ihre Entscheidung auf den einen Satz beschränkt: „La Cour — Déterminée par les motifs des premiers juges, confirme le jugement dont est appel . . .".

[24] Trib. Bruxelles 6. 5. 1891, Pas. 1891. III. 289.

ordentliche Steigerung, die der Aufwand der Frau im Laufe der Jahre genommen hatte (im 1. Jahr für rund 1700 Fr. — schon diese wurden teilweise erst auf Reklamation bezahlt; im nächsten Jahr für 4657 Fr. und innerhalb von 10 Monaten des dritten Jahres für 10545 Fr.). Dennoch hielt das Gericht den Kaufmann für schützenswert und verurteilte daher den Mann, wenn auch nicht in voller Höhe, so doch zum größten Teil der eingeklagten Summe. Der Weg, der zu dieser Entscheidung führte, und der bei flüchtiger Betrachtung seltsam scheinen mag, läßt sich erklären: das Gericht hat sich offenbar — und das ist der zweite Sinn der oben wiedergegebenen Begründung — gescheut, den äußeren Umfang der Befugnisse der Frau ohne weiteres nach der situation apparente zu bemessen, in dem Bewußtsein, daß dies, streng genommen, den Grundlagen des mandat domestique zuwider sei. So hat es nach einem auf das Gesetz sich stützenden technischen Mittel gesucht, um das auch von ihm als angemessen empfundene Ergebnis zu begründen. Als solches Mittel bot sich die Bestimmung des art. 1382 C. c. dar, dessen Bedeutung für das französische Recht schon hervorgehoben wurde[25]. Und so heißt es, um die Verurteilung des Mannes zu rechtfertigen: „... attendu que le défendeur doit s'imputer *à faute* jusqu'à un certain point de n'avoir pas interposé son autorité pour arrêter, par une intervention efficace, les dépenses excessives de sa femme . . ."[26].

IV. Wenn die zuletzt genannte belgische Entscheidung ausführlicher erörtert worden ist, so darum, weil sie immerhin noch in erfreulichem Gegensatz zu einem sogleich noch zu erwähnenden italienischen Urteil steht und Anlaß zu einem Vergleich von allgemeinerer Bedeutung zwischen beiden bietet. Die *italienische* Praxis nämlich scheint völlig abseits der Entwicklung zu stehen, wie sie für Frankreich, die Niederlande und Belgien geschildert wurde, und unbeirrt als Maßstab für den Umfang der Befugnisse der Frau die in art. 132 C. c. normierte Unterhaltungspflicht des Mannes zu nehmen, mit der das mandato tacito begründet wird. Besonders scharf tritt diese Auffassung in einer neueren Entscheidung der Corte d'Appello Napoli hervor, in der die Möglichkeit, daß man anders darüber denken könnte, ausdrücklich ins Auge gefaßt wird[27]: Wieder einmal ging der Rechtsstreit gegen den Mann um allzu luxuriöse Toiletten der Frau (im ganzen für 10012 Lire, darunter vier

[25] Vgl. oben S. 41 f.

[26] Trib. Bruxelles 6. 5. 1891, Pas. 1891. III. 289. Die Entscheidung zitiert art. 1382 C. c. zwar nicht. Daß aber dennoch die Verurteilung des Mannes hier unter dem Gesichtspunkt quasi-deliktischer Haftung gegenüber dem Dritten erfolgt ist, ist wohl nicht zu bezweifeln und wird nach der Art der Wiedergabe dieses Urteils deutlich auch in den PANDECTES BELGES, Bd. 43, sub verbo „Femme mariée (Autorisation de)", Nr. 21 à 56, 18 angenommen.

[27] Napoli 13. 5. 1914, Mon. Trib. 1915, 135.

Kleider zu 800, 900, 1000 und 1100 Lire). Jede Erwägung zugunsten des Lieferanten wird von vornherein kategorisch abgeschnitten mit dem Bemerken, Dritte könnten sich nicht auf ihren guten Glauben berufen, sondern „sie müssen das mögliche Ausbleiben der Bezahlung ihrer eigenen ‚colpa o negligenza' zuschreiben, wenn sie sich nicht vorher über die wirtschaftliche Lage der verheirateten Frau, der sie etwas liefern werden, informiert haben, um zu ermessen, ob die verlangten Lieferungen dem Kriterium der Notwendigkeit entsprechen, wie es in dem mehrerwähnten art. 132 festgelegt ist". Damit werden unverkennbar die Gedanken der art. 1151, 1152 Codice civile verwandt, wo jene Ausdrücke „colpa" und „negligenza" stehen — Vorschriften, die den Artikeln 1382, 1383 des (französischen und) belgischen Code civil völlig entsprechen. Mit sachlich gleichen Hilfsmitteln in der Hand sind also die Richter in Neapel und das Brüsseler Gericht zu gerade entgegengesetzten Ergebnissen gekommen. Das wirft ein interessantes Schlaglicht auf die Bedeutung solcher sehr dehnbaren Bestimmungen: Unzweifelhaft sind gerade sie es, die frühzeitiges Veralten eines Gesetzbuches verhindern und es dem Richter ermöglichen, das Recht den Fortschritten in der Welt der Tatsachen anzupassen — andererseits bergen sie, wie gerade auch unser Beispiel zeigt, eine nicht zu leugnende Gefahr in sich. Ist gar die Dehnbarkeit einer Norm so groß, daß sie so gut zugunsten der einen wie der anderen der widerstreitenden Parteien angewandt werden kann, so ist eine Lösung — genau wie bei der Frage, ob argumentum e contrario oder Analogie — nur teleologisch, in vernünftiger Interessenabwägung möglich. Gerade unter diesem allgemeineren Gesichtspunkt scheint mir bemerkenswert, daß der belgische Richter der deutschen Wertung der Interessen folgt und den Dritten schützt, während das italienische Gericht sich vor den Ehemann stellt.

§ 9. Wirkungen des mandat domestique.

Schon im Lauf der bisherigen Darlegungen war es gelegentlich unvermeidlich, von den Rechtswirkungen des mandat domestique zu sprechen, so daß hier nur noch eine kurze Zusammenfassung und wenige Ergänzungen zu geben sind.

I. Der dem Wesen des mandat als Verleihung der Vertretungsmacht entsprechende Grundsatz ist, daß der Mann aus Haushaltgeschäften der Frau allein haftet. Eine vertragliche Haftung der Frau daneben aus den von ihr geschlossenen Geschäften kommt nicht nur, weil sie in fremdem Namen gehandelt hat und regelmäßig gar nicht den Willen, sich selbst zu verpflichten, gehabt haben wird, sondern vor allem deshalb nicht in Betracht, weil sie sich mangels Autorisierung rechtsgeschäftlich — und zwar grundsätzlich auch bei Gütertrennung — gar nicht verpflichten kann[1]. Dieser alleinigen Inanspruchnahme etwa aus einem Kreditgeschäft der Frau kann der Mann — wie nach deutschem Recht — sich auch nicht durch den Hinweis darauf entziehen, seine Frau habe genügend Wirtschaftsgeld von ihm bekommen, um bar kaufen zu können: das ist ein Internum zwischen den Ehegatten, das für die Vertretungsmacht der Frau nach außen ohne Belang ist und durch das die Ansprüche der Dritten gegen den Mann daher nicht berührt werden können[2].

II. 1. Wie weit der Grundsatz der Alleinhaftung des Mannes bei den verschiedenen Güterständen Abwandlungen erfährt, das im einzelnen darzulegen, gehört nicht hierher. An einer wichtigen Ausnahme, die die französische Praxis bei der Gütertrennung macht, konnte allerdings nicht vorübergegangen werden; sie ist bereits früher ausführlich erörtert[3].

2. An dieser Stelle ist nur noch eine andere Modifizierung zu erwähnen, die auf dem Gesetz vom 13. Juli 1907 beruht[4]. Dieses Gesetz schafft in den „*biens réservés*“ eine Gütermasse, die zwar ihren Namen dem deutschen Vorbehaltsgut entlehnt, sich davon aber doch sehr wesentlich unterscheidet: denn die biens réservés bilden bei der Gütergemeinschaft einen Bestandteil des Gesamtguts[5], innerhalb dessen sie

---

[1] So selbstverständlich dieser Satz sein sollte, so wird doch häufig genug gegen ihn gesündigt. Daher nicht ohne Wert, wenn er in Literatur und Judikatur wiederholt ausdrücklich eingeschärft wird: vgl. z. B. Trib. Seine 3. 12. 1895, D. P. 1896. 2. 132; Bruxelles 27. 7. 1908, Belgique Judiciaire 1908, 1087; BINET 107, 122f.; GOUY 171.

[2] AUBRY et RAU VIII, § 509 zu Anm. 54 (S. 122f.); GUILLOUARD II, Nr. 871; TOULLIER: Droit civil français XII (3. Aufl. 1826), Nr. 271; BINET: 91 (B. legt S. 89ff. auch mit reichen Materialangaben dar, daß dies schon herrschende Ansicht im ancien droit war) u. a. m. — Sollte der Mann geradezu geltend machen, er habe seiner Frau nur Barkäufe erlaubt, so würde er damit eine Beschränkung des mandat domestique behaupten; über deren Behandlung unten S. 113ff., bes. 115 bei Anm. 43.

[3] Vgl. oben S. 54ff.

[4] In *Belgien* fanden sich schwache Ansätze zur Besserstellung der erwerbstätigen Ehefrau bezüglich ihres Verdienstes und zur Schaffung einer Art von Vorbehaltsgut für sie schon in den artt. 29—33, 38, 39 des Gesetzes vom 10. 3. 1900 über den contrat de travail und in art. 25 des Gesetzes vom 7. 8. 1922 über den contrat d'emploi. Der Entwurf in der Fassung vom 6. 4. 1927 (oben S. 6 Anm. 10) schließt sich jetzt ganz eng dem französischen Gesetz von 1907 an und will dessen auf die „biens réservés“ bezügliche Bestimmungen mit sachlich nur geringen Abweichungen als artt. 224a—224f dem Code civil einfügen; zu dieser Reform: DE HARVEN (oben S. 6 Anm. 10), 94ff.

[5] Eindeutig spricht das — an mehr als einer Stelle verwickelte und nicht gerade übertrieben klare — Gesetz dies zwar nicht aus; dennoch rechtfertigen die vorhandenen Andeutungen (vgl. art. 3 Abs. 4, art. 5 Abs. 1 und 4) wohl diesen Schluß der herrschenden Meinung: COLIN et CAPITANT III, 145f.; PLANIOL: Traité élém. III, Nr. 1045, 6°; PICHON: Du libre salaire de la femme mariée . . ., Rev. crit. 1908, 93ff.; GUYOT: L'activité économique de la femme mariée (Thèse Dijon; Paris 1910), 156ff. u. a.

freilich eine aus dem Folgenden ersichtliche eigenartige Sonderstellung einnehmen. Voraussetzung für die Anwendbarkeit der Bestimmungen über die biens réservés ist, daß die verheiratete Frau einen eigenen, von dem ihres Mannes getrennten Beruf ausübt — gleichviel welcher Art, mag sie Fabrikarbeiterin, Schriftstellerin oder was sonst immer sein (art. 1 Abs. 5 des Ges., vgl. auch Abs. 6). Die so berufstätige Frau hat bei allen Güterständen kraft zwingenden Rechts über die „Früchte ihrer persönlichen Arbeit und die daraus herrührenden Ersparnisse" selbst die Verwaltung und die unbeschränkte Befugnis zu entgeltlichen Verfügungs- und Verpflichtungsgeschäften (art. 1 Abs. 1—3 des Ges.)[6,7].

Insoweit also ist die Frau der Notwendigkeit der Autorisierung durch ihren Mann enthoben, das heißt, voll geschäftsfähig. Unter diesem Gesichtspunkt ist verständlich, wenn art. 3 Abs. 1 des Gesetzes allen Frauengläubigern ohne Unterschied, ob das fragliche Geschäft von der Frau mit oder ohne autorisation vorgenommen war, den Zugriff auf die biens réservés gewährt. Allein, diese Folgerung ist bereits eine Durchbrechung desjenigen Gedankens, den man als den wesentlichsten des ganzen Gesetzes betrachten darf: Es herrscht Einigkeit darüber, und das Gesetz selbst bringt es in art. 2 Abs. 1 hinreichend zum Ausdruck, daß die gegenüber dem gemeinen Recht außerordentlich erweiterten Verwaltungs- und Verfügungsbefugnisse der Frau „im Interesse des Haushaltes" verliehen sind; anders ausgedrückt: die biens réservés führen — bei der Gütergemeinschaft als Teil des Gesamtguts und im Gegensatz zu den „biens *ordinaires* de la communauté" — ein zweckbestimmtes Sonderdasein, das eben in erster Linie der Befriedigung der Haushaltbedürfnisse dienen soll[8]. Daraus erklärt sich, daß auch durch Mannesgeschäfte, die im Interesse des Haushaltes vorgenommen werden, — aber auch nur durch solche — neben dem persönlichen

---

6 Wenn in art. 1 Abs. 1 auf C. c. art. 1449 verwiesen wird, so ist das irreleitend, da die Frau nach dem Gesetz von 1907 wesentlich freier gestellt ist als bei Gütertrennung. Das hat man sogar schon bei der parlamentarischen Beratung bemerkt — und dennoch nichts geändert. Vgl. PLANIOL: Traité élém. III, Nr. 1045—6⁰; PICHON: Rev. crit. 1908, 105ff., 213f.; GUYOT: a. a. O., 104, 161f.

7 Daß die Frau unbeschränkt jede Art von Vertragsobligationen mit Wirkung gegen ihre biens réservés eingehen könne, ist, obwohl im Gesetz nicht ausdrücklich ausgesprochen, dennoch aus den vorhandenen Anhaltspunkten (vgl. namentlich art. 1 Abs. 3 Satz 2 in der Fassung des Ges. v. 8. 6. 1923: „emprunter") mit Sicherheit zu entnehmen: Cass. 3. 11. 1926, D. P. 1927. 1. 91; (PLANIOL-RIPERT-) NAST IX, Nr. 1341—6⁰, wo weitere Angaben.

8 Dieser Leitgedanke des Gesetzes wird mit besonderer Klarheit entwickelt von SALEILLES: Bulletin de la Société d'études législatives VI (1907), 571f., 573, 574 (S. spricht von einem „fonds d'affectation domestique"). Im gleichen Sinn z. B. auch CHÉRON: Rev. trim. 1909, 767, 772, 773.

Vermögen des Mannes auch die biens réservés verhaftet werden (art. 3 Abs. 2)[9].

Wenn andererseits, wie erwähnt, alle Frauengläubiger sich an die biens réservés halten können, selbst wenn die Frau über den Rahmen der ihr nach art. 1 frei erlaubten Geschäfte hinaus gegangen sein und ohne die nach allgemeinen Regeln erforderliche autorisation kontrahiert haben sollte, so ist erst recht selbstverständlich, daß die Verhaftung dieses Sonderfonds namentlich dann eintreten soll, wenn die Frau ein Geschäft vorgenommen hat, das die gleiche Zweckbestimmung in sich trägt, wie eben jener Fonds, das heißt, verknüpft ist mit den Interessen des Haushalts. Solches Handeln im Interesse des Haushalts wird anscheinend — ohne daß es auf den Willen der Frau, sich auch persönlich zu verpflichten, ankäme — vom Gesetz immer dann angenommen, wenn die Frau kraft ihres mandat domestique tätig wird[10]. Die Folge davon ist, daß in allen Fällen, in denen das Gesetz von 1907 überhaupt anwendbar ist, nicht nur bei der Gütergemeinschaft, sondern, wie es scheint, bei allen Güterständen zu der aus den Regeln des mandat folgenden Verpflichtung des Mannes und entgegen diesen Regeln noch die Haftung der biens réservés der Frau tritt[11].

[9] Zufolge der fragwürdigen Formulierung von art. 3 Abs. 2 ist sicher nur, daß dies bei der Gütergemeinschaft wie bei der Verwaltungsgemeinschaft (artt. 1530ff. C. c.) gilt; sehr zweifelhaft dagegen für die übrigen Güterstände. Dazu die ausführlichen Erörterungen von Chéron: Rev. trim. 1909, 767ff. — Übrigens dürfte die Frage gerade für die Gütertrennung, für die sie vornehmlich wichtig werden müßte (und für die sie z. B. von [Planiol-Ripert-] Nast IX, Nr. 1378 a. E. bejaht wird), nach der neueren Praxis zu art. 1448 (1537) C. c. bedeutungslos sein; vgl. dazu oben S. 54 ff.

[10] Daß die Theorie vom mandat domestique (aber auch nur diese) implicite von art. 3 des Gesetzes anerkannt wird, nehmen meines Erachtens mit Recht an: Colin et Capitant III, 148 zu und in Anm. 1; Boucher: Etude critique de la législation relative aux biens réservés . . . (Thèse Paris 1925), 115ff.; Veaux: Le libre salaire de la femme mariée . . . (Paris 1926), 61 u. a. Manche dagegen wollen weitergehend — wofür mir freilich die gehörige Grundlage zu fehlen scheint — aus dem Gesetz ein „pouvoir propre" der Frau in Haushaltangelegenheiten herauslesen: dazu (Planiol-Ripert-) Nast IX, Nr. 1368 mit Belegen.

[11] Die Frage ist recht zweifelhaft und noch nicht scharf genug untersucht. Gerichtspraxis dazu liegt, wenn ich recht sehe, bisher nicht vor. Und die Literatur bietet überwiegend nur wenige dunkle Andeutungen; das ist freilich begreiflich: denn das Gesetz ist hier (art. 3 Abs. 4 in Verbindung mit Abs. 1) wirklich „reichlich rätselhaft" (Planiol: Traité élém. III, Nr. 1142). Vgl. außer Planiol noch: Colin et Capitant III, 148; Guyot: a. a. O., 126f., 128; Saleilles: a. a. O., 574; Chéron: Rev. trim. 1909, 767; Pichon: Rev. crit. 1908, 219; Nast: Anm. in D. P. 1926. 2. 77; (Planiol-Ripert-) Nast IX, Nr. 1368, 1378 a. E., 1379.

Gegenüber dieser Unsicherheit bedeutet der *belgische* Entwurf in der Fassung vom 6. 4. 1927 (oben S. 6 Anm. 10) einen wesentlichen Fortschritt, indem er in art. 224d bestimmt: „Les biens réservés pourront être

§ 10. Überschreitung des mandat domestique.

Überschreitung ihrer Haushaltbefugnisse durch die Frau ist in verschiedener Weise denkbar: Ich möchte — was wohl für alle Rechtsordnungen gelten darf, die in irgendeiner Form eine „Schlüsselgewalt" der Frau kennen — qualitative und quantitative Überschreitung unterscheiden, wobei die letztere wieder in zwei verschiedenen Unterarten möglich ist.

I. Eine qualitative Überschreitung der Befugnisse der Frau ist dann gegeben, wenn sie ein Geschäft vorgenommen hat, das seiner Art nach überhaupt nicht in den Rahmen der „Schlüsselgewalt" gehört, wenn also zum Beispiel die Frau, ohne daß die früher erwähnten besonderen Umstände vorlagen, eine Wohnung gemietet hat[1]. Aus solchen Geschäften der Frau haftet der Mann unzweifelhaft überhaupt nicht[2].

II. Im Gegensatz dazu liegt die Bedeutung quantitativer Überschreitung der „Schlüsselgewalt" darin, daß die Art der vorgenommenen Geschäfte zwar den Befugnissen der Frau entsprach, daß aber die angeschafften Mengen oder die für den Erwerb einzelner Gegenstände gemachten Aufwendungen mit der Lebenshaltung der Familie, mit dem äußeren Zuschnitt des Hauses nicht in Einklang standen. Solcher Überaufwand kann zwei Formen haben:

1. Er kann darin liegen, daß die Frau gleichartige Gegenstände von mehreren Stellen beschafft hat, dergestalt, daß gegen jedes einzelne dieser Geschäfte für sich genommen nichts einzuwenden wäre, daß aber ihre Summe den Bedarf des Haushaltes übersteigt und daß sie zusammengenommen zu Ausgaben nötigen, die nicht mehr der nach außen in Erscheinung tretenden Lebensführung der Familie ent-

---

saisis par les créanciers de la femme. Ils pourront l'être également si les époux, ensemble ou séparément, ont contracté dans l'intérêt du ménage." Diese jeglicher mystischer und verklausulierter Anspielungen auf güterrechtliche Fragen sich enthaltende Regelung scheint mir deutlich zu besagen, daß bei allen Güterständen dieser Sonderfonds durch „im Interesse des Haushalts" vorgenommene Geschäfte sowohl der Frau wie auch des Mannes verhaftet werden soll. Diese Klarheit bezüglich der Mannesgeschäfte ist im Gegensatz zu dem oben Anm. 9 Gesagten nicht belanglos, da die belgische Rechtsprechung die artt. 1438, 1537 C. c. ganz anders auffaßt als die französische, vgl. oben S. 55 Anm. 28. Die Haftung der biens réservés aus Haushaltgeschäften der Frau dürfte ebenso zu erklären sein, wie oben im Text versucht; dafür jetzt eine wertvolle Bestätigung bei DE HARVEN (oben S. 6 Anm. 10), 98: die biens réservés sind „le gage des créanciers de la femme . . . bien même, *contrairement au prescrit de l'art. 1420 C. c.*, si elle a agi en vertu de ses fonctions traditionnelles pour l'entretien et dans l'intérêt du ménage".

[1] Dazu oben S. 69f.

[2] Wegen der Haftung der Frau als Vertreterin ohne Vertretungsmacht: unten S. 86, 87f.

sprechen. Diese Art quantitativer Überschreitung des mandat domestique hat seltsamerweise in der *französischen* Literatur kaum Beachtung gefunden: die einzige feststellbare Meinungsäußerung geht dahin, daß man den Dritten in solchem Falle keinerlei Vorwurf machen könne und daß ihnen also ihre Rechte nicht genommen werden könnten[3]. In der gleichen Richtung bewegt sich auch ein *belgisches* Urteil, in dem ausgeführt wird, es brauche nicht untersucht zu werden, ob andere Lieferungen gleicher Art von seiten anderer Kaufleute für die Bedürfnisse ausreichend waren, da jeder Lieferant sich als allein mit den Aufträgen der Frau bedacht habe betrachten können[4].

Grundsätzlich ist diese Auffassung gewiß richtig[5]. Freilich ist die Formulierung wohl etwas unvorsichtig, weil zu allgemein gehalten: Wenn der Umfang der Vertretungsmacht der Frau im Interesse der Dritten nach äußeren Merkmalen bestimmt wird, so geschieht das darum, weil nur diese für die Dritten erkennbar sind. Darin liegt aber zugleich, daß der Dritte diejenigen Umstände, die ihm für eine Begrenzung der Befugnisse der Frau erkennbar waren, auch gegen sich gelten lassen muß, das heißt, er kann sich unter solchen Umständen aus einem dennoch mit der Frau geschlossenen Vertrage nicht an den Mann halten. Selbstverständlich kann man von dem Dritten nicht verlangen, er müsse sich regelmäßig danach erkundigen, ob und inwieweit gleichartige Bestellungen als die ihm aufgegebene auch noch bei anderen Lieferanten gemacht seien. Aber wenn einmal in dieser Richtung begründete Anhaltspunkte vorliegen sollten, dann allerdings wird der Dritte in gewissem Umfange die erwähnten Nachforschungen anstellen müssen, um zu ermessen, ob die bei ihm gemachte Bestellung im Zusammenhang mit den übrigen nicht das durch die äußere Lebenshaltung der Ehegatten gerechtfertigte Maß übersteigt. Unter solchen Umständen wäre dem Dritten die Überschreitung der Vertretungsmacht der Frau erkennbar gewesen, und es ist daher berechtigt, ihm dann einen vertraglichen Anspruch gegen den Mann zu versagen. Für das *deutsche* Recht ist dies Ergebnis sicher. Bei der völligen Gleichheit der für den äußeren Umfang des

[3] So ISORÉ: De la situation de la femme au cas de nonprésence de son mari, Rev. gén. du droit, de la législat. et de la jurispr. 43 (1919), 97, der die Frage wenigstens streift.

[4] Liège 3. 7. 1890, Pas. 1891. II. 12.

[5] Von dem gleichen Grundsatz gehen für das *deutsche* Recht auch das bekannte Urteil des Reichsgerichts RGE. 61, 82ff. und die sehr viel weniger beachtete Entscheidung RG. Gruchot 52, 677f. aus. Aber mit Recht kommt das RG. — ihm folgt z. B. Frankfurt OLGE. 16, 206 — im Ergebnis auf die im Text folgende Einschränkung hinaus: das RG. behandelt das Problem freilich unter dem Gesichtspunkt des Mißbrauchs der Vertretungsmacht; der Text dagegen nimmt Überschreitung der Vertretungsmacht an — dies in entsprechender Anwendung der für eine externe Vollmacht geltenden Regeln, worüber Genaueres unten S. 96f., bes. S. 97 Anm. 10.

mandat domestique maßgebenden Kriterien scheint mir nicht zweifelhaft, daß dieser Standpunkt auch für das *französische* Recht der richtige ist und gegebenenfalls auch von der Praxis in dieser Form vertreten würde.

2. Der einfachste Fall quantitativer Überschreitung der „Schlüsselgewalt" ist natürlich der, daß bei Geschäften mit einem einzelnen Dritten die mehrfach erwähnten, für die Befugnisse der Frau nach außen geltenden Grenzen nicht eingehalten worden sind: die Frau hat z. B. bei Anschaffungen auf Kredit zu viel oder einen einzelnen Gegenstand zu teuer gekauft.

a) Nach *deutschem* Recht hängt regelmäßig in solchen Fällen gemäß § 177 BGB. die Wirksamkeit der Vertretung in vollem Umfange von der — natürlich auch stillschweigend möglichen — Genehmigung des Mannes ab, da Überschreiten grundsätzlich dem völligen Fehlen der Vertretungsmacht gleich zu behandeln ist. Liegt also keine Genehmigung vor, so wäre hiernach der Haushaltgläubiger mit seiner gegen den Ehemann gerichteten Klage gänzlich abzuweisen.

α) Allein, diesem Ergebnis gegenüber drängt sich die Frage auf, ob nicht unter Umständen ohne Genehmigung wenigstens teilweise Wirksamkeit und dem entsprechend Bindung der Parteien angenommen werden kann. Entscheidend für die Beantwortung dieser Frage muß sein, ob eine Teilung des schlüsselgewaltwidrig abgeschlossenen Geschäfts überhaupt möglich ist und zugleich nach den Interessen des Dritten und des Mannes zulässig erscheint[6]:

Hat die Frau z. B. einen einheitlichen Kaufvertrag über 5 Zentner Äpfel geschlossen, während dem Zuschnitt des Hauses nur 2 Zentner entsprochen hätten, so läßt sich ein solches Geschäft an sich wohl zerlegen. Dennoch darf man nicht ohne weiteres für Wirksamkeit und also für Bindung des Mannes und des Dritten bezüglich der 2 Zentner und für Genehmigungsbedürftigkeit nur wegen der übrigen 3 Zentner entscheiden. Denn wenn auch dies Verfahren den Ehemann in derartigen Fällen wohl nicht kränken würde, so dürfen doch vor allem die Interessen des Dritten nicht beiseite bleiben. In deren Berücksichtigung ist das Geschäft nach dem Gedanken von § 139 BGB. jedenfalls dann teilweise als wirksam anzusehen, wenn man annehmen darf, der Dritte würde das Geschäft auch zu dem der Macht der Frau entsprechenden Teile abgeschlossen haben; diese Annahme wird allerdings in derartigen Fällen nicht selten gerechtfertigt sein[7].

---

[6] Hierzu und zum folgenden Absatz — für die entsprechenden allgemeinen Fragen bei der Vollmacht — namentlich: HUPKA: Die Haftung des Vertreters ohne Vertretungsmacht (Leipzig 1903), 149ff.; ENNECCERUS: Allg. Teil (11. Bearb. 1926), § 170 I 3; (PLANCK-) FLAD: Bem. 3 zu § 179.

[7] Ob es auch genügt, wenn der Dritte sich wenigstens nachträglich mit einer Teilung des Geschäfts einverstanden erklärt, ist zweifelhaft, aber wohl

Einer zweiten Gruppe von Fällen ist eigen, daß sich bei ihnen eine Machtüberschreitung durch die Frau aus einer Häufung innerhalb eines bestimmten Zeitraumes mit demselben Dritten geschlossener gleichartiger Geschäfte ergibt. Ein Beispiel: Die Frau hat sich im Laufe eines Jahres von derselben Firma auf Kredit nach und nach 5 Gesellschaftskleider zum Preise von 400, 500, 300, 400, 400 Mark, also für insgesamt 2000 Mark machen lassen, während innerhalb dieses Zeitraumes nur ein Aufwand von 1000 Mark für Gesellschaftskleidung der Schlüsselgewalt-Vertretungsmacht gemäß gewesen wäre. Nach Ablauf des Jahres klagt nun die Firma den ganzen Betrag von 2000 Mark gegen den Ehemann ein. Hier darf keinesfalls so vorgegangen werden, daß einfach die Klageforderung halbiert und also, ohne Angabe: wofür, in Höhe von 1000 Mark verurteilt wird[8]. Denn es handelt sich hier nur um eine äußere Klagenverbindung; jedes in dem Gesamtkomplex steckende Geschäft hat seinen Charakter als einzelnes Geschäft bewahrt und verlangt gesonderte Prüfung. Diese ergibt: Gegen die ersten beiden Geschäfte ist nichts einzuwenden, da sie sich innerhalb der Grenze von 1000 Mark halten; aus ihnen — d. h. also in Höhe von 900 Mark — kann daher ohne weiteres Verurteilung des Mannes erfolgen, wobei in der Entscheidung zum Ausdruck zu bringen ist, auf welche Geschäfte sie sich bezieht. Die späteren — ganz oder, wie das dritte Geschäft, auch nur teilweise — jenseits der Grenze von 1000 Mark liegenden Geschäfte dagegen sind jedes für sich schwebend unwirksam; sie sind jedes (voll) genehmigungsbedürftig und -fähig[9].

---

mit Hupka: a. a. O., 155, 168 und Enneccerus: a. a. O., § 170 Anm. 19 zu bejahen. Bei Geschäften, bei denen eine Teilung gar nicht möglich ist, liegt es dagegen anders; vgl. unten S. 85 Anm. 11.

[8] Diesen verfehlten Weg zu gehen, scheint — wenn ich das Urteil bei Gruchot 52, 673ff. recht verstehe — das Reichsgericht geneigt zu sein. Sicheres läßt sich freilich darüber nicht sagen, da der Bericht über die Entscheidung leider (auch schon tatbestandmäßig) nicht völlig deutlich ist.

[9] Gegenüber dem im Text Gesagten können sich Komplikationen daraus ergeben, daß die — etwa nach Ablauf eines Jahres auf Zahlung von 10000 Mark erhobene — Klage des Lieferanten sich nicht nur auf eine Mehrheit wirklich gleichartiger Geschäfte bezieht, sondern z. B. neben Gesellschaftskleidern auch Mäntel, Hüte, Wäsche usw. umfaßt. Geht man in solchem Falle — wie häufig zu geschehen scheint — davon aus, daß nach dem Zuschnitt des Hauses für Garderobe ein Aufwand von nur 5000 Mark im Jahr angemessen war, so wird man hierdurch zu falschen Entscheidungen gedrängt: Denn wenn man hier einfach zeitlich den einzelnen Geschäften folgt, so ergibt sich vielleicht, daß die Summe von 5000 Mark bereits im Mai erschöpft war und daher zeitlich spätere Geschäfte etwa über notwendige Winterkleider, für die der Gesamtbetrag von 5000 Mark doch mit bestimmt war, nach der Regel des Textes genehmigungsbedürftig wären. Weil solches Verfahren zweifellos unmöglich ist, läßt man sich zu dem Ausweg treiben, ohne nähere Überlegung in Höhe der für Garderobe insgesamt

Endlich sind noch solche Fälle kurz zu erwähnen, in denen die Frau einen einzelnen zu luxuriösen Gegenstand erworben hat: sie hat z. B. einen Teppich im Werte von 800 Mark angeschafft, während nur ein Teppich für 400 Mark angemessen gewesen wäre. In derartigen Fällen muß es schlechthin bei dem Grundsatz verbleiben, daß der ganze Vertrag der ehemännlichen Genehmigung bedarf. Denn ein solches Geschäft ist überhaupt nicht teilbar. Trotz dieser Erkenntnis glauben bei Vertretung kraft Vollmacht manche, mit gewissen Modalitäten auch Geschäfte dieser Art als wirksam betrachten zu dürfen: Solange die Genehmigung des Vertretenen noch nicht verweigert ist, soll es dem Dritten freistehen, die Herabsetzung der ihm zu entrichtenden Gegenleistung auf das der Vollmacht entsprechende Maß zu erklären, und diese Erklärung soll die Wirkung haben, daß nun das so modifizierte Geschäft ohne weiteres für den Vertretenen und den Dritten bindend sei, da infolge der erwähnten Reduzierung Verweigerung der Genehmigung seitens des Vertretenen nicht mehr in Betracht komme[10]. Schon für die allgemeine Lehre von der Vollmacht können diese Sätze meines Erachtens nicht anerkannt werden[11]. Für die hier erörterten Schlüsselgewalt-Fälle nach Art unseres Beispiels sind sie jedenfalls abzulehnen: Der zu luxuriöse Gegenstand ist darum nicht weniger schlüsselgewaltwidrig, weil ihn der Lieferant nachträglich billiger hergeben will; diese Preisherabsetzung beseitigt nicht den erkennbaren wahren Wert des Gegenstandes und damit auch nicht die Tatsache, daß der Gegenstand nicht zu der Lebenshaltung der Ehegatten paßt. Es geht aber keinesfalls an, daß der Mann durch die einseitige Erklärung des Dritten gezwungen würde, sich eine Sache aufdrängen zu lassen, die sich nicht in den von ihm

für angemessen befundenen Summe von 5000 Mark zu verurteilen, und läßt dabei im Unklaren, welche der verschiedenartigen Garderobestücke denn nun endgültig erworben, welche zurückzugeben sind usw. Der Fehler liegt hier in der Art, wie der Maßstab für den Umfang der Vertretungsmacht der Frau bestimmt wird: dafür darf man nicht zusammenfassend auf eine größere Kategorie greifen, als diejenige, der die verschiedenen einzelnen Geschäfte je nach ihrer Natur angehören. Vielmehr müssen (natürlich nicht zu kleinlich und nicht zu sehr ins einzelne gehend) verschiedene Gruppen gebildet werden; für jede Gruppe ist der Umfang der Vertretungsmacht gesondert zu bestimmen und alsdann innerhalb jeder Gruppe entsprechend den Grundsätzen des Textes zu verfahren.

[10] In diesem Sinne namentlich: HUPKA (oben S. 83 Anm. 6), 168f. — die Reprobationsbefugnis des Prinzipals sei erloschen; v. TUHR: Allg. Teil des schweizerischen Obligationenrechts, II. Halbband (Tübingen 1925), 319 zu und in Anm. 4 — Verweigerung der Genehmigung sei nach Treu und Glauben unzulässig.

[11] Ebenso OERTMANN: Bem. 8 zu § 177 — freilich wohl selbst bei Teilbarkeit des Vertrages, bei der aber die wesentlich andere Sachlage meines Erachtens die entgegengesetzte Beurteilung rechtfertigt (vgl. oben S. 83 Anm. 7).

bestimmten und (gerade auch als Merkmal für den Umfang der Vertretungsmacht seiner Frau) von ihm allein zu bestimmenden Zuschnitt seines Hauses fügt.

β) Soweit nach den vorangehenden Erörterungen Genehmigung des Mannes erforderlich, aber nicht erteilt ist, erhebt sich noch die Frage, ob der Dritte die Frau als Vertreterin ohne Vertretungsmacht in Anspruch nehmen kann. Zwar muß angenommen werden, daß eine Ehefrau, die als solche im Geschäftsverkehr auftritt, damit, sofern sie nicht das Gegenteil erkennbar macht, deutlich genug auf ihre Schlüsselgewalt hinweist und also — wie es Voraussetzung für die Haftung nach § 179 BGB. überhaupt ist[12] — hinlänglich das Bestehen der Vertretungsmacht behauptet. Dennoch wird es häufig so liegen, daß die Frau nicht haftbar gemacht werden kann: denn der Dritte, der sich auf ein Geschäft mit einer Ehefrau einläßt und dem der Zuschnitt des Hauses der Eheleute erkennbar war, mußte die Überschreitung und also den Mangel der Vertretungsmacht der Frau kennen (vgl. BGB. § 179 Abs. 3)[13].

b) Im *französischen* Recht ist die Frage der Machtüberschreitung für die allgemeine Lehre des mandat zweifelhaft. Sicher ist nach art. 1998 C. c., daß der Mandant aus solchen Rechtshandlungen seines Mandatars unmittelbar berechtigt und verpflichtet wird, die dieser im Rahmen seiner Befugnisse vorgenommen hat[14]. Im Absatz 2 des art. 1998 heißt es aber weiter: „Il n'est tenu de ce qui a pu être fait au delà qu'autant qu'il l'a ratifié expressément ou tacitement". Diese Bestimmung legt die Annahme nahe, daß der Mandant verpflichtet wird, nicht wenn, sondern soweit der Mandatar die Grenzen seiner Macht innegehalten hat, und daß — die Teilbarkeit des Geschäfts selbstverständlich vorausgesetzt — nur die Wirksamkeit des darüber hinausgehenden Teiles von der Genehmigung des Mandanten abhängen soll. In der französischen

---

[12] Hupka (oben S. 83 Anm. 6), 91f., 178ff. und dazu — teilweise berichtigend — Th. Kipp: ZHR. 57, 220ff. (223); Oertmann: Bem. II, 1a zu § 179 u. a.

[13] Das einmal klar auszusprechen, schien mir nicht bedeutungslos. Denn Hinweise lediglich auf §§ 177ff. — wie z. B. bei (Staudinger-) Engelmann: Bem. 6 zu § 1357, aber auch noch die Bemerkung von (Planck-) Unzner (Bem. 7 zu § 1357: „Dem Dritten haftet die Frau bei Überschreiten ihrer Vertretungsmacht nach Maßgabe des § 179") — sind doch mindestens wenig deutlich.

Zu beachten ist übrigens, daß — über das im Text Gesagte hinausgehend — bei qualitativer Überschreitung regelmäßig § 179 Abs. 3 eingreifen wird.

[14] Das ist der wahre Gehalt dieser Bestimmung, der fälschlich und irreführend in die Form einer Verpflichtung des Mandanten gegenüber dem Mandatar gekleidet wird, obwohl es sich hier gar nicht um eine Frage des Innenverhältnisses handelt. Der Fehler folgt aus der bereits oben S. 25 gekennzeichneten zwitterhaften Gestalt des französischen mandat und ist historisch zu erklären; vgl. dazu Planiol: Traité élém. II, Nr. 2251.

Literatur scheint zwar art. 1998 im allgemeinen so verstanden zu werden, daß bei jeder Überschreitung der Vertretungsmacht der ganze Vertrag für den Mandanten unverbindlich ist[15]. Indessen, jedenfalls die Behandlung der Frage beim mandat domestique spricht eher für die hier angedeutete Auslegung des art. 1998[16]; durch sie allein sind, wie mir scheint, in vielen Fällen die für die Überschreitung der Befugnisse der Frau von Literatur und Rechtsprechung gegebenen Entscheidungen zu fundieren: Es wird eine in ihrer Abgrenzung allerdings nur schwer verständliche Unterscheidung zwischen „dépenses de pure fantaisie", „dépenses de pur luxe" einerseits und bloßen „dépenses excessives" gemacht. Nur bei den ersteren wird der Mann regelmäßig als überhaupt nicht haftbar angesehen und daher die gegen ihn gerichtete Klage völlig abgewiesen. Bei „dépenses excessives" dagegen nimmt die Praxis allgemein nur eine Reduzierung der Forderung vor: nur soweit nach freier Beurteilung und Berücksichtigung der besonderen Umstände des einzelnen Falles die Frau sich im Rahmen ihres mandat domestique gehalten hat, erfolgt Verurteilung des Mannes, im übrigen dagegen wird die Klage abgewiesen[17].

Inwieweit der Gläubiger wegen des Restbetrages, mit dem er gegen den Mann nicht durchgedrungen ist, Befriedigung erlangen kann, ist recht fraglich. Denn — über die für das deutsche Recht vertretene

[15] Vgl. LAURENT XXVII, Nr. 434 und XXVIII, Nr. 46, 64; GUILLOUARD: Du mandat, Nr. 194f.; AUBRY et RAU VI, § 415 — 2° (S. 182f.). Völlige Einigkeit besteht darüber, daß der Mandant in solchem Falle nicht erst auf Nichtigerklärung des Vertrages zu klagen braucht, sondern daß für ihn der Vertrag „inexistant", eine „res inter alios acta" ist, was der Mandant zu jeder Zeit und in jeder Form geltend machen kann; vgl. dazu die gleichen Zitate.

[16] Sie wird vertreten von DEMOGUE: Traité des obligations I (Paris 1923) Nr. 102. Aber DEMOGUE geht viel zu weit in dieser Richtung: So will er z. B. bei einer limitierten Einkaufsvollmacht das machtwidrig geschlossene Geschäft innerhalb der gesetzten Preisgrenze ohne weiteres wirksam sein lassen und verlangt dazu nicht einmal eine Einverständniserklärung des Dritten. Er ist sich wohl bewußt, „que c'est diviser l'opération", fragt sich aber: „pourquoi sacrifier des intérêts pratiques à la beauté d'une conception unitaire?" Die praktischen Interessen, auf die DEMOGUE seine These stützen will, werden aber von ihm nur ganz knapp und sicher verfehlt gewürdigt.

[17] Die Judikatur bietet zahllose Beispiele: vgl. namentlich Riom 21. 11. 1846, Sir. 1847. 2. 143; Trib. Seine 14. 3. 1889 (zwei Urteile), D. P. 1891. 2. 259, 260 („. . . attendu que les tribunaux peuvent, suivant le cas, réduire la créance des fournisseurs qui serait exagérée . . ."); Paris 5. 2. 1895, D. P. 1895. 2. 495; Paris 5. 3. 1895, Gaz. Pal. 1895. 1. 469 (hier heißt es geradezu im Urteilstenor: „La Cour. . . réduit de 11. 432 Fr. à 6000 Fr. le montant de la demande . . ."); Trib. Bruxelles 28. 6. 1924, Journal des Tribunaux 1924, 489; Montpellier 3. 11. 1925, D. P. 1927. 2. 16 u. a. m. Den gleichen Standpunkt vertritt die Literatur: vgl. LAURENT XXII, Nr. 108; GUILLOUARD II, Nr. 867, 868; AUBRY et RAU VIII, § 509, Nr. 4c (S. 123); BINET 77 (mit der

Ansicht hinaus- und in der Verallgemeinerung meines Erachtens zu weit gehend — wird schlechthin angenommen, daß die Frau nach dem Prinzip von art. 1997 C. c. nicht einfach wegen Überschreitung der Vertretungsmacht haftbar gemacht werden könne: die Frau, die als Ehefrau dem Dritten gegenüber aufgetreten sei, habe ihm damit hinreichende Kenntnis von dem Umfang ihrer Befugnisse gegeben, so daß der Dritte auf eigene Gefahr gehandelt habe und die Frau ihm für eine Überschreitung des mandat domestique nicht einzustehen brauche[18].

IV. Bedeutung des mandat domestique im Innenverhältnis.

§ 11.

Wenn die Fragen nach Gegenstand, Umfang, Wirkungen und Überschreitung der Befugnisse der Frau für das Außenverhältnis ausführlich untersucht worden sind, so rechtfertigt sich das ohne weiteres dadurch, daß auf dem Verhältnis zu Dritten wie bei der deutschen Schlüsselgewalt, so auch beim mandat domestique praktisch das Schwergewicht liegt, jene Fragen dort also ihre Hauptbedeutung haben. Das Innenverhältnis ist von erheblich geringerem Interesse. Eben deshalb sollen nicht auch an dieser Stelle alle erwähnten und sonstigen mit dem

---

Bemerkung: „... les annulations ou réductions de factures pour excès sont devenues monnaie courante dans la pratique de nos tribunaux"); Gouy 170 u. a.

Eine sichere Wertung dieser Auffassung, namentlich der Praxis, ist leider nicht möglich, da die Begründungen meist sehr knapp und die Tatbestände zu undeutlich sind. Soviel ist jedenfalls ersichtlich, daß es sich mehrfach (so z. B. in dem bereits zitierten Urteil Paris 5. 3. 1895) um Fälle von Geschäftshäufungen (oben S. 84) gehandelt hat, bei denen deshalb ohne nähere Angaben einfach eine Reduzierung der Klagesumme vorgenommen worden ist, weil das Urteil den Ausgangspunkt gewählt hat, der oben S. 84 Anm. 8, 9 für das deutsche Recht als verfehlt gekennzeichnet worden ist, und der mir auch vom Standpunkt des französischen Rechts unzutreffend erscheint.

[18] Das ist gemeine Meinung: vgl. Guillouard II, Nr. 873; de Loynes: Anm. in D. P. 1891. 2. 257; Binet 122; Gouy 171 u. a. — Anders, wenn die Frau ihre Eigenschaft als Ehefrau betrügerisch verschleiert haben sollte; dann haftet sie dem Dritten deliktisch: Aubry et Rau VIII, § 509, Nr. 4c (S. 123); Binet und Gouy: a. a. O.; vgl. auch Paris 30. 12. 1896, D. P. 1897. 2. 311.

Welche sonstigen Ansprüche — in Betracht kommen die „action oblique" gemäß art. 1166 C. c. und die „action de in rem verso", d. h. die Bereicherungsklage — dem Gläubiger gegen den Mann oder gegen die Frau zustehen, ist sehr unsicher und soll hier nicht weiter verfolgt werden; ausführlich darüber Binet 113ff.

Innenverhältnis zusammenhängenden Probleme erörtert werden. Wir werden uns vielmehr auf zwei im französischen Recht vornehmlich diskutierte Fragen beschränken.

I. Wird die Frau als Mandatarin ihres Mannes angesehen, so sind auf das Verhältnis zwischen ihr und dem Mann grundsätzlich alle Regeln des mandat anzuwenden. Allein, ebenso wie bei uns dieses Prinzip bei dem nach Analogie des Auftrags behandelten Geschäftsführungsrecht der Frau nicht rein durchgeführt wird[1], macht sich auch in Frankreich die Neigung geltend, der Eigenart dieses mandat Rechnung zu tragen und also Modifizierungen zuzulassen. In zwei Punkten wird solchen Abwandlungen das Wort geredet: bei der Frage der Haftung der Frau aus ihrer Geschäftsführung (II) und bei der Frage der Rechnungslegung (III).

II. Gemäß art. 1992 C. c. haftet der Mandatar nicht nur für Dolus, sondern er muß — von der noch zu besprechenden Besonderheit des art. 1992 Abs. 2 einstweilen abgesehen — grundsätzlich auch für alle bei Erfüllung seiner Verpflichtungen begangenen „fautes“ aufkommen; letzteres bedeutet: er muß einstehen für die Sorgfalt eines bonus paterfamilias oder, wie es in Frankreich in historischer Erinnerung gern heißt, für „faute légère in abstracto“[2]. Die Frau wird aber weder, wenn sie für ein bestimmtes Geschäft oder einen Kreis von Geschäften vom Mann ein ausdrückliches Mandat erhalten hat, noch vollends, wenn sie im Rahmen des mandat domestique handelt, als gewöhnliche Mandatarin angesehen.

Demgemäß wird von der wohl überwiegenden Meinung angenommen, daß die Frau nicht für Fahrlässigkeit, sondern lediglich für Dolus verantwortlich sei[3]. Dies soll aus art. 1990 C. c. zu entnehmen sein, wonach die Ehefrau, wenn sie von einem Dritten ein Mandat ohne Autorisierung durch ihren Mann angenommen hat, sich im Verhältnis zu dem Mandanten auf die aus dem Fehlen der autorisation folgende Nichtigkeit des Mandats berufen und sich damit der Verant-

---

[1] Z. B. wird § 668 BGB. (Verzinsungspflicht) als mit dem Wesen der Ehe in Widerspruch außer Betracht bleiben müssen: so meines Erachtens mit Recht MARTIN WOLFF: § 43 bei Anm. 8; (PLANCK-) UNZNER: Bem. 5 zu § 1357. Entgegengesetzt: WIERUSZOWSKI I, 44; HÖRLE: Bürg. A. 31, 134; (STAUDINGER-) ENGELMANN: Bem. 3aβ zu § 1357.

[2] In diesem Sinne wird die Haftung des Schuldners für (vertragliches) Verschulden zwar in art. 1137 C. c. nur für den dort behandelten Sonderfall geregelt. Aber es steht außer Zweifel, daß aus dieser Vorschrift das auch für alle anderen Fälle der Vertragshaftung geltende allgemeine Prinzip zu entnehmen ist: vgl. PLANIOL: Traité élém. II, Nr. 237; AUBRY et RAU IV, § 308 (S. 164) zu und in Anm. 28.

[3] So AUBRY et RAU VIII, § 509, Nr. 4c (S. 122); GOUY 175ff. (besonders 176, 180); (PLANIOL-RIPERT-) NAST VIII, Nr. 564 und dort S. 630 Anm. 1 Zitierte.

wortung für Fahrlässigkeit entschlagen kann[4]. Der entscheidende Grund für art. 1990 liegt in dem Mangel der ehemännlichen autorisation. Eben dieser Grund entfällt aber bei einem vom Manne selbst herrührenden Mandat der Frau, da man in diesem Falle annehmen muß, daß der Mann seine Frau mit Erteilung des Mandats zugleich zu dessen Annahme gehörig autorisiert hat, so daß auch ein voll wirksames Innenverhältnis zwischen dem Mandanten und der Mandatarin besteht[5].

Glaubt man dennoch, die Haftung der Frau auf Dolus beschränken zu dürfen, so bleiben zur Begründung nur Erwägungen wie etwa: der Mann als „chef" habe nicht nur das Recht, sondern vor allem auch die Pflicht, für alle ehelichen Angelegenheiten zu sorgen, so daß „imposer à la femme la responsabilité des fautes par elle commises dans l'accomplissement du mandat, ce serait dans bien des cas fournir au mari le moyen à peu près assuré de se décharger des obligations auxquelles il est tenu en sa qualité d'administrateur de la communauté"[6]; oder auch: die Frau verbleibe auch als Mandatarin des Mannes unter der eheherrlichen Gewalt und übe daher das Mandat unter der Kontrolle des Mannes aus, der die Pflicht habe, sie vor Begehung von Fehlern zu bewahren; wenn sie ihre Befugnisse mißbrauche oder Versehen dabei begehe, so dürfe der Mann sie dafür nicht verantwortlich machen, sondern es wäre seine Sache gewesen, das Mandat zu widerrufen[7].

Ob diese Erwägungen eine wirkliche Stütze für die These der herrschenden Meinung abgeben, darf immerhin bezweifelt werden. Und es ist mindestens begreiflich, wenn andere behaupten, daß für die Haftung auch der Frau als Mandatarin ihres Mannes die allgemeinen Regeln zur Anwendung kommen müßten[8]. Vom Standpunkt des deutschen Rechtsvergleichers wichtig und interessant ist, daß selbst auf dem Boden dieser Anschauung die Verantwortlichkeit der Frau gegenüber ihrem Mann bei Ausübung der Schlüsselgewalt nach französischem Recht nicht größer ist als die der deutschen Ehefrau zufolge der Sondervorschrift in § 1359 BGB. Denn an die Sorgfalt, die der Mandatar bei Ausführung des Mandats aufwenden muß, werden verschieden hohe Ansprüche gestellt, je nachdem, ob das Mandat unentgeltlich oder

---

[4] Darüber, daß im Falle des art. 1990 jedenfalls die Haftung wegen Dolus bestehen bleibt, vgl. PLANIOL: Traité élém. II, Nr. 2240; COLIN et CAPITANT II, 710.

[5] Vgl. oben S. 25 und BINET 110f.; BASSET 276.

[6] RODIÈRE et PONT II, Nr. 791; vgl. auch AUBRY et RAU VIII, § 509, Nr. 1c (S. 103).

[7] (PLANIOL-RIPERT-) NAST VIII, Nr. 564; GUILLOUARD II, Nr. 876.

[8] So namentlich LAURENT XXII, Nr. 102; ebenso BASSET 276f. (bei dem in einer kurzen Bemerkung m. E. nicht mit Unrecht der Zweifel durchleuchtet, ob eine so weitgehende Begünstigung der Frau, wie die herrschende Lehre sie gewährt, rechtspolitisch angemessen sei).

entgeltlich ist[9]. Sicher ist, daß das mandat domestique ein unentgeltliches Mandat ist. Für dieses bestimmt art. 1992 Abs. 2 C. c., daß die „responsabilité relative aux fautes est appliquée moins rigoureusement". Wie ist diese etwas dunkle und vage Vorschrift zu verstehen? Die meines Erachtens vorzuziehende Meinung sieht darin — in Analogie zu der den Depositar betreffenden Bestimmung in art. 1927 C. c. — einen Fall der Haftung nur für culpa in concreto enthalten[10]. Andere dagegen behaupten, auch der unentgeltlich handelnde Mandatar hafte für jede faute légère in abstracto, nur weise art. 1992 Abs. 2 den Richter an, bei der Entscheidung darüber, ob das zu beurteilende tatsächliche Verhalten des Mandatars eine faute darstelle, und bezüglich der Höhe des Schadenersatzes nachsichtiger zu sein[11]. Mit dieser Umschreibung des Gesetzestextes scheint mir nicht viel gewonnen zu sein. Jedenfalls aber dürfte sich praktisch kaum ein Unterschied zwischen beiden Auffassungen ergeben: denn selbst wenn der Richter nach dem letztgenannten Rezept verfährt, wird er wohl regelmäßig auf das hinauskommen, was die erstgenannte Lehre in art. 1992 Abs. 2 ausgedrückt findet[12].

III. Die gleiche Tendenz, für die Frau als Mandatarin ihres Mannes von den allgemeinen Regeln des Mandats abzuweichen, zeigt sich auch bei der Frage der Rechnungslegung (art. 1993 C. c.). Daß überhaupt bezüglich dieser Verpflichtung eine Sonderbehandlung der Frau am Platze ist, wird heute mit Recht in Literatur und Praxis nahezu ohne Widerspruch angenommen[13]. Soviel allerdings steht fest, daß die Frau auf Verlangen des Mannes jederzeit Auskunft über den Stand ihrer Geschäftsführung, insbesondere auch über die durch sie kontrahierten Schulden erteilen muß. Im übrigen aber besteht noch keine Einigkeit, in welchem Umfange die Frau vor sonstigen Mandataren bevorzugt

---

[9] Diese Scheidung beruht darauf, daß im Gegensatz zum römischen und zum geltenden deutschen Recht dem mandat des französischen Rechts (C. c. art. 1986) wie überhaupt der modernen romanischen Rechte Unentgeltlichkeit nicht begriffswesentlich ist.

[10] LAURENT XVI, Nr. 224 und XXVII, Nr. 475; BAUDRY-LACANTINERIE et BARDE: Des obligations I, Nr. 352; BELTJENS: Encyclop. du droit civil belge — Première partie: Code civil, Bd. III (3. Aufl. 1905), Anm. 2 zu art. 1137; wohl auch TROPLONG: Du mandat, Nr. 393. — Für den gleichlautenden art. 1746 Abs. 2 des *italienischen* C. c. ebenso: RICCI: Corso teorico-pratico di diritto civile IX (3. Aufl., Torino 1923), S. 138f.; App. Venezia 20. 7. 1923, Mon. Trib. 1924, 186.

[11] BAUDRY-LACANTINERIE et WAHL: Du mandat, Nr. 593; HUC XII, Nr. 37; AUBRY et RAU VI, § 413 Nr. 1 (S. 169); vgl. auch Cass. 21. 1. 1890, Sir. 1890. 1. 408.

[12] Das scheint auch die Ansicht von TROPLONG: Du mandat, Nr. 393 zu sein.

[13] Dagegen namentlich LAURENT XXII, Nr. 103 und XXVII, Nr. 500; BAUDRY-LACANTINERIE et WAHL: Du mandat, Nr. 670.

werden solle: Viele gehen so weit, die Pflicht zur Rechnungslegung gänzlich zu verneinen[14]; andere verlangen von der Frau wenigstens keine Rechnungslegung im technischen Sinn (vgl. Code de procédure civile art. 533, 536), kein „compte en règle", so daß also keine in alle Einzelheiten gehende Aufstellung erforderlich ist und vor allem auch keine Belege dafür nötig sind[15]. Begründet wird diese Ausnahme durch den Hinweis auf die Besonderheit des Verhältnisses zwischen Ehegatten, zwischen denen Achtung und Vertrauen herrschen soll, und vor allem darauf, daß die Geschäftsführung der Frau sich unter der autorité maritale, sozusagen unter der Leitung des Mannes und jedenfalls unter seinen Augen abgespielt habe.

Diesen Gedanken hat neuerdings ein Urteil der Cour d'Appel Rouen besonders klaren Ausdruck gegeben. Es meint zwar, die Frau sei wie jeder Mandatar zur Rechnungslegung verpflichtet, fährt dann aber fort: „que ...... pour la période écoulée pendant la vie commune et la présence du mari elle doit être présumée avoir géré le mandat sous l'autorité et la direction de celui-ci et lui avoir rendu compte de ses actes de gestion au fur et à mesure de leur accomplissement et .... se trouve par là affranchie de l'obligation d'en rendre ultérieurement un compte en forme ...."[16]. Mag man auch für fraglich halten, ob diese Erwägungen schlechthin für jedes der Frau erteilte gewöhnliche Mandat wirklich berechtigt sind — für das *mandat domestique*, in dessen Ausübung die Frau tagtäglich neue Geschäfte unter dauernder Kontrolle des Mannes schließt, liegen die Verhältnisse regelmäßig allerdings so, wie das Urteil sie schildert, und aus diesem Grunde wird man bezüglich der Haushaltgeschäfte die Frau wenigstens von der Verpflichtung zur Rechnungslegung in ihrer strengen Bedeutung befreien dürfen[17]. Genauer: Diese Befreiung tritt ein und dauert an, wenn und so lange als ihre Voraussetzung, die Möglichkeit ständiger Kontrolle durch den Mann, gegeben ist. Mit Recht macht die Entscheidung der Cour d'Appel Rouen diese Einschränkung, indem sie dem soeben wiedergegebenen Teil der Be-

---

[14] Z. B. AUBRY et RAU VIII, § 509 Nr. 4c (S. 122); (PLANIOL-RIPERT-) NAST VIII, Nr. 564; Orléans 20. 1. 1859, Sir. 1859. 2. 273; Trib. Vitry-le-François 22. 3. 1923, D. P. 1925. 2. 13.

[15] So u. a. GUILLOUARD II, Nr. 876; BAUDRY-LACANTINERIE, LE COURTOIS et SURVILLE I, Nr. 582*bis*; GOUY 185ff.; Bordeaux 14. 6. 1853. D. P. 1854. 2. 39. — Ausführliche Angaben über den ganzen Stand der Frage bei NAST: Anm. in D. P. 1925. 2. 13.

[16] Rouen 3. 5. 1924, D. H. 1924, 553. Zustimmend: DEMOGUE: Rev. trim. 1924, 1011; NAST: Anm. in D. P. 1925. 2. 13.

[17] In diesem Sinne: RODIÈRE et PONT II, Nr. 791; DUTRUC: Anm. in Sir. 1859. 2. 273; BINET 113; GOUY 185f.; vgl. auch oben Anm. 15. Aber keiner von diesen Autoren macht den Vorbehalt: „regelmäßig" und daher auch keiner die im Text folgende Einschränkung.

gründung hinzufügt: ,,il en doit être autrement lorsque ces présomptions sont, en fait, renversées et que le mari, contraint à l'éloignement, a dû lui laisser l'entière gestion des intérêts confiés et s'est trouvé empêché d'en exercer efficacement la surveillance .....''[18]. Demgemäß wurde in diesem Falle — ein während des Weltkrieges zur kämpfenden Truppe eingezogener Kaufmann hatte seiner Frau Generalvollmacht zur Führung des Geschäfts und aller seiner sonstigen Vermögensangelegenheiten erteilt — die Frau zur Rechnungslegung für verpflichtet erachtet. Diese Pflicht muß unter solchen Umständen — unter denen das mandat domestique bestehen bleibt[19] — auch bezüglich der Haushaltgeschäfte angenommen werden[20].

V. Beendigung des mandat domestique.

§ 12. Allgemeine Gründe.

Aus dem die allgemeinen Gründe für die Beendigung des mandat domestique betreffenden Fragenkomplex sollen hier nur zwei Punkte hervorgehoben werden:

I. Zunächst etwas Negatives: Es steht außer Zweifel, daß, wie die deutsche Schlüsselgewalt, so auch das mandat domestique nicht hinfällig wird durch vorübergehende — möglicherweise sogar Jahre dauernde — Abwesenheit des Mannes, sei es z. B., daß er im Gefängnis sitzt oder wegen schwerer Krankheit in einer Heilanstalt ist, sei es, daß er, etwa als Schiffsarzt, aus beruflichen Gründen längere Zeit von seiner Familie sich fernzuhalten genötigt ist. Für die Einstellung der französischen Literatur zu der Frage sind namentlich bezeichnend die Ausführungen bei Baudry-Lacantinerie, Le Courtois et Surville: ,,Quant à la non-présence du mari, ou à son éloignement momentané plus ou moins grand, loin d'être une preuve de l'absence ou de la révocation du mandat de la femme, c'en est au contraire une justification. Jamais, en effet, il n'a été plus utile ni mieux expliqué que dans cette hypo-

---

[18] Rouen 3. 5. 1924, D. H. 1924, 553. Zustimmend: (Planiol-Ripert-) Nast VIII, Nr. 564 a. E. und Nast: Anm. in D. P. 1925. 2. 13 sowie Rev. crit. 1925, 266.

[19] Darüber sogleich in § 12 I (S. 93f.).

[20] Die von der geschilderten französischen Judikatur herausgearbeiteten Gesichtspunkte scheinen mir auch für das *deutsche* Recht zutreffend: Gewiß wird die Pflicht der Frau zur Rechenschaftsablegung über ihre Schlüsselgewaltgeschäfte (vgl. § 666 BGB.) durch Rücksichten auf das Wesen der Ehe beeinflußt (dazu insbesondere Hörle: BürgA. 31, 134f.); aber ebenso sicher wird das Maß dieser Modifizierung sich erheblich mit nach solchen äußeren Umständen bestimmen, wie die französische Rechtsprechung sie im Auge hat.

thèse . . ."[1]. In den gleichen Gedankenreihen bewegt sich auch die Judikatur: so hat z. B. die Cour Bordeaux einmal ausgesprochen, das mandat tacite sei „d'autant plus admissible dans l'espèce que le mari était absent pour un voyage de long cours à l'époque . . ."[2]. Unter solchen Umständen, unter denen der häusliche Wirkungskreis der Frau erhalten bleibt, ist es nicht nur in der Tat begründet und besonders notwendig, das Fortbestehen der „Schlüsselgewalt" anzuerkennen — sondern mehr noch: es ist durchaus gerechtfertigt, wenn der Frau in derartigen Situationen von der deutschen wie von der französischen Auffassung sogar ein größeres Maß von Befugnissen zugestanden wird als unter normalen Verhältnissen[3].

II. Selbstverständlich enden mandat domestique und Schlüsselgewalt mit der Auflösung der Ehe. Das gilt also namentlich auch bei Tod des Mannes (vgl. C. c. art. 2003, BGB. § 168 Satz 1). Wenn also z. B. der Mann auf einer Forschungsreise durch das Innere Afrikas umgekommen ist, so müßten seine Erben von Kreditgeschäften, die die Frau nach des Mannes Tode abgeschlossen hat, unberührt bleiben. Allein, hier lassen das französische ebenso wie unser eigenes Recht Billigkeitserwägungen eingreifen:

1. Das *französische* Recht bestimmt in art. 2008 C. c. im Interesse des Mandatars, daß die von ihm in Unkenntnis des Todes des Mandanten (oder eines der sonstigen Gründe für die Beendigung des Mandats) vorgenommenen Akte „gültig" sein sollen, d. h. durch solche Handlungen werden der Dritte und der Mandant einander so verpflichtet und berechtigt, wie wenn das Mandat wirklich noch bestünde[4]. Unmittelbare Berechtigung und Verpflichtung im Verhältnis zwischen dem Mandanten und Dritten folgt aus den Handlungen des Ex-Mandatars zufolge art. 2009 C. c. auch bei Gutgläubigkeit der Dritten. Nach dem Wortlaut des art. 2009 soll das gelten „dans les cas ci-dessus". Damit wird also u. a. auch auf art. 2008 verwiesen, woraus geschlossen

---

[1] Baudry-Lacantinerie, Le Courtois et Surville I, Nr. 500. Sachlich ebenso z. B. Aubry et Rau VIII, § 509 bei Anm. 54 (S. 122f.); Guillouard II, Nr. 871; Binet 45f. u. a. m.

Vom *deutschen* Standpunkt vgl. z. B. Martin Wolff: § 43 V 2; (Planck-) Unzner: Bem. 8 zu § 1357; (Staudinger-) Engelmann: Bem. 2b zu § 1357; Dresden OLGE. 36, 196f.; KG. KGJ. 32, A. 39f.

[2] Bordeaux 29. 3. 1838, Sir. 1838. 2. 389. Vgl. auch das Urteil Cass. 17. 12. 1901, D. P. 1903. 1. 153, das das mandat tacite der Frau anerkannt hat in einem Fall, in dem der Mann „était retenu au loin par l'exercice de ses fonctions".

[3] Vgl. oben S. 67f., 69f. — Über die Frage des dauernden Getrenntlebens unter Aufhebung des ehelichen Hauswesens („séparation de fait") unten S. 99 Anm. 12 und S. 120.

[4] Vgl. dazu namentlich Cass. 26. 4. 1832, Sir. 1832. 1. 342; 5. 8. 1874, D. P. 1875. 1. 105.

werden müßte, daß für die Anwendbarkeit von art. 2009 kumulativ Gutgläubigkeit der Dritten und des Mandatars Voraussetzung sei. Diese Folgerung wird aber von niemandem gezogen: Nach einhelliger Ansicht ist art. 2009 schlecht gefaßt; man müsse ihn in Verbindung bringen mit art. 2005. Dort wird für den Fall des Widerrufs des Mandats bestimmt, daß die normalen Mandatswirkungen zugunsten gutgläubiger Dritter eintreten sollen, auch wenn der Mandatar um die durch Widerruf eingetretene Beendigung des Mandats wußte. Das gleiche soll auch für art. 2009 gelten: es komme lediglich darauf an, die Interessen der Dritten zu schützen; seien diese gutgläubig, dann sei es für die Wirkungen des Mandats im Außenverhältnis belanglos, ob der Mandatar seinerseits gut- oder bösgläubig war[5]. Hiernach ist also, damit die Wirkungen eintreten, die aus einem noch bestehenden Mandat folgen würden, lediglich alternativ Gutgläubigkeit des Mandatars oder des Dritten erforderlich[6]. Wenn also etwa in dem Beispielsfall die Frau bei Vornahme des Geschäfts von dem Tode ihres Mannes gewußt haben sollte, während der Dritte gutgläubig war, so würden die Erben aus dem Geschäft so berechtigt und verpflichtet, wie wenn das mandat domestique noch bestünde, und wegen der Bezahlung würde der Dritte sich (lediglich) an die Erben halten können.

2. Betrachten wir nun das gegebene Beispiel vom Standpunkt des *deutschen* Rechts aus, so ist jedenfalls soviel anerkannt, daß hier eine entsprechende Anwendung der §§ 674, 169 BGB. am Platze ist[7]. Aus § 169 geht aber mit aller Deutlichkeit hervor, daß Redlichkeit des Dritten bezüglich des Erlöschens der Vollmacht nur insoweit von Bedeutung ist, als die erloschene Vollmacht des Beauftragten nach Maßgabe des § 674 als fortbestehend gilt. Da nun letzteres nicht mehr der Fall ist, wenn der Beauftragte von dem — nicht durch Widerruf bewirkten — Erlöschen seines Auftrags Kenntnis hat oder haben muß, so ergibt sich, daß im Sinne von § 169 trotz Erlöschens der Vollmacht die normalen Vollmachtswirkungen nur dann eintreten, wenn kumulativ der Beauftragte und der Dritte redlich sind. In dem Beispielsfall würde also zwar der redliche Dritte dann Bezahlung von den Erben des Mannes

[5] Das ist gemeine Meinung. Vgl. dazu — wie auch zu den vorangegangenen Ausführungen über art. 2008 — AUBRY et RAU VI, § 416 — 6° (S. 189); LAURENT XXVIII, Nr. 110ff., 115; GUILLOUARD: Du mandat, Nr. 211f.; PLANIOL: Traité élém. II, Nr. 2264. Vorbehalten bleibt natürlich gegen den bösgläubigen Mandatar Regreß im Innenverhältnis: vgl. C. c. art. 2005 a. E. und die hier Zitierten.

[6] So ausdrücklich DEMOGUE: Traité des obligations I (Paris 1923), Nr. 112; das gleiche ergibt sich deutlich auch aus den Ausführungen von BAUDRY-LACANTINERIE et WAHL: Du mandat, Nr. 868, 871 ter.

[7] So z. B. MARTIN WOLFF: § 43 V 1; WIERUSZOWSKI I, S. 43 Anm. 23 und S. 45 Anm. 29; GOLDMANN-LILIENTHAL: BGB. III, S. 65 Anm. 25; (STAUDINGER-) ENGELMANN: Bem. 3aβ zu § 1357 u. a.

verlangen können, wenn auch der Frau bei Abschluß des Geschäfts der Tod des Mannes weder bekannt war noch bekannt sein mußte. Dagegen wäre der Anspruch des redlichen Dritten gegen die Erben ausgeschlossen, wenn die Frau bei Vornahme des Geschäfts unredlich war.

Das ist die Entscheidung des Falles, wie sie gemeinhin gegeben wird. Sie scheint mir indessen nicht zutreffend. Auszugehen ist allerdings davon, daß überhaupt die Schlüsselgewalt, obwohl ein Fall gesetzlicher Vertretungsmacht, dennoch wegen ihrer Eigenart als einer auf ein Rechtsgeschäft (die Eheschließung) zurückgehenden gesetzlichen Vertretungsmacht soweit wie angängig den für die Vollmacht geltenden Grundsätzen entsprechend zu unterwerfen ist[8]. Insofern, als die grundsätzliche Frage nach dem „Ob" der Analogie in dem hier zur Erörterung stehenden Falle ja auch von der herrschenden Lehre bejaht wird, ist also gegen sie nichts einzuwenden. Erhebliche Bedenken dagegen betreffen das „Wie" der Analogie. Verfehlt nämlich scheint mir zu sein, daß lediglich auf die für die stille, interne Vollmacht angemessenen und auf sie zugeschnittenen Regeln zurückgegriffen wird. Damit wird das der Situation Wesentliche, das bei jeder Analogie zunächst einmal klargestellt werden muß, verkannt. Der aufzusuchende Kernpunkt dürfte vielmehr in folgendem liegen: Dadurch, daß die Frau in Haushaltangelegenheiten ständig mit Wissen des Mannes als Ehefrau in Geschäftsverkehr mit Dritten getreten ist, ist die in der Schlüsselgewalt steckende Vertretungsmacht an die Öffentlichkeit getragen und der Allgemeinheit kundgegeben. Hieraus ergibt sich ohne weiteres die meines Erachtens richtige Auffassung: die Schlüsselgewalt muß im Außenverhältnis grundsätzlich wie eine offene, externe Vollmacht behandelt werden[9]. Ohne dessen wohl recht inne geworden zu sein und daher auch ohne im übrigen die Konsequenzen daraus zu ziehen, folgt auch die herrschende Lehre wenigstens in einem Punkte dieser Ansicht, nämlich bei Bestimmung des äußeren Umfangs der Frauenbefugnisse: Wenn hierfür die nach außen in Erscheinung tretende Lebenshaltung der Ehegatten entscheidend sein soll, so läßt sich dies jedenfalls zwanglos und folgerichtig nur von unserem Standpunkt aus begründen; Begren-

[8] Aus dem Satz des Textes rechtfertigt sich z. B. für den Fall von Weisungen durch den Mann analoge Anwendung von § 166 Abs. 2 BGB., obwohl diese Vorschrift die Fälle gesetzlicher Vertretungsmacht schlechthin auszuschließen scheint. Für die Analogie z. B. auch: Wieruszowski I, S. 46 Anm. 36.

[9] Das ist bisher, soviel ich sehe, nicht beachtet worden. Mindestens aber muß wohl angenommen werden, daß die gemeine Meinung stillschweigend dagegen ist. Als ausdrücklich dem Text entgegengesetzter Ansicht kann allenfalls Wieruszowski I, S. 45 Anm. 29 angeführt werden, wo es heißt: „Die §§ 167, 168, 170—180 sind von der Anwendung auf die Vertretungsmacht der Schl. Gew. ausgeschlossen."

zung der Vertretungsmacht der Hausfrau nach äußeren, jedem Dritten erkennbaren Merkmalen ist selbstverständlich, wenn die Haushaltbefugnisse im Außenverhältnis etwas der öffentlich kundgegebenen Vollmacht Entsprechendes sind — denn gerade das ist charakteristisch für jede offene Vollmacht, daß über ihren Umfang die nach außen gerichtete Erklärung des Vollmachtgebers entscheidet und daß sie (nur) vom Standpunkt des Dritten nach Maßgabe des für ihn Erkennbaren auszulegen ist[10]. Die Frage nach dem Umfang der Vertretungsmacht der Frau kann also ohne innere Widersprüche gar nicht anders gelöst werden, als es in der deutschen Literatur und Rechtsprechung allgemein geschieht. Höchst sinnwidrig aber ist es, die Anschauung, die zu dieser Entscheidung führt, gerade nur für diese Sonderfrage und sonst nicht zu verwerten. Vielmehr muß für alle die in der Schlüsselgewalt steckende Vertretungsmacht der Frau angehenden Fragen Gleich-

[10] Hierin liegt auch der Schlüssel zur richtigen Behandlung der bereits kurz (oben S. 81f., vgl. auch S. 82 Anm. 5) erörterten Frage der Bestellungen bei mehreren Lieferanten. Auf die Erkennbarkeit der Bedarfsdeckung kommt es nicht deshalb an, weil von seiten der Frau ein Mißbrauch der Vertretungsmacht vorläge, der eben wegen seiner Erkennbarkeit nach den bekannten Grundsätzen des Reichsgerichts (vgl. insbesondere RGE. 52, 99; 71, 221f; 75, 301) zu behandeln wäre. Die Dinge liegen vielmehr so: Bei der offenen Vollmacht, für die grundsätzlich das im Text Gesagte gilt, sind — neben hier nicht interessierenden, für den Dritten unbeachtlichen bloßen internen Weisungen an den Bevollmächtigten — wirkliche Vollmachtsbeschränkungen möglich, die der Dritte u. U. gegen sich gelten lassen muß, nämlich analog § 173 dann, wenn sie ihm erkennbar waren (vgl. hierzu namentlich HUPKA: Die Vollmacht [Leipzig 1900], 215ff., bes. 225ff.; HUPKA: Die Haftung des Vertreters ohne Vertretungsmacht [Leipzig 1903], 145ff., bes. 146 Anm. 1; (PLANCK-) FLAD: Bem. 7a zu § 167; v. TUHR: Allg. Teil II 2, 399f.). Auf die u. E. grundsätzlich der externen Vollmacht gleichzustellende Schlüsselgewalt-Vertretungsmacht entsprechend übertragen bedeutet das: Nach dem Zuschnitt des Hauses mag z. B. die „offene Vollmacht" einer mit einem vermögenden Manne verheirateten Frau dahin zu verstehen sein, daß sie befugt sei, innerhalb eines bestimmten Zeitraums Mäntel für 1000 Mark zu kaufen. Nach dieser allgemein gehaltenen, der Öffentlichkeit bekanntgegebenen Vollmacht kann im Prinzip jedermann (also auch mehrere gleichzeitig oder innerhalb des fraglichen Zeitraums nacheinander) der Frau Mäntel zu dem erwähnten Betrage liefern mit der Folge, daß der Ehemann dafür haftet. Es ist aber nach Lage der Sache selbstverständlich, daß für die Frau die Vollmacht auf nur einmaligen Verbrauch der Summe von 1000 Mark für die erwähnten Zwecke in dem maßgebenden Zeitraum beschränkt ist. Nur dem (aber auch jedem) gegenüber, der unter Berücksichtigung einer in mäßigen Grenzen zu haltenden Erkundigungspflicht (oben S. 82) erkennen konnte, daß die eben erwähnten, der Macht der Frau gesetzten Schranken erreicht seien, ist diese Vollmachtsbeschränkung wirksam. Ihm gegenüber erscheint das beschränkungswidrige Handeln der Frau als Machtüberschreitung, aus der allerdings, eben weil dem Dritten erkennbar, die Frau gemäß § 179 Abs. 3 dem Dritten niemals haftbar werden kann.

stellung dieser Vertretungsmacht mit der externen Vollmacht als leitendes Prinzip anerkannt werden.

Die Durchführung dieses auf einer Analogie beruhenden Grundsatzes ist natürlich nicht ausnahmslos, sondern namentlich nur mit den Modifikationen möglich, die durch etwaige besondere gesetzliche Vorschriften geboten werden. Bezüglich des in unserem gegenwärtigen Zusammenhange interessierenden Vertrauensschutzes, den Dritte bei Beendigung der Schlüsselgewalt genießen, wird solche Abwandlung durch BGB. § 1357 Abs. 2 Satz 3 gefordert: Hier schützt das Gesetz Dritte gegen die Zerstörung der in der Schlüsselgewalt enthaltenen Vertretungsmacht durch private Willenserklärung des Mannes in höherem Maße als nach allgemeiner Regel (§ 173), indem es den Schutz des Dritten erst bei positiver Kenntnis von der Beendigung dieser Vertretungsmacht entfallen läßt. Die Bedeutung dieser für die Schlüsselgewalt gegebenen Sondernorm dürfte aber nicht über den von ihr ausdrücklich geregelten Fall hinausreichen: Denn sie beruht mit Rücksicht auf die Eigenart der Schlüsselgewalt-Vertretungsmacht zum Teil vielleicht auf der Erwägung, daß Dritte bei währender Ehe grundsätzlich auf das Bestehen dieser Vertretungsmacht als der normalen gesetzlichen Ehewirkung sich verlassen dürfen; vor allem aber offenbart sich in der besonderen Bestimmung des § 1357 Abs. 2 Satz 3 wohl der Gedanke, daß der Mann, da die Ausschließung der Schlüsselgewalt eine der Eintragung ins Güterrechtsregister fähige Tatsache ist, sich die Folgen einer Unterlassung solcher Eintragung lediglich selbst zuzuschreiben hat, und daß darum Dritten der Schutz erst dann versagt werden darf, wenn sie diese Art der Beendigung der Schlüsselgewalt wirklich gekannt haben. Wenn dagegen die Schlüsselgewalt durch Tod des Mannes oder in sonstiger Weise ihr Ende findet, dann treffen die eben angestellten Erwägungen nicht zu: Vielleicht darf man sagen, daß mit der Beendigung der Schlüsselgewalt durch Tod des Mannes oder aus einem der übrigen allgemeinen Gründe jedermann jederzeit in höherem Maße rechnen müsse als mit der Ausschließung durch den Mann; vor allem aber sind weder der Tod des Mannes noch die sonstigen Gründe für die Beendigung der Schlüsselgewalt eintragungsfähig. Daher ist es für diese Fälle angemessen, den Schutz des Dritten entsprechend dem allgemeinen Grundsatze (§ 173) entfallen zu lassen, wenn er von der Beendigung der Schlüsselgewalt, insbesondere von dem Tode des Mannes hätte Kenntnis haben müssen. Hiernach kommt es also in dem Beispielsfalle (oben S. 94) auf die Redlichkeit oder Unredlichkeit der Frau bezüglich des Todes ihres Mannes für das Außenverhältnis nicht an[11];

[11] Selbstverständlich ist die unredliche Frau mangels Geschäftsführungsbefugnis — genau so wie nach französischem Recht (oben S. 95 Anm. 5) — im Innenverhältnis dem Erben ersatzpflichtig.

entscheidend ist lediglich, ob der Dritte von dem Tode des Mannes wußte oder hätte wissen müssen. War der Dritte in dem eben gedachten Sinne redlich, so hat er einen Anspruch auf Bezahlung (nur) gegen die Erben des Ehemannes[12].

§ 13. Widerruf des mandat domestique.

Die Ausübung der der Frau im Interesse des Haushalts verliehenen Befugnisse, zumal diese bei uns wie in vielen anderen Rechten im Verhältnis zu Dritten weiter reichen, als den wirklichen Vermögensverhältnissen der Ehegatten entspricht[1], kann für den Mann schwere Gefahren mit sich bringen: Das leuchtet ohne weiteres ein, wenn der Mann allein aus den von der Frau im Rahmen ihrer Vertretungsmacht geschlossenen Geschäften verpflichtet wird[2]. Eine erhebliche Gefährdung des Mannes

---

[12] Aus den Darlegungen des Textes ergibt sich für das *deutsche* Recht ohne weiteres eine wichtige Folgerung für den Fall dauernder Trennung der Ehegatten (im Gegensatz zu den oben S. 93f. erörterten Situationen). Zu dieser Frage, die hier nicht im einzelnen untersucht werden soll, nur so viel: Dafür, ob dauernde Trennung die Schlüsselgewalt beendet, wird darauf zu sehen sein, ob man von einer Aufhebung des ehelichen Hauswesens sprechen kann, und dies hängt davon ab, wie weit nach dem Grunde, auf dem die Trennung beruht, und nach den sonstigen Umständen des Falles noch ein „häuslicher Wirkungskreis" der Frau anerkannt werden kann; so im wesentlichen auch die wohl überwiegende Meinung: vgl. etwa MARTIN WOLFF: § 43 V 2; (STAUDINGER-) ENGELMANN: Bem. 2b zu § 1357; (PLANCK-) UNZNER: Bem. 8 zu § 1357; KG. KGJ. 32, A. 38ff.; Braunschweig OLGE. 43, 351; München OLGE. 43, 352 u. a. Die herrschende Lehre geht jedoch insofern fehl, als sie einen Schutz redlicher Dritter ablehnt (so z. B. ausdrücklich MARTIN WOLFF, ENGELMANN, UNZNER: a. a. O.). Von unserem Standpunkt (oben S. 96ff.) ist selbstverständlich, daß der Dritte Vertrauensschutz genießt: Wenn also nach Maßgabe des hier Gesagten die Schlüsselgewalt infolge Getrenntlebens entfallen ist, so gilt dies Dritten gegenüber doch erst dann, wenn sie von diesem Beendigungsgrunde Kenntnis hatten oder zum mindesten haben mußten. Hiernach ist bei JOERGES: Die eheliche Lebensgemeinschaft (Halle a. S. 1912), 118ff. und in dem Urteil des Landgerichts Düsseldorf DJurZ. 1905, 272 wenigstens die Tendenz, auf redliche Dritte Rücksicht zu nehmen, vollkommen richtig; aber aus den oben im Text angegebenen Gründen ist der Dritte — entgegen JOERGES und dem LG. Düsseldorf — nicht erst bei positiver Kenntnis, sondern schon bei Kennenmüssen nicht mehr geschützt.

Für die gleiche Frage nach *französischem* Recht, auf deren ausführliche Erörterung ebenfalls verzichtet werden soll, ist noch in anderem Zusammenhange (unten S. 120) ein kurzer Hinweis zu geben.

[1] Dazu oben S. 71ff.

[2] Daß das rechtspolitisch verfehlt ist und in vielen Fällen zu recht unbefriedigenden Ergebnissen führt, ist sattsam bekannt. Ich beabsichtige nicht, den zahllosen, für das *deutsche* Recht darüber geführten Klagen hier eine neue hinzuzufügen, zumal sich *de lege lata* leider nur in sehr bescheide-

kann aber auch eintreten, wenn der Mann etwa aus Haushaltgeschäften nur prinzipaliter und die Frau wenigstens subsidiär haftet[3]; endlich selbst dann, wenn außer dem Manne auch die Frau unbedingt persönlich verhaftet wird[4]. Nach diesen Erwägungen ist es gewiß angemessen, wenn dem Mann die Möglichkeit gegeben wird, das Vertretungsrecht der Frau zu beschränken oder auch ganz auszuschließen. Auf welche Weise das nach französischem Recht und anderen romanischen Rechten erreicht werden kann, wird noch darzulegen sein. Zuvor soll noch ein Blick auf unser eigenes Recht geworfen werden, und zwar nur auf einen Teil der Frage, dessen Behandlung in Verbindung mit einigen im Zusammenhange damit stehenden allgemeinen Problemen mir vorzugsweise lohnend schien.

I. Im *deutschen* Recht läßt der Text des § 1357 BGB. offen, in welcher Weise der Mann die Befugnis zur Ausschließung oder Beschränkung der Schlüsselgewalt auszuüben hat. Zwar steht außer Zweifel, daß eine formlose Erklärung des Mannes genügt. Allein, es bleibt dann noch die Frage, wem gegenüber der Mann seine Erklärung abzugeben hat: ob also der Mann die Entziehung der Schlüsselgewalt wirksam nur der Frau gegenüber erklären kann, oder ob auch eine Erklärung gegenüber dem Dritten genügt, mit dem die Frau in Geschäftsverkehr treten will. Die praktische Bedeutung der Frage mag folgender Fall zeigen, wie er ähnlich unlängst ein Berliner Gericht beschäftigt hat: Frau A. hatte wiederholt Krediteinkäufe in dem sehr feinen und teuren Modesalon B. gemacht, die ihr Mann für zu luxuriös hielt. Der Ehemann A. erklärte daher, ohne Wissen seiner Frau, dem Inhaber der Firma B. eines Tages bei Bezahlung der inzwischen aufgelaufenen Rechnungen, daß er in Zukunft für Bestellungen seiner Frau nicht mehr aufkomme. Bald danach machte Frau A. bei der Firma B. wiederum eine Bestellung, ohne daß ihr in dem Geschäft etwas von dem Vorgehen ihres Mannes gesagt wurde; die Kleider wurden geliefert und von der

---

nem Maße Abhilfe schaffen läßt: Einige Möglichkeiten bei MARTIN WOLFF: § 43 Anm. 3 und 15 (dort auch die umfangreiche Spezialliteratur zu der Frage); vgl. ferner RABEL: Rhein. Z. 10 (1919), 112ff., der (S. 117) die bekannte Lösung von KOHLER (Lehrbuch III. 1, 73f.: generell subsidiäre Haftung der Frau) für das BGB. meines Erachtens mit Recht ablehnt. — Der eigene Standpunkt *de lege ferenda* ist oben S. 20 Anm. 36 kurz angedeutet.

[3] Diese (im Vergleich zur deutschen schon erheblich bessere) Regelung gilt in der *Schweiz*. Für den ordentlichen gesetzlichen Güterstand der „Güterverbindung" ergibt sie sich aus ZGB. Artt. 163 Abs. 3, 207 Abs. 2; für die übrigen Güterstände folgt das Entsprechende aus ZGB. Art. 163 Abs. 2 in Verbindung mit Artt. 220 Abs. 2 und 243 Abs. 2.

[4] So namentlich die oben S. 20 Anm. 36 zitierten Gesetze *Schwedens*, *Dänemarks* und *Norwegens*, sowie der oben S. 19f. kurz wiedergegebene *niederländische* Entwurf von 1927. Vgl. dazu noch unten S. 117f.

Frau getragen, Bezahlung war aber weder von Frau A. noch von ihrem Mann zu erlangen. Darauf klagte die Firma B. gegen Frau A. auf Bezahlung, indem sie sich auf die obenerwähnte Erklärung des Mannes berief, die sie unter Beweis stellte. Die Beklagte beantragte unter Berufung auf § 1357 Abweisung. Sie bestritt, daß ihr Mann der Klägerin die behauptete Erklärung abgegeben habe; selbst wenn das aber der Fall gewesen sein sollte, so wäre es unerheblich, da der Mann ihr, der Beklagten, nichts gesagt habe, dies aber zur Ausschließung der Schlüsselgewalt unbedingt erforderlich gewesen wäre. Muß das Gericht den von der Klägerin angebotenen Beweis erheben oder darf es darüber hinweggehen? Die Entscheidung hängt, wie ersichtlich, lediglich von der Stellungnahme zu der oben formulierten Frage ab.

1. Eine verbreitete Meinung geht dahin, daß zur Entziehung[5] der Schlüsselgewalt eine Erklärung des Mannes an die Frau notwendig sei[6]. Diese Ansicht, für die in der Literatur eine Begründung fehlt, beherrscht vor allem die Praxis des Kammergerichts, das diesen Standpunkt erstmalig eingehend begründet hat[7]. Das Kammergericht geht davon aus, daß die Schlüsselgewalt nach dem BGB. eine gesetzliche Vertretungsmacht der Frau sei. Es zeigt, daß die naheliegende Analogie zu anderen Fällen gesetzlicher Vertretung, etwa der des Vaters oder des Vormundes, für die Frage der Beendigung der Schlüsselgewalt nichts hergibt, „da in den gedachten Fällen eine Ausschließung der Vertretungsmacht durch private Willenserklärung nicht vorkommt“. Eine Heranziehung der §§ 168 Satz 3, 171 Abs. 2 BGB. lehnt das Kammergericht als zu bedenklich ab, weil beide Vorschriften eine Willenserklärung, auf der die Vertretungsmacht beruhe, und Vorschriften über die Form und Wirksamkeit dieser Erklärung voraussetzten, an denen es für die auf dem Gesetz beruhende Schlüsselgewalt fehle. Die Frage, wie die Schlüsselgewalt ausgeschlossen werde, lasse sich mangels anderer Vorschriften also nur aus dem Wesen der Ehe und der ehelichen Gemeinschaft beantworten. Danach sei allein sachgemäß die Annahme, daß die Ausschließung durch Erklärung des Mannes gegenüber der Frau erfolge. „Jede andere Art der Ausschließung, etwa durch Erklärung gegenüber einem Dritten oder durch öffentliche Bekanntmachung würde

[5] Nur von dieser wird der Einfachheit halber im folgenden gesprochen werden, da für die Beschränkung selbstverständlich das gleiche gilt.

[6] So: Crome: System IV (1908), 236 Anm. 16; Endemann: Lehrbuch II 2 (8./9. Aufl. 1908), 317; Neumann: Handausg. d. BGB. II (5. Aufl. 1909), Bem. II 1a zu § 1357; Goldmann-Lilienthal III, 68 Anm. 32; Siméon-David: Recht und Rechtsgang im Deutschen Reich I 2 (12./13. Aufl. 1924), 315; Hörle: Bürg. A. 31, 141.

[7] KGJ. 32, A. 34ff. Diese Auffassung hat das Gericht auch später beibehalten, vgl. KGJ. 45, A. 195. Gleicher Ansicht wohl auch Dresden OLGE. 25, 412f. Dahingestellt gelassen von Rostock OLGE. 26, 260f.

gegen den Grundsatz des § 1353 BGB. verstoßen, daß die Eheleute einander zur ehelichen Lebensgemeinschaft verpflichtet sind, aus dem auch folgt, daß sie derart in das gemeinschaftliche Verhältnis einschneidende Maßregeln wie die Ausschließung der Schlüsselgewalt in erster Linie miteinander zu verhandeln haben, ehe sie sie in die Außenwelt tragen."

2. Diese vom Kammergericht für seine Ansicht geltend gemachten Gründe scheinen mir nicht durchschlagend. Ich glaube vielmehr, daß — mit einer gewissen, noch näher darzulegenden Einschränkung — die Gegenmeinung im Recht ist, die für die Ausschließung der Schlüsselgewalt auch eine an den Dritten gerichtete Erklärung des Mannes genügen läßt[8,9]. Der entscheidende Grund ergibt sich sofort, wenn man sich nur die beiden in der Schlüsselgewalt enthaltenen, voneinander grundverschiedenen Elemente klar vor Augen hält: das Innenverhältnis zwischen der Frau und dem Mann, das die Frau zur Geschäftsführung befugt, andererseits die Stellung der Frau nach außen, d. h. ihre Vertretungsmacht. Die Schlüsselgewalt als Ganzes — und damit auch die beiden sie ausmachenden Elemente — beruht allerdings unmittelbar auf dem Gesetz. Aber eben weil dieses Ganze aus nur lose zusammengefügten heterogenen Teilen besteht, erfordert jeder dieser Teile die seinem Wesen entsprechende gesonderte Behandlung und hindert nichts, daß unter Umständen jeder Teil sein eigenes rechtliches Schicksal hat[10]. So zweifelt heute niemand daran, daß das der Frau gesetzlich verliehene Geschäftsführungsrecht entsprechend dem ihm wesensähnlichen rechtsgeschäftlichen Gebilde des Auftrags zu beurteilen ist[11].

---

[8] So namentlich: (STAUDINGER-) ENGELMANN: Bem. 5bα zu § 1357; (PLANCK-) UNZNER: Bem. 10 zu § 1357; WARNEYER: Bem. II zu § 1357; SOERGEL: zu § 1357; STRÜBE: ZBlFG. 6, 168; wohl auch MARTIN WOLFF: § 43 zu u. in Anm. 20. Gegen das KG. auch JOSEF: Recht 1908, 441f.

[9] Bei den folgenden Untersuchungen handelt es sich um eine an den Dritten gerichtete Einzelerklärung. Die Frage der öffentlichen Bekanntmachungen wird noch (unten S. 111ff.) besonders erörtert werden.

[10] Das gilt z. B. für den Umfang der Befugnisse der Frau: Ihr Geschäftsführungsrecht ist begrenzt durch die Vermögensverhältnisse des Mannes, so wie sie ihr bekannt waren oder bei Aufwendung der diligentia quam suis (§ 1359) doch hätten bekannt sein sollen — für den Umfang der Vertretungsmacht dagegen entscheidet die scheinbare Vermögenslage des Mannes, so wie sie sich nach seinem ganzen Auftreten und seiner Lebenshaltung Dritten darstellen muß; daher braucht nicht notwendig die Schlüsselgewalt als Ganzes überschritten zu sein, sondern sind zahlreiche Fälle denkbar, in denen die Frau zwar die Vertretungsmacht innegehalten hat, aber über das Geschäftsführungsrecht hinausgegangen ist. Hierüber ist freilich häufig die wünschenswerte Schärfe zu vermissen; besonders klar: WIERUSZOWSKI I, 40f.; MARTIN WOLFF: § 43 bei Anm. 7 und Text hinter Anm. 12.

[11] Natürlich nur mit Modifikationen; darüber schon oben S. 89 Anm. 1 und S. 93 Anm. 20.

Scharf davon zu trennen ist das im gegenwärtigen Zusammenhange allein interessierende andere Element der Schlüsselgewalt: Schon an früherer Stelle ist dargelegt, daß die in der Schlüsselgewalt steckende, zwar unmittelbar aus dem Gesetz, aber doch mittelbar aus dem Rechtsgeschäft der Eheschließung folgende Vertretungsmacht eben wegen dieser ihrer Eigenart grundsätzlich analog der rechtsgeschäftlich begründeten Vertretungsmacht, d. h. der Vollmacht zu behandeln, und zwar nach Lage der Sache der offenen Vollmacht gleichzusetzen ist[12]. Die externe Vollmacht kann aber, wie § 173 zeigt, auch in anderer Weise als durch eine entsprechende externe Widerrufserklärung (vgl. § 171 Abs. 2) erlöschen, also z. B. auch durch besondere Widerrufserklärung gegenüber einem Dritten, wobei natürlich die Wirkung des Widerrufs auf diesen Dritten beschränkt bleibt[13]. Damit muß man für die Entziehung der in der Schlüsselgewalt enthaltenen Vertretungsmacht zu einer entsprechenden Anwendung des § 168 Satz 3 gelangen[14].

a) Die Bedenken, die das Kammergericht gegen die Verwertung dieser Vorschrift in erster Linie erhebt, beruhen letzten Endes, wenn nicht auf dem Übersehen der Möglichkeit einer Analogie, so doch auf einer Verkennung des Wesens der Analogie. Von direkter Anwendung der Bestimmungen über den Widerruf einer Vollmacht kann natürlich keine Rede sein. Die vom Kammergericht zu den §§ 168 Satz 3, 171 Abs. 2 angestellten Erwägungen sind aber jedenfalls nicht geeignet, den hier verfochtenen Analogieschluß abzuschneiden: Für ihn kann die Frage, wie die zu zerstörende Vertretungsmacht zustande gekommen ist, als unwesentlich außer Betracht bleiben; wäre dem nicht so, müßte man also Gleichheit in der Begründung der Vertreterstellung verlangen — wo bliebe dann die Analogie? Das Schwergewicht in § 168 Satz 3 liegt darin, wie der Vertretene sich gegen die aus der Vertretung unter Umständen erwachsenden Gefahren wirksam schützen kann. Entscheidend für die Zulässigkeit der Analogie ist daher, daß diese Frage

---

[12] Vgl. oben S. 96ff.

[13] Dazu ENNECCERUS: Allg. Teil (11. Bearb. 1926), § 174 Anm. 6; (STAUDINGER-) RIEZLER: Bem. 6a zu §§ 171, 172; KIPP zu WINDSCHEID I (9. Aufl. 1906), 363 u. a.

[14] Als einziger von den S. 102 Anm. 8 Zitierten begründet UNZNER seine Meinung: ebenfalls mit einem — kurzen und überdies unsicheren — Hinweis auf § 168 Satz 3. Übrigens hat schon WIERUSZOWSKI I, 48 ausgeführt, soweit Entziehung oder Beschränkung der in der Schlüsselgewalt enthaltenen Vertretungsmacht in Frage stehe, könne der Widerruf nach § 168 Satz 3 auch dem Dritten gegenüber erklärt werden; diese Bemerkung verliert freilich dadurch an Wert, daß im Widerspruch dazu kurz zuvor (S. 45 zu und in Anm. 29) ausdrücklich betont wird, die Vertretungsmacht unterstehe den §§ 164—166 und 181, die §§ 167, 168, 170—180 seien von der Anwendung auf die Schlüsselgewalt ausgeschlossen.

bei der Vertretungsmacht der Ehefrau in den Grundzügen gleich gelagert ist.

b) Bleiben noch die aus dem Wesen der Ehe und der ehelichen Gemeinschaft gegen die hier vertretene Lösung hergeleiteten Bedenken auszuräumen. Hierbei ist vor allem festzustellen, daß das Gesetz dem Manne, dessen Vermögen durch Schlüsselgewaltgeschäfte der Frau erheblich in Mitleidenschaft gezogen werden kann, offenbar eine starke Stellung verleihen will. So ist ihm in seinem eigenen, vermögensrechtlichen Interesse die unverzichtbare[15] Befugnis gegeben, die sich überwiegend vermögensrechtlich charakterisierende und auswirkende Vertreterstellung der Frau zu beseitigen. Diese sein eigenes Vermögen berührende Angelegenheit muß der Mann nach seinem Ermessen in der ihn geeignet dünkenden Weise ordnen können, und es erscheint nicht angängig, die Wahl der ihm dafür nach allgemeinen Grundsätzen zur Verfügung stehenden Mittel zu beschränken. Eine bloße Erklärung an die Frau sichert den Mann jedenfalls nicht gegen Inanspruchnahme durch redliche Dritte. Dazu bedarf es vielmehr nach jener Erklärung noch der Eintragung der Entziehung der Schlüsselgewalt ins Güterrechtsregister. Dies Verfahren ist gewiß das sicherste. Aber es sind doch zahlreiche Fälle denkbar, in denen der Mann es wohl gern vermeiden und statt dessen lieber den Weg direkter Mitteilung an den oder die Dritten wählen wird. Solches Vorgehen wird dem Manne auch in vielen Fällen vollkommen genügen: Regelmäßig werden ihm die hauptsächlich in Betracht kommenden Lieferanten, bei denen die Frau gewöhnlich kauft, bekannt sein, so daß eine Mitteilung an diese zum Schutze des Mannes ausreicht, da es der Frau nicht leicht fallen dürfte, sogleich bei anderen Firmen, bei denen sie bisher nicht bekannt war, dem Manne gefährliche Krediteinkäufe vorzunehmen.

Ist nach den bisherigen Darlegungen das Problem der Ausschließung der Schlüsselgewalt nicht so sehr ein personenrechtliches, als vielmehr ein vorherrschend vermögensrechtliches, so ergibt sich schon daraus, daß die auf dem Wesen der Ehe aufgebaute Argumentation des Kammergerichts auf die hier untersuchte Frage überhaupt nicht recht paßt. Dazu kommt aber noch, daß das Kammergericht das Wesen der Ehe doch wohl nur einseitig betrachtet. Daß die Ehegatten alle mit dem ehelichen Leben zusammenhängenden Fragen miteinander verhandeln, ist gewiß das Gegebene, solange im ehelichen Verhältnis das rechte Vertrauen und volle Harmonie herrscht. Aber nicht nur dies Normale, sondern auch mancherlei Enttäuschungen, Krisen, Zwiespältigkeiten sind der Ehe wesenseigen. Das darf man nicht außer acht lassen,

---

[15] Vgl. Hamm OLGE. 26, 216; Martin Wolff: § 43 Anm. 16; (Planck-) Unzner: Bem. 17 zu § 1357 u. a. Über den Grund vgl. unten S. 105 Anm. 17.

will man das „Wesen der Ehe“ richtig würdigen. Dieser Erkenntnis, die z. B. in der Lehre von der Anfechtung der Ehe wegen Irrtums wichtig ist[16], hat auch das Gesetz selbst im Rahmen unseres Problems sich nicht verschlossen: Nicht nur sieht § 1357 die Vertretungsmacht der Frau, so wie er sie verordnet, als das unter normalen Verhältnissen dem Wesen der Ehe Entsprechende an; sondern auch die Ausschließungsbefugnis des Mannes und damit auch die normale Ausübungsvoraussetzung: der unrechte Gebrauch der Vertretungsmacht durch die Frau, also etwas vom Idealstandpunkt aus Anomales, wird vom Gesetz als zum Wesen der Ehe gehörig betrachtet[17]. Folgt man auch nur dieser dem Wesen der Ehe vom Gesetz zuteil gewordenen Würdigung, so wird man — im Zusammenhang mit den früheren Erörterungen über die dem Manne vom Gesetz verliehene Stellung und über sein Interesse an freier Wahl unter den ihm nach allgemeinen Regeln offenstehenden Wegen — zugeben müssen, daß die vom Kammergericht aus eben dem Wesen der Ehe gezogenen Schlüsse nicht zureichen, um in der Frage der Entziehung der Vertretungsmacht der Frau eine Abwandlung der grundsätzlich als richtig erkannten Analogie zum Widerruf der Vollmacht zu begründen.

Daß solche Modifizierung nicht im Sinne des Gesetzes ist, wird aber vollends deutlich aus folgendem: Man sollte erwarten, daß die Schlüsselgewalt nur aus zureichenden Gründen entzogen werden könne. Unser Gesetz jedoch läßt jede, also auch jede ungerechtfertigte Entziehung der Schlüsselgewalt bis zur Wiederherstellung durch das Vormundschaftsgericht wirksam sein. In dieser Auffassung kommt ein bedauerlicher Fehler des Gesetzes zum Ausdruck[18]. Aber das Gesetz

[16] Vgl. dazu treffend Martin Wolff: § 25 I 4d.

[17] Das ist der Grund, weswegen vom Gesetz abweichende Vereinbarungen über die Schlüsselgewalt nichtig sind und der Mann auf sein Recht zur Entziehung (wie schon oben S. 104 bei Anm. 15 erwähnt) nicht verzichten kann.

[18] Der Fehler ist sehr häufig: so lassen z. B. das *japanische* BGB. § 804 Abs. 2 und der *ungarische* Entwurf von 1913 § 28 Abs. 3 ebenfalls schlechthin teilweise oder völlige Entziehung der Schlüsselgewalt zu. Auch über den Wert der Regelung in der *Schweiz*, ZGB. Art. 164 Abs. 1 (der sich bewußt der *tschechoslowakische* Entwurf § 121 Abs. 2 anschließt), bestehen Zweifel: Dort ist zwar gesagt, daß der Mann seiner Frau die Vertretung ganz oder zum Teil entziehen könne, wenn sie ihre Vertretungsbefugnis mißbrauche oder sich zu deren Ausübung als unfähig erweise. Ob einer dieser Fälle vorlag, soll aber nach der einen Ansicht nicht für die Wirksamkeit einer etwa ausgesprochenen Entziehung, sondern lediglich dafür von Bedeutung sein, ob eine Entziehung gemäß Art. 165 vom Richter auf Begehren der Ehefrau als ungerechtfertigt wieder aufzuheben ist, wobei der Aufhebung grundsätzlich nur Wirkung für die Zukunft beigelegt wird: so Gmür: Komm. zum ZGB. (2. Aufl., Bern 1923), Bem. 1 und 7 zu Art. 165; anders Egger: Komm. zum ZGB. (Zürich 1914), Bem. 4 zu Art. 165, insofern als er der Aufhebung

hat nun einmal unzweifelhaft diesen Standpunkt und läßt damit erkennen, daß in dieser Frage jedenfalls nicht — wie man es vielleicht ausdrücken darf — das rechtliche Können des Mannes durch das Wesen der Ehe beeinflußt werden solle. Hieran liegt es auch, daß anerkanntermaßen eine sofort nach Wiederherstellung (selbst unbegründet) ausgesprochene erneute Entziehung wiederum bis zur Wiederherstellung wirksam ist. Lediglich für das Dürfen des Mannes ist das Wesen der Ehe von Bedeutung, insofern als unbegründete Entziehung der Schlüsselgewalt für die Frau ein Scheidungsgrund (§ 1568) sein kann[19]. Was hiernach für den Grund der Entziehung gilt, muß ohne Zweifel entsprechend für die Form der Entziehung zur Anwendung kommen: aus dem Wesen der Ehe, so wie das geltende Gesetz hier darüber denkt, kann man höchstens herleiten, daß die Entziehung der Schlüsselgewalt nur durch Erklärung an die Frau erfolgen darf — das im Sinne des Gesetzes verstandene Wesen der Ehe hindert aber nicht, daß der Mann die Vertretungsmacht seiner Frau wirksam auch durch Erklärung an den Dritten beenden kann.

c) Zu beachten ist hierbei jedoch, daß solche Erklärung lediglich an den Dritten nicht die Schlüsselgewalt der Frau im ganzen, sondern nur das eine — wichtigste und dem Manne gefährlichste — in ihr steckende Element: die Vertretungsmacht der Frau vernichtet[20]. Das Innenverhältnis, also das Geschäftsführungsrecht der Frau, bleibt davon unberührt. Das ist indessen für den Mann unbedenklich und führt auch zu sachlich angemessenen Ergebnissen: Denn wenn nun auch namentlich der Mann seine Frau von den etwa übernommenen Verbindlichkeiten befreien muß und die Frau sich durch Weiterhandeln ihrem Manne nicht ersatzpflichtig macht, so gilt dieses wie jenes doch

---

grundsätzlich rückwirkende Kraft zuschreibt. — Über *Frankreich, Italien* und die *Niederlande* vgl. unten S. 113, 116, 118f.

Am besten wäre wohl, wenn die Wirksamkeit der Entziehung der Schlüsselgewalt von vorheriger Genehmigung des Vormundschaftsgerichts abhängig gemacht würde: in diesem Sinne die übereinstimmenden Vorschläge der drei Referenten auf dem Heidelberger Juristentag 1924, Verhandlungen des XXXIII. Deutschen Juristentags, S. 327, 333, 343.

[19] Für wiederholte unbegründete Entziehung ist dies anerkannt: vgl. z. B. MARTIN WOLFF: § 43 IV a. A.; (STAUDINGER-) ENGELMANN: Bem. 5bβ zu § 1357 (S. 190); GOLDMANN-LILIENTHAL: BGB. III 1, 67 Anm. 30. Unter Umständen aber wird die Frau auch schon wegen einmaliger grundloser Entziehung der Schlüsselgewalt zur Scheidungsklage befugt sein; so (für die *Schweiz*): GMÜR: Komm. zum ZGB. (2. Aufl., Bern 1923), Bem. 1 zu Art. 165. — Über die Auffassung in *Frankreich* vgl. unten S. 113 Anm. 38.

[20] Die meisten oben S. 102 Anm. 8 zitierten Autoren sprechen — was mindestens ungenau — von „Entziehung der Schlüsselgewalt" durch Erklärung an den Dritten. Richtig z. B. WIERUSZOWSKI I, 48; MARTIN WOLFF: § 43 IV 1 (für den von ihm allein ausdrücklich behandelten Fall der öffentlichen Bekanntmachung).

nur bei Einhaltung der dem Geschäftsführungsrecht der Frau gezogenen Grenzen, die wesentlich andere sind als für die Vertretungsmacht[21]. Soll aber auch die Geschäftsführungsbefugnis der Frau ausgeschlossen, ihr also die Schlüsselgewalt in allen ihren Elementen entzogen werden, so ist hierfür allerdings stets eine Erklärung des Mannes an seine Frau erforderlich.

3. Nach den vorangehenden Erörterungen ist Vernichtung der Vertretungsmacht der Frau durch Erklärung des Mannes an den Dritten möglich. Dabei entsteht freilich eine mit einem allgemeinen Problem zusammenhängende Schwierigkeit, die — bisher in Anwendung auf unsere Frage noch nicht gewürdigt — wohl nicht verschwiegen werden darf. Sie rührt daher, daß die Widerrufserklärung häufig oder sogar wohl regelmäßig nicht an eine Einzelperson, wie etwa eine in ihrer Wohnung ohne weiteres Personal arbeitende Schneiderin der Frau, sondern — die Ungenauigkeit sei im Augenblick erlaubt — an ein geschäftliches Unternehmen gerichtet ist und gerichtet werden muß.

Denken wir zunächst an einen ganz einfachen Fall: ein von einem Einzelkaufmann betriebenes bescheidenes Geschäft mit nur zwei Angestellten. Der den Widerruf enthaltende Brief des Ehemannes ist dem Geschäftsinhaber zugegangen. Damit ist die Widerrufserklärung vollendet und die Vertretungsmacht der Frau diesem Dritten gegenüber vernichtet. Dennoch wirkt dies, wie aus § 1357 Abs. 2 Satz 3 folgt, gegenüber dem Geschäftsinhaber erst, wenn dieser den Brief auch wirklich gelesen, davon Kenntnis genommen hat[22]. Gesetzt, der Inhaber habe den Brief wirklich gelesen. Wenn die Frau nun mit ihm persönlich ein Geschäft schließt, ist der Mann vor einer Inanspruchnahme sicher. Wie aber, wenn die Frau, weil der Inhaber etwa gerade nicht selbst im Laden ist, von einem der beiden Angestellten etwas auf Kredit kauft und dieser von dem Widerruf nichts weiß? Kein Zweifel, daß der Angestellte als Bevollmächtigter des Geschäftsinhabers abschließt[23]. Für Willensmängel, Kenntnis, Kennenmüssen kommt es nach § 166 Abs. 1 also auf die Person des Angestellten an. Allerdings soll nach § 166 Abs. 2 die Unkenntnis des Vertreters dem wissenden Vollmachtgeber nicht zugute kommen, wenn jener „nach bestimmten Weisungen" des Vertretenen gehandelt hat. Allein, von solchem Handeln nach bestimmten Weisungen kann hier nach dem Wortlaut der Gesetzesvorschrift keine Rede sein. Das Ergebnis wäre, daß der Mann trotz

---

[21] Darüber oben S. 102 Anm. 10.

[22] Darüber, ob nicht auch das noch unter Umständen (wegen des für die Kenntnis maßgebenden Zeitpunkts!) ungenügend ist, wird noch unten S. 111 ff. bei der Frage der öffentlichen Bekanntmachungen gehandelt werden.

[23] Vgl. auch § 56 HGB.

des dem Geschäftsinhaber zur Kenntnis gebrachten Widerrufs an das von seiner Frau geschlossene Geschäft gebunden wäre! Und die Wahrscheinlichkeit, daß der Widerruf des Mannes vergeblich gewesen sein sollte, steigt natürlich, je größer der fragliche Geschäftsbetrieb und je umfangreicher und komplizierter dessen Organisation ist. Man setze in dem gegebenen Beispiel an die Stelle des Einzelkaufmanns mit seinem kleinen Geschäft ein in Form einer Aktiengesellschaft betriebenes Warenhaus mit mehreren Direktoren, zahlreichen Prokuristen, noch zahlreicheren Abteilungschefs und einem Heer von Angestellten. Der an die AG. gerichtete Brief des Mannes ist den Direktoren zur Kenntnis gekommen, aber diese Kenntnis ist durch die verwickelte Organisation hindurch gerade nicht bis zu dem Angestellten durchgedrungen, mit dem die Frau nach dem Widerruf noch kontrahiert hat. Soll hier wirklich der Mann unter der großen und komplizierten Geschäftsorganisation leiden und die Rechnung über den von der Frau mit der AG. geschlossenen Kreditkauf bezahlen müssen, obwohl eben diese AG. durch ihre Organe Kenntnis von der Widerrufserklärung hatte? Das Ergebnis ist so ungesund, daß es nicht richtig sein kann. Aber wie soll man helfen?

Der Fehler liegt in der allzu engen Fassung des § 166 Abs. 2, die schon oftmals bedauert und getadelt worden ist und die sich daher schon mancherlei Ausweitung und Korrektur hat gefallen lassen müssen[24]. Wer sich freilich hinter die Behauptung zurückzieht, Abs. 2 des § 166 trage deutlichen Ausnahmecharakter, soweit also nicht gerade diese Ausnahme vorliege, müsse es bei der Regel des Abs. 1 verbleiben — mit dem ist schwer zu rechten. Die Antwort auf die Frage, ob man zur Analogie greifen soll und darf, hängt letzten Endes davon ab, wie man über das Bedürfnis dazu und über die Angemessenheit des Ergebnisses denkt. Daß sich hiernach in unserem Falle die Wage zugunsten der Analogie neigen muß, scheint mir nicht zweifelhaft. Schon Rehbein hat betont, die Praxis werde den § 166 Abs. 2 dem Bedürfnis des Verkehrs und dem Rechtsbewußtsein entsprechend gestalten müssen[25]. Die Judikatur hat erfreulicherweise diesen Wink verstanden, in richtiger Erkenntnis für die „Pflicht der Rechtsprechung, . . . die anscheinende Lücke im Gesetz nach Möglichkeit auszufüllen"[26].

Das Problem ist wiederholt akut geworden bei der Konkursanfechtung im Zusammenhang mit § 30 Nr. 2 KO.: Der Anfechtungsbeklagte darf sich nicht dahinter verschanzen, daß sein mit der Einklagung eines Wechsels betrauter und damit gemäß § 81 ZPO. ohne weiteres

[24] Vgl. dazu etwa (Staudinger-) Riezler: Bem. 6 zu § 166; Rosenberg: Stellvertretung im Prozeß (1908), 237ff. u. a.

[25] Rehbein: Das BGB. mit Erläuterungen, Bd. I: Allg. Teil (1899), 258.

[26] Hamm OLGE. 30, 351.

auch zum Betreiben der Zwangsvollstreckung ermächtigter Prozeßbevollmächtigter bei Vornahme der fraglichen Pfändungen von dem Konkurseröffnungsantrage keine Kenntnis hatte, sondern er muß seine eigene Unkenntnis beweisen[27]. In der Begründung dieser Entscheidung führt das Reichsgericht aus, da enge Auffassung der Bestimmungen des § 166 Abs. 2 in vielen Fällen durchaus unbefriedigende Ergebnisse zeitigen würde, so erscheine für den Ausdruck „nach bestimmten Weisungen des Vollmachtgebers" eine tunlichst weitgehende Deutung gerechtfertigt und geboten. Wolle man den ersichtlichen Zweck der Vorschrift — Verhütung der Umgehung der Mangelhaftigkeit eines Rechtsakts durch Bevollmächtigung eines arglosen Dritten — nicht in vielen Fällen vereiteln, so dürfe man nicht verlangen, daß immer zur Vollmacht noch bestimmte Weisungen des Machtgebers hinzukommen müßten, sondern der Tatbestand des Gesetzes müsse schon als erfüllt gelten, wenn der Bevollmächtigte im Rahmen der Vollmacht zu einem bestimmten Rechtsakte schreite, zu dessen Vornahme ihn der Machtgeber veranlassen wollte.

Schon hiermit kommt man wesentlich über den engen Wortlaut von § 166 Abs. 2 hinaus. Das gleiche wird erreicht durch folgenden, dem Prinzip des Reichsgerichts verwandten Gedanken: Wenn der Vollmachtgeber seinen Vertreter anweist, eine bestimmte — wie der Vollmachtgeber weiß, dem Dritten nicht gehörende, sondern nur anvertraute — Sache zu erwerben, so ergibt sich aus § 166 Abs. 2 unzweifelhaft, daß der Vollmachtgeber auch bei Gutgläubigkeit des Vertreters Eigentum nicht erwirbt. Dem wird mit Recht von vielen der Fall gleichgestellt, daß der Vertretene eine besondere Weisung zwar nicht erteilt hat, aber selbst bösgläubig und davon unterrichtet, daß der Vertreter gutgläubig ein Geschäft vorzunehmen beabsichtige, dem nicht widersprochen hat[28]; ob dieser Nicht-Widerspruch auf dolus, auf dolus eventualis oder auf Fahrlässigkeit beruht, muß dabei gleichgültig sein. Hier haben wir also einen Fall vor uns, in dem — allgemein ausgedrückt — der Vollmachtgeber, weil er es schuldhaft unterlassen hat, eine nach Treu und Glauben von ihm zu erwartende negative Weisung zu erteilen, sich so behandeln lassen muß, als hätte er eine positive Weisung gegeben[29]. Von diesem Gedankengang wird auch ein sehr bemerkens-

---

[27] So RG. Jur. W. 1916, 317 Nr. 2. Ebenso schon RG. RGE. 68, 375ff.; JAEGER: Leipz. Zeitschr. 1912, 205ff.; Colmar Leipz. Zeitschr. 1912, 865.

[28] So DERNBURG: Die allg. Lehren d. bürgerl. Rechts (3. Aufl. 1906), § 168 IV 2; (PLANCK-) FLAD: Bem. 2 zu § 166; ENNECCERUS: Allg. Teil (11. Bearb. 1926), § 169 Anm. 12.

[29] Die Begründung für diesen Satz dürfte in einer Analogie zu § 162 BGB. liegen. Die herrschende Meinung (vgl. [PLANCK-] FLAD: Bem. 2b zu § 162; OERTMANN: Bem. 2c zu § 162 u. a.) wendet den § 162 freilich nur bei Vorsatz an, während DERNBURG: a. a. O., § 153 V wohl mit Recht auch

wertes — wiederum mit einem Fall der Konkursanfechtung sich beschäftigendes — Urteil des Oberlandesgerichts Hamm beherrscht[30]. Es geht auf den gesetzgeberischen Gedanken von § 166 Abs. 2 zurück, der nach den Motiven (I, S. 227) in der Erwägung liege, daß der Auftraggeber, wenn er seinem Bevollmächtigten bestimmte Weisungen erteile, dessen Willensentschließung beeinflusse und an ihr teilnehme. In § 166 Abs. 2 sei nur eine Ausnahme von der Regel des § 166 Abs. 1 ausdrücklich geregelt; diese Regelung sei aber wegen Gleichheit des gesetzgeberischen Grundes auf alle Fälle entsprechend zu übertragen, in denen der Auftraggeber die Willensentschließung des Vertreters entweder beeinflusse oder an ihr teilnehme. Nach diesen Erörterungen fährt die Entscheidung folgendermaßen fort: „In Anwendung auf das Konkursanfechtungsrecht hat der Senat schon wiederholt in diesem Sinne den Fall entschieden, daß der Anfechtungsgegner bereits bei Erteilung der Vollmacht die damals schon bestehende Zahlungseinstellung gekannt hatte. Wenn der Anfechtungsbeklagte in solchem Falle dem Prozeßbevollmächtigten seine eigene Kenntnis schuldhaft verschweigt, dann ist er demjenigen gleich zu behandeln, der bestimmte Weisungen erteilt, weil auch er durch sein schuldhaftes Schweigen an der Willensentscheidung des Vertreters teilgenommen, ja sie mittelbar beeinflußt hat. Zwischen jenem Fall und dem gegenwärtigen, in welchem der Anfechtungsgegner nach der Vollmachtserteilung, aber vor der Pfändung Kenntnis von der Zahlungseinstellung bekommt, ist kein sachlicher Unterschied zu machen. Wenn der Anfechtungsgegner in einem solchen Falle vorsätzlich oder auch nur fahrlässig unterläßt, dem Prozeßbevollmächtigten seine Kenntnis mitzuteilen oder sonst die in Aussicht stehende Pfändung zu verhindern, dann nimmt er durch seine schuldhafte Unterlassung an der Willensentschließung seines Bevollmächtigten teil und ist deshalb demjenigen gleichzustellen, der bestimmte Weisungen erteilt."

In welcher Weise das Vorangehende für die Lösung der uns im Augenblick beschäftigenden Frage nutzbar zu machen ist, ist unschwer zu erkennen. Namentlich von dem zuletzt angeführten Urteil des Oberlandesgerichts Hamm zu unserem Fall ist die Brücke leicht zu schlagen: Auch hier hat der Machtgeber (der Prinzipal, die AG.) die Kenntnis, auf die es in unserem Zusammenhang ankommt (nämlich die Kenntnis von der Widerrufserklärung des Ehemannes), erst nach

Fahrlässigkeit genügen läßt. Mindestens bei Vorsatz des Machtgebers wird also der obige Satz generell für § 166 Abs. 2 — worauf bislang nicht recht geachtet worden ist — gelten und daher für solchen Fall die unten S. 111 gegebene Entscheidung unserer speziellen Frage auch von der herrschenden Lehre anerkannt werden müssen.

[30] Hamm OLGE. 30, 350ff.

der Bevollmächtigung seiner Geschäftsangestellten erhalten. Verabsäumt der Machtgeber schuldhaft, diese seine Kenntnis auch seinen Angestellten durch entsprechende Weisungen zu vermitteln, so muß er so behandelt werden, wie wenn er bestimmte Weisungen im Sinne von § 166 Abs. 2 erteilt hätte. Das führt zu der allein befriedigenden Entscheidung, daß der Ehemann in solchem Falle aus Geschäften, die seine Frau nach Kenntnisnahme von der Widerrufserklärung durch den Geschäftsinhaber oder die maßgebenden Organe der AG. mit Geschäftsangestellten vorgenommen hat, nicht mehr in Anspruch genommen werden kann.

4. Außer durch eine an den Dritten gerichtete Einzelerklärung kann der Mann die in der Schlüsselgewalt enthaltene Vertretungsmacht seiner Frau auch durch öffentliche Bekanntmachung vernichten[31]. Solche Bekanntmachung muß nicht notwendig nur eine Mitteilung über die durch Erklärung des Mannes an die Frau erfolgte Entziehung der Schlüsselgewalt sein, sondern die öffentliche Bekanntmachung kann ihrerseits und aus sich allein heraus die Vernichtung der Vertretungsmacht der Frau bedeuten. Das folgt, da die Schlüsselgewalt nach früheren Darlegungen entsprechend der externen Vollmacht zu behandeln ist[32], aus einer Analogie zu § 171 Abs. 2 BGB.[33]. Das damit gewonnene Ergebnis wird allerdings aus Gründen, die an anderer Stelle auseinandergesetzt sind[34], zugunsten redlicher Dritter entgegen den allgemeinen Grundsätzen durch § 1357 Abs. 2 Satz 3 dahin modifiziert, daß solche Zerstörung des wichtigsten Elements der Schlüsselgewalt Dritten gegenüber erst dann wirkt, wenn sie Kenntnis davon haben. Und zwar muß diese Kenntnis „zur Zeit der Vornahme des Rechtsgeschäfts" vorliegen. Dieser für die Redlichkeit oder Unredlichkeit der Dritten entscheidende Zeitpunkt wird im allgemeinen

[31] Daß der Mann sich der öffentlichen Bekanntmachung, also z. B. der Zeitungsannonce bedienen kann, ist gemeine Meinung. Aber über die im folgenden erörterte rechtliche Bedeutung solcher Bekanntmachungen fehlt, wie mir scheint, die wünschenswerte Klarheit; außerdem begegnet auch hier überwiegend die schon oben S. 106 Anm. 20 gekennzeichnete Ungenauigkeit.

[32] Dazu oben S. 96ff.

[33] In ihrer Eigenschaft als Widerruf ist die Erklärung des Mannes also mit der öffentlichen Bekanntmachung vollendet; denn die in der Schlüsselgewalt enthaltene Vertretungsmacht ist eben der öffentlich kundgegebenen Vollmacht gleichzustellen. Wer dem letzteren Satz nicht folgt, braucht deswegen allerdings noch nicht die öffentliche Bekanntmachung von den Widerrufsmitteln auszuschließen: Auch eine nicht auf öffentlicher Erklärung beruhende Vollmacht kann öffentlich widerrufen werden; in diesem Fall aber wird der öffentlich erklärte Widerruf nur soweit wirksam, als er dem Vertreter oder einem Dritten zugeht: v. Tuhr: Allg. Teil II 2, 405; Enneccerus: Allg. Teil (11. Bearb. 1926), § 173 Anm. 8.

[34] Oben S. 98.

nicht scharf genug beachtet. Soviel ich sehe, trägt allein MARTIN WOLFF dem Rechnung, indem er über Zeitungsbekanntmachungen sagt, daß sie den Eintrag in das Güterrechtsregister nicht ersetzen, und hinzufügt: „sie schließen nur die Redlichkeit derer aus, die die Anzeige gelesen und im Kopf behalten haben"[35]. Das mag auf den ersten Blick auf die Spitze getrieben erscheinen, ist aber doch in dem aus den folgenden Erörterungen sich ergebenden Sinne richtig:

In einem bestimmten Zeitpunkt von etwas Kenntnis haben, heißt jedenfalls, irgendwann einmal positive Kenntnis davon genommen haben, was natürlich auch gerade erst in diesem Zeitpunkt möglich ist, regelmäßig aber und zumal für unser Problem in der Vergangenheit liegen wird. Unbestreitbar ist gewiß — was VON TUHR ausführt —, daß eine einmal erlangte Kenntnis bei der Unvollkommenheit der geistigen Funktionen des Menschen wieder verschwinden kann[36]. Wenn VON TUHR aber weiter erklärt: „Ist eine früher gewußte Tatsache in dem Moment, in welchem es auf die Kenntnis ankommt, vergessen, so treten die Wirkungen der Kenntnis nicht ein" —, so bedarf der Sinn dieser Äußerung mindestens noch näherer Erläuterung. Jener Satz scheint mir nur dann richtig, wenn ein radikales Vergessen vorliegt, wenn also die psychische Verfassung desjenigen, dessen Kenntnis von einer Tatsache in einem bestimmten Zeitpunkt rechtlich bedeutsam ist, dergestalt ist, daß auch durch einen Anstoß von außen die früheren Vorstellungsreihen bei ihm nicht wieder ausgelöst werden und er sich auch dann auf das einmal Erfahrene nicht mehr besinnen kann. Liegt dagegen der Fall so, daß der, auf dessen Kenntnis es ankommt, im entscheidenden Moment an das ihm früher zur Kenntnis Gebrachte nur nicht gedacht hat, während jene Kenntnis noch latent in ihm vorhanden war und er sich also auf einen entsprechenden Hinweis wieder daran erinnern würde, so kann von einem Vergessen in Sinne des Satzes VON TUHRS meines Erachtens keine Rede sein und muß also Kenntnis im Rechtssinne mit den ihr von der Rechtsordnung beigelegten Wirkungen angenommen werden.

Erst diese Überlegung dürfte der These, daß Dritte nur dann unredlich im Sinne von § 1357 Abs. 2 Satz 3 seien, wenn sie eine Zeitungswarnung des Mannes gelesen „und im Kopf behalten" haben, die rechte Färbung geben. Dazu kommt nun aber noch eine auf prozessualem Gebiet liegende Erwägung: Zweifellos muß der Mann nachweisen, daß dem Dritten die Entziehung der Vertretungsmacht der Frau wirklich zur Kenntnis gekommen ist. Aber der Mann braucht nur nachzuweisen, daß solche Kenntnisnahme zu irgendeiner Zeit vor dem streitigen Geschäftsschluß mit der Frau stattgefunden hat. Steht das fest, so wird

[35] MARTIN WOLFF: § 43 IV 1.
[36] v. TUHR: Allg. Teil II 1, 128.

ein vernünftiger Richter regelmäßig feststellen, daß diese Kenntnis des Dritten auch noch in dem entscheidenden Zeitpunkt vorhanden gewesen ist, und es ist Sache dieses Dritten, darzutun, daß und warum er diese Kenntnis bis zu dem entscheidenden Moment im Sinne der obigen Erörterungen völlig verloren hatte. Wenn — aber auch nur wenn — man diese beiden Gesichtspunkte berücksichtigt, dürfte man hier, wo das Gesetz Kenntnis in einem bestimmten Zeitpunkt verlangt, zu befriedigendem Ergebnis gelangen.

II. Wenden wir uns nun den *romanischen* Rechten zu.

1. Auch in *Frankreich* ist — was nach den einleitenden Bemerkungen dieses Paragraphen nur natürlich ist — sogleich seit Entstehung der Lehre vom mandat domestique für den Mann stets die Möglichkeit anerkannt worden, sich gegen Mißbrauch der Haushaltbefugnisse durch die Frau zu schützen. Bei der Frage, in welcher Weise der Mann diesen Schutz erreichen kann, zeigt sich besonders deutlich, wie es in Wahrheit um das mandat domestique bestellt ist[37]: Würde man mit der Auffassung, daß die Befugnisse der Frau lediglich auf der tatsächlichen Vermutung stillschweigender Erteilung eines mandat durch den Mann beruhten, wirklich Ernst machen, so müßte der Mann diese Vermutung durch jedes beliebige entgegengesetzte Verhalten zerstören und also durch den entsprechenden Beweis sich einer Inanspruchnahme entziehen können, und zwar ohne Rücksicht darauf, ob die Dritten jenes Verhalten kannten oder nicht. Welche praktischen Unzuträglichkeiten solche reine Durchführung des Prinzips hätte, liegt auf der Hand. So hat Rücksicht auf die Bedürfnisse des Verkehrs und namentlich auf die Interessen der Dritten dazu geführt, die eben aufgerichtete Konstruktion sogleich zu deformieren: das mandat domestique wird wie ein wirklich erteiltes gewöhnliches Mandat behandelt und bezüglich der Frage, wie es von seiten des Mannes als Mandanten mit Wirkung auch gegen Dritte beendet werden könne, den dafür geltenden allgemeinen Regeln des Mandats unterworfen. Der Mann muß daher das mandat domestique widerrufen — was er ohne besondere Voraussetzungen, wie bei uns, jederzeit tun kann; und der Widerruf wirkt Dritten gegenüber nur, wenn ihnen bekannt (vgl. C. c. artt. 2003, 2005)[38].

---

[37] Zu den folgenden Ausführungen dieses Absatzes: (PLANIOL-RIPERT-) ROUAST II, Nr. 393; GÉNY: Science et technique en droit privé positif III (2me tirage Paris 1925), S. 251f.; und sehr eingehend: BINET 87ff., 97ff.

Wie aus dem im Text Folgenden erhellt, gilt also auch für die dem mandat domestique zugrunde liegende „présomption“ das, was bereits oben S. 16 zu und in Anm. 21 über das Wesen der Vermutung in den romanischen Rechten gesagt worden ist.

[38] Es ist also auch die unbegründete, dem Dritten bekanntgewordene Widerrufsannonce wirksam; aber sie kann der Frau gegenüber eine „injure grave“ darstellen, um derentwillen die Frau auf Scheidung oder auf Tren-

a) Das alleinige Interesse der französischen Literatur und Judikatur konzentriert sich darauf, ob der Mann Einzelbenachrichtigungen an die verschiedenen Lieferanten seiner Frau ergehen lassen müsse oder ob auch eine Zeitungsannonce genüge. Dabei wird leider die dahinter stehende Fragestellung nicht recht klar: ob nämlich solche „avertissements individuels" oder Annoncen lediglich dazu dienen, die Dritten von einem geschehenen Widerruf in Kenntnis zu setzen, also unredlich zu machen, oder ob diese an die Dritten gerichteten „Benachrichtigungen" oder Verbote zugleich selbst den Widerruf enthalten und enthalten können. Diese Unklarheit beruht wohl darauf, daß bezüglich des Widerrufs in der allgemeinen Lehre vom Mandat die gleiche Unsicherheit besteht, an der sicherlich zu einem erheblichen Teil die wenig scharfe Formulierung des C. c. selbst schuld ist[39]. Die Frage soll hier nicht weiter verfolgt werden, zumal sicher ist, daß der Mann wirksam nur geschützt ist, wenn außer an die Dritten eine Erklärung über den Widerruf auch an die Frau abgegeben worden ist: Man könnte aus art. 2008 C. c., der ganz allgemein von dem in Unkenntnis irgendeines der Beendigungsgründe des Mandats handelnden Mandatar spricht, entnehmen, daß es auch eine das Mandat beendende révocation gibt, die dem Mandatar unbekannt ist. Selbst wenn diese Auffassung richtig ist, so hat die Inkenntnissetzung der Frau von dem Widerruf des mandat doch noch eine weit größere Bedeutung als bei uns. Wie oben dargelegt, kann nach deutschem Recht die Vertretungsmacht der Frau durch eine Erklärung an den Dritten vernichtet werden, und es bleibt nur, solange die Frau davon nichts weiß, ihr Geschäftsführungsrecht bestehen. Nach art. 2008 C. c. dagegen äußert, wie schon früher hervorgehoben[40], das Mandat, selbst wenn man es durch eine an den Dritten gerichtete Erklärung als beendet ansehen sollte, doch so lange seine normale Wirkung auch im Außenverhältnis, als nicht auch die Frau von der Beendigung Kenntnis hat; erst bei Kenntnis auch der Frau ist also der Mann vor einer Inanspruchnahme durch Dritte sicher.

b) In einer anderen Beziehung ist die Frage, ob individuelle Benachrichtigung der Dritten notwendig oder ob eine Zeitungsannonce ausreichend sei, ohne weiteres verständlich: Wie sich aus art. 2005 C. c. ergibt, wirkt der Widerruf des mandat Dritten gegenüber nur, wenn sie von dem Widerruf Kenntnis haben. Daher wird in der Literatur durchweg verlangt, daß der Mann den einzelnen Lieferanten beson-

---

nung von Tisch und Bett klagen kann: (PLANIOL-RIPERT-) ROUAST II, Nr. 523 a. E.; PIÉRARD: Divorce et séparation de corps I (Bruxelles 1927), Nr. 141 u. a.

[39] Die Literatur gibt keine eindeutige Auskunft: vgl. BAUDRY-LACANTINERIE et WAHL: Du mandat, Nr. 823ff.; LAURENT XXVIII, Nr. 101f.; GUILLOUARD: Du mandat, Nr. 218ff.

[40] Vgl. oben S. 94, 95 zu Anm. 6.

dere Benachrichtigung zugehen lassen müsse[41]. Und auch in der Praxis überwiegen diese „avis individuels“ und sind sehr häufig, sei es, daß der Mann z. B. einem Hotelier, bei dem die Frau, die sich von ihrem Mann getrennt hatte, Unterkunft bezogen hat, ausdrücklich verboten hat „de faire ni prêts, ni avances, ni fournitures d'aucune sorte pour elle ou ses enfants, n'entendant aucunement reconnaître la légitimité des prêts, avances et fournitures ...“[42], sei es, daß er dem Dritten erklärt, seiner Frau seien in Zukunft nur noch Barkäufe erlaubt[43].

Das Mittel der Zeitungsannonce ist indessen nicht schlechthin ausgeschlossen, es genügt nur „im allgemeinen und für sich allein“ (AUBRY et RAU) nicht: Es kommt eben, wie bei uns, darauf an, ob der Dritte von solcher Annonce wirklich Kenntnis bekommen hat, was durch den Mann zu beweisen ist[44]. So hatte z. B. ein Ehemann, als die Ehegatten eine Vereinbarung über Getrenntleben trafen, in Calais, als dem bisherigen gemeinschaftlichen ehelichen Wohnsitz, in der Zeitung bekanntgemacht, daß seine Frau und er sich voneinander trennten und daß er für Schulden seiner Frau nicht mehr aufkommen werde. Die Frau zog nach Paris und machte dort verschiedene Krediteinkäufe für ihre persönlichen Bedürfnisse. Aus diesen Geschäften auf Bezahlung verklagt, wurde der Mann mit Recht verurteilt: denn die Pariser Lieferanten hatten von der Annonce in der Zeitung von Calais keine Kenntnis[45]. Gelegentlich ist allerdings ausgesprochen worden, in einer kleinen Stadt, wo es nur eine oder zwei Zeitungen gäbe und wo im übrigen der Stadtklatsch sich darum bemühe, deren Publizität zu vervollständigen, könne man ein „avertissement“ in den Zeitungen als ausreichend

[41] AUBRY et RAU VIII, § 509 (S. 123) bei Anm. 56; BAUDRY-LACANTINERIE, LE COURTOIS et SURVILLE I, Nr. 500 a. E.; GUILLOUARD II, Nr. 867; RODIÈRE et PONT II, Nr. 796 u. a.

[42] So im Falle Cass. 12. 1. 1874, D. P. 1874. 1. 153.

[43] Dieser Tatbestand liegt dem Urteil Cass. 30. 11. 1868, D. P. 1869. 1. 132 zugrunde. Weitere Beispiele: Aix 3. 3. 1887 sous Cass. 16. 7. 1889, D. P. 1891. 1. 158 (Anweisung an die Schneiderin, der Frau nur in bestimmtem Umfange Kleider zu liefern); Poitiers 23. 12. 1889, D. P. 1890. 2. 359 u. a. — Aus der *belgischen* Praxis z. B.: Trib. Anvers 11. 1. 1889, Pas. 1889. III. 218.

[44] Vgl. die oben Anm. 41 Zitierten und etwa noch LAURENT XXII, Nr. 111; BINET 94.

[45] Douai 13. 5. 1846, D. P. 1847. 2. 60. — Solche Annoncen, deren sich nach der Angabe von ISORÉ: Rev. gén. du droit, de la législat. et de la jurisprud. 43 (1919), 97 namentlich in großem Umfange gegenüber ihren Frauen mißtrauische Seeleute vor Antritt einer größeren Seereise in den Zeitungen der Seehäfen bedienen, spielen überhaupt in Frankreich — wegen Fehlens des Güterrechtsregisters begreiflich — eine sehr große Rolle, so daß zahlreiche Zeitungen periodisch eine Liste solcher Warnungen von Ehemännern bringen, auf einer Stufe mit Bekanntmachungen über Konkurse und Generalversammlungen von Aktiengesellschaften: GOUY 138.

betrachten — „car il a du être connu des fournisseurs"[46]. Damit soll aber sicher nicht der aus art. 2005 C. c. folgende Grundsatz aufgegeben werden und etwa gesagt sein, daß der Schutz des Dritten statt bei positiver Kenntnis von dem Widerruf auch schon bei „Kennenmüssen" im Sinne der deutschen Rechtssprache entfalle; sondern damit soll offenbar nur der gesunde Gedanke zum Ausdruck gebracht werden, daß ein verständiger Richter, dem die Verhältnisse bekannt sind, unter solchen Umständen die bloße Behauptung der Unkenntnis durch den Dritten als leere Ausrede ansehen und Kenntnis des Dritten feststellen wird.

2. Für das *italienische* Recht muß das gleiche gelten, wie für das französische: Denn auch in Italien herrscht, wie wir wissen[47], die Theorie vom „mandato tacito" der Ehefrau. Und der Widerruf des Mandats wird von dem — mit art. 2005 C. c. völlig übereinstimmenden — art. 1759 des Codice civile genau so behandelt wie nach französischem Recht: Dritten gegenüber wirkt der Widerruf also erst, wenn sie Kenntnis davon haben. Danach haftet der Mann also z. B. nicht mehr, wenn er einem Lieferanten verboten hat, seiner Frau künftig noch etwas zu kreditieren[48].

3. Schließlich ist noch das *niederländische* Recht zu betrachten.

a) Nach geltendem Recht (art. 164 Burgerl. Wetb.) ruhen die Befugnisse der Frau zu Haushaltgeschäften darauf, daß für diese Geschäfte das Gesetz Erteilung der „bewilliging" des Mannes „vooronderstelt"[49]. Diese unterstellte Autorisierung kann der Mann nach herrschender Meinung zu jeder Zeit beschränken oder auch ganz zurückziehen, ohne daß es dafür eines besonderen Grundes bedarf[50]. Daß jedoch in dieser Frage irgendwie auf die Interessen derer Rücksicht genommen werden muß, die mit der Frau in Geschäftsverkehr treten,

[46] So Guillouard II, Nr. 867 a. E.; ihm folgend: Basset 283; Morizot-Thibault (oben S. 4 Anm. 3), 201.

[47] Vgl. oben S. 26f.

[48] So die kurze Bemerkung bei Pacifizi-Mazzoni: Istituzioni di dir. civ. ital. (5. Aufl., besorgt von Venzi), Bd. VII, Teil 1 (Firenze 1924), S. 338; das ebenda zitierte Urteil Cass. Torino 15. 2. 1899 war mir leider nicht zugänglich.

Für *Rumänien* war über die Frage des Widerrufs des „mandat tacit" in der mir erreichbaren Literatur eine besondere Äußerung nicht festzustellen. Es kann aber kein Zweifel sein, daß diese Frage ebenso zu beurteilen ist wie nach französischem oder italienischem Recht: denn der Aufbau der rumänischen Lehre vom mandat tacit ist ganz der gleiche wie in jenen anderen beiden romanischen Rechten (vgl. oben S. 26f.), wozu noch kommt, daß art. 1554 des Codul civil sachlich dem art. 2005 des französischen Code civil völlig entspricht und daß überhaupt die rumänische Literatur und Judikatur sich in außerordentlich starker Abhängigkeit von der französischen befindet.

[49] Näheres darüber oben S. 13f., 15 zu u. in Anm. 20.

[50] Abweichend wohl nur Scholten: Weekbl. voor Privaatr., Not. en Registratie 1909, Nr. 2080, S. 589ff., der aus historischen und dogmatischen

ist selbstverständlich, und auch insoweit ist man sich daher noch einig. Recht unsicher dagegen ist, wie weit diese Rücksicht reicht. Jedenfalls muß der Mann, wie es in der Literatur einmal formuliert worden ist, die Zurückziehung „gehörig offenkundig gemacht" haben[51]. Dieses Erfordernis aber wird anscheinend grundsätzlich schon dadurch als erfüllt angesehen, daß der Mann eine öffentliche Bekanntmachung über die Zurückziehung in einer Zeitung erläßt[52]. Man sieht offenbar die durch solche Annonce geschaffene Möglichkeit der Kenntnisnahme als ausreichend an, um die Zurückziehung der bewilliging gegen Dritte wirksam sein zu lassen; wie es überhaupt darauf ankommen soll, daß der Dritte von der Zurückziehung „kennis kon dragen"[53].

Hiernach scheint es, daß im Gegensatz zu dem oben S. 115f. (bes. nach Anm. 46) Gesagten nach niederländischer Auffassung der Schutz des Dritten wirklich geringer ist als nach französischem und italienischem Recht: denn auch die Praxis dürfte in diesem Sinne zu verstehen sein, wenn sie gelegentlich ausgesprochen hat, der Mann würde dann nicht haften, wenn er bekannt gemacht hätte, daß er die unterstellte Autorisierung zurückziehe[54].

b) Der Eherechtsentwurf von 1927 bringt eine „Schlüsselgewalt" beider Ehegatten, indem art. 163 Abs. 3 wechselseitige Erteilung einer „magtiging" zwischen den Ehegatten „unterstellt" mit der Wirkung, daß aus Haushaltgeschäften des Mannes oder der Frau stets solidarische Haftung des Mannes und der Frau eintritt[55]. Auf dem Boden dieser Regelung ist selbstverständlich, daß jeder der Ehegatten, durch Mißbrauch des anderen gleichermaßen gefährdet,

Gründen die Möglichkeit der Zurückziehung leugnet und darauf verweist, daß äußerstenfalls die Frau ja wegen Verschwendung unter „curatele" gestellt werden könne.

[51] So (Opzoomer-) Grünebaum: Het Burgerl. Wetb. verklaard, Bd. I (3. Aufl. 1911), 316 Anm. 4; was darunter genauer zu verstehen ist, wird leider nicht gesagt.

[52] So wohl Diephuis: Het Nederl. Burgerl. Regt, Bd. IV (1874), 195f.; Land: Verklaring van het Burgerl. Wetb., Bd. I (2. Aufl. 1914), 157f. in Verbindung mit 162 (die erste — unsere Frage behandelnde — Stelle ist nicht ganz deutlich; sie gewinnt aber durch die späteren Ausführungen zu der völlig entsprechenden Frage des Widerrufs der zum selbständigen Handelsbetriebe der Frau durch den Mann gegebenen Zustimmung, wobei Land ausdrücklich hervorhebt, daß positive Kenntnis des Dritten von der Widerrufs-Zeitungsannonce nicht erforderlich sei).

[53] So (Veegens-) Oppenheim: Schets van het Nederl. Burgerl. Recht, Bd. I (3. Aufl. 1923), 116.

[54] Kantongerecht Rotterdam 16. 2. 1923, Weekbl. 1923 Nr. 11028. Daß diese Entscheidung nur auf Erwägungen wie den oben S. 115f., 116 nach Anm. 46 angestellten beruhen sollte, ist für eine Stadt wie Rotterdam wohl nicht sehr wahrscheinlich.

[55] Genaueres oben S. 19f.

seine magtiging muß zurückziehen können[56]. Das erkennt auch der Entwurf an. Dritten gegenüber wirkt solche Zurückziehung allerdings „erst von dem Augenblick an, in welchem sie in das in art. 202 bestimmte Register[57] eingetragen und überdies öffentlich bekanntgemacht ist in einer Zeitung des gemeinschaftlichen Wohnsitzes oder mangels eines solchen des Wohnsitzes jedes der beiden Ehegatten" (art. 163 Abs. 4). Damit nimmt der niederländische Entwurf die Interessen des Dritten stärker wahr, als das deutsche Recht zufolge § 1357 Abs. 2 Satz 3: Denn bei uns wird hier — im Gegensatz zu § 15 HGB. — der Dritte schon von der Eintragung an als unredlich behandelt, so daß die allerdings ebenfalls vorgeschriebene Veröffentlichung (BGB. § 1562) privatrechtlich belanglos ist[58].

An besondere Voraussetzungen ist die Zurückziehung nicht gebunden. Dennoch wünscht der Entwurf nicht, daß sie willkürlich erfolge: Wenn er die Unterstellung der „magtiging" mit der Folge solidarischer Haftung beider Ehegatten statuiert, so ist das geschehen, „damit der Haushalt flott läuft"[59]. Die Erreichung dieses Zwecks kann natürlich durch unbegründete Zurückziehungen gefährdet werden. Deswegen wird die Zurückziehung wenigstens in der Weise richterlicher Kontrolle unterworfen, daß nach art. 164 des Entwurfs, wenn der eine Ehegatte die unterstellte „magtiging" zurückgezogen hat, der andere dagegen die Entscheidung der Arrondissements-Regtbank anrufen kann; findet die Regtbank die Beschwerde begründet, so „wordt de magtiging geacht niet te zijn ingetrokken". Diese Regelung erweist sich als keineswegs so fehlerhaft, wie es zunächst vielleicht in Erinnerung an das geltende deutsche Recht scheinen mag: Denn wenn das Gericht die Zurückziehung unbegründet findet, dann hat diese Entscheidung — wie schon die zitierte Vorschrift des Entwurfs deutlich zeigen dürfte und wie sich überdies aus den Erläuterungen der Kommission unzweifelhaft ergibt[60] — rückwirkende Kraft; der Ehegatte also, der seine „magtiging" ohne rechten Grund zurückgezogen hatte,

[56] So kann denn auch nach den oben S. 20 Anm. 36 zitierten skandinavischen Gesetzen auf Antrag des einen Ehegatten dem anderen die „Schlüsselgewalt" bei Mißbrauch behördlich entzogen werden: *Schweden*, Kap. 5 § 13; *Dänemark*, § 12; *Norwegen*, § 8.

[57] In dieses — wohl nach dem Muster des deutschen Güterrechtsregisters neu geschaffene — Register müssen namentlich alle Eheverträge sowie deren Abänderungen eingetragen werden.

[58] Der *niederländische* Entwurf dürfte den Vorzug verdienen. Seiner Regelung entspricht auch § 8 des oben S. 20 Anm. 36 angeführten *norwegischen* Gesetzes.

[59] So die Erläuterungen zum Entwurf (oben S. 19 Anm. 34), S. 401, rechte Spalte.

[60] A. a. O., S. 401, rechte Spalte. — Diese Entscheidung wird von Amts wegen in das bereits erwähnte Register eingetragen: art. 202.

bleibt auch für alle nach solcher Zurückziehung von dem anderen Ehegatten kontrahierten Haushaltschulden solidarisch mit haftbar. Damit bringt der niederländische Entwurf eine sehr beachtliche Lösung, die zu vollkommen befriedigenden Ergebnissen führt: Die Tatsache, daß in praxi keiner der Ehegatten sich willkürlich auch nur für einige Zeit der gesamtschuldnerischen Haftbarkeit aus Haushaltgeschäften entschlagen kann, wird einerseits ein außerordentlich starkes Gegengewicht gegen grundlose und darum zwecklose Zurückziehungen der „magtiging" sein; wegen eben dieser Tatsache aber brauchen andererseits auch die Haushaltgläubiger nicht in Sorge zu sein, wenn wirklich einmal einer der Ehegatten seine „magtiging" unbegründet zurückgezogen haben sollte.

VI. Kritische Zusammenfassung.

§ 14.

Fast 100 Jahre lang war unter der Herrschaft des Code civil die historisch überkommene Theorie von dem „mandat tacite présumé" der Ehefrau für ihre „actes ménagers" kritiklos hingenommen worden. Da regten sich um die Wende dieses Jahrhunderts die ersten Zweifel, ob jene Theorie nicht unter den Händen der Praxis in erheblichem Maße Wesen und Gestalt verändert habe[1]; Zweifel, die bald darauf zur Gewißheit wurden durch die ausgezeichnete Schrift von BINET, der in eindringender, sehr sorgfältiger Untersuchung die Wandlungen der ganzen Lehre derart aufgedeckt hat, daß er für die sogleich noch zu erwähnende moderne Auffassung von dem „pouvoir propre" der Frau richtunggebend geworden ist.

I. Wenige zusammenfassende Bemerkungen über unsere gesamten Erörterungen dürften genügen, um uns noch einmal zu vergegenwärtigen, was heute von dem „mandat tacite présumé" noch übrig ist.

1. Gleich bei der Frage des Beweises dieses mandat beginnt die Inkonsequenz der Judikatur gegenüber den — genau genommen — anzuwendenden allgemeinen Grundsätzen[2]. Sie läßt sich zwar allenfalls rechtfertigen, aber doch wohl nur gekünstelt, und es ist bezeichnend, daß GÉNY seinen früheren Begründungsversuch[3] aufgegeben hat und heute die Befugnisse der Frau als auf einer présomption *de droit* ruhend betrachtet[4].

[1] Vgl. namentlich BASSET 278ff.; AFTALION (oben S. 3 Anm. 1) 98ff.; MORIZOT-THIBAULT (oben S. 4 Anm. 3) 194ff.; CHÉRON (oben S. 57 Anm. 36) 244ff.

[2] Dazu oben S. 23f.

[3] Oben S. 24 Anm. 12.

[4] GÉNY: Science et technique en droit privé positif, Bd. III (2me tirage Paris 1925), 324f.

2. Die innere Begründung der Frauenbefugnisse soll in der Unterhaltungspflicht des Mannes ruhen, so wie sie art. 214 C. c. normiert[5]. Die Schwächen dieser Begründung sind deutlich: Aus jener Verpflichtung des Mannes folgt keineswegs zwingend, daß er deswegen seiner Frau ein Mandat erteilen und die Frau im Außenverhältnis haftfrei bleiben müsse. Und worin liegt der Grund, daß in weitem Umfange auch die Fürsorge für die Bedürfnisse der Kinder als unter das mandat der Frau fallend betrachtet wird, obwohl die Frau den Kindern gemäß art. 203 C. c. auf gleicher Stufe mit ihrem Mann unterhaltungspflichtig ist?[6]

3. Weiterhin wird das mandat tacite der Frau bei allen Güterständen anerkannt, was schon beim Dotalrecht und vollends bei der Gütertrennung gewisse Schwierigkeiten macht[7]. Sie müssen aus dem Wege geräumt werden durch Zurückgehen auf die Unterhaltungspflicht des Mannes — deren Wert für unseren Zusammenhang soeben gekennzeichnet worden ist.

4. Eine außerordentlich starke Deformierung hat das mandat tacite présumé vor allem über sich ergehen lassen müssen bei der praktisch höchst bedeutsamen Frage, welchen Umfang die Macht der Frau hat: Hielte man sich wirklich an den Ausgangspunkt der ganzen Lehre und an die angeblichen Grundlagen dieses Mandats, so müßten die wahren Vermögensverhältnisse des Mannes entscheiden — statt dessen wird die „situation apparente des époux", der äußere Zuschnitt des Hauses als ausschlaggebend angesehen[8].

5. Prinzipwidrig verhält man sich auch bei der Frage, was der Mann tun muß, um die für Erteilung dieses mandat aufgestellte (angeblich tatsächliche) Vermutung zu beseitigen; das ist schon an früherer Stelle gebührend betont worden[9].

6. Zur Charakterisierung der Entwicklung, die die Lehre vom mandat domestique genommen, mag schließlich noch dienen, daß die herrschende Praxis das mandat tacite der Frau grundsätzlich auch aufrecht erhält bei der sog. „séparation de fait", d. h. bei tatsächlichem, dauernden Getrenntleben, und zwar selbst unter Umständen, unter denen die vorhandene „mésintelligence dans le ménage", die „profonde désunion des époux" es — streng genommen — unmöglich macht, weiterhin zu vermuten, daß der Mann seine Frau noch als seine Mandatarin für ihn handeln lassen wolle[10].

---

[5] Vgl. oben S. 25f.

[6] Zu den Ausführungen dieses Absatzes: (Planiol-Ripert-) Rouast II, Nr. 393; Chéron 245ff. — Über art. 203 C. c. vgl. auch oben S. 56 Anm. 31.

[7] Vgl. oben S. 49ff., besonders S. 52f., 53f.

[8] Dazu oben S. 70ff.

[9] Oben S. 113.

[10] Hierüber: (Planiol-Ripert-) Rouast II, Nr. 393 und 438 und

II. Welche Schlüsse sind nun aus dem soeben gegebenen kurzen Rückblick zu ziehen? Die Konstruktion des mandat tacite présumé in ihrem ursprünglichen Sinn hat sich bei unzähligen Gelegenheiten als zu eng, als unzureichend, als lebensfremd erwiesen. Wenn die Rechtsprechung unter der Macht der Tatsachen sich mehr und mehr von den Banden dieser Konstruktion gelöst hat und schöpferisch zu Ergebnissen gelangt ist, die die realen Verhältnisse und die Bedürfnisse des Verkehrs berücksichtigen und die man wohl überwiegend als angemessen bezeichnen muß, so hat sie dabei in Erfüllung ihrer vornehmsten Aufgabe gehandelt. Vernünftigerweise wird niemand die Praxis hierum schelten. Sie findet denn auch in Frankreich weniger aus diesem Grunde Tadel. Was ihr vor allem vorgeworfen wird, ist: daß sie noch immer an dem technischen Erklärungsmittel von ehedem festhält, an einer Konstruktion, die inhaltsleer geworden und zur Rechtfertigung der heutigen Entscheidungen ehrlicherweise nicht mehr geeignet ist. Daß letzteres der Fall ist, muß rund heraus zugegeben werden: Das mandat tacite ist heute eine bloße „fiction"[11], nur noch die „alte Etikette"[12], unter der sich der Wandel im Wesen der Befugnisse der Hausfrau verbirgt; das *mandat domestique*, so wie es sich im gegenwärtigen Rechtsleben Frankreichs wirklich darstellt, ist kein „mandat conventionnel", keine „concession du mari" mehr — es muß als ein nicht auf dem Willen des Mannes beruhendes „mandat légal" und die „Schlüsselgewalt" als ein aus der bloßen Tatsache der Eheschließung folgendes, als allgemeine Ehewirkung sich ergebendes „*pouvoir propre*" der Frau betrachtet werden[13]. Die damit gekennzeichnete Stellung der französischen Ehefrau im Hauswesen darf man heute wohl als von Gewohnheitsrecht getragen ansehen[14].

namentlich — sehr ausführlich — BINET 46ff., sowie DAURIAC (oben S. 21 Anm. 2), 186ff.

[11] So z. B. COLIN et CAPITANT III, 106, 143; CHÉRON 251; BASSET 294, 299; AFTALION 104, 107; MORIZOT-THIBAULT 202 u. a.

[12] BINET 12.

[13] Das ist die moderne Auffassung, die sich immer stärker ausbreitet: In diesem Sinne außer den S. 119 Anm. 1 Zitierten z. B. auch: (PLANIOL-RIPERT-) ROUAST II, Nr. 392; (PLANIOL-RIPERT-) NAST VIII, Nr. 568; NAST: Anm. in D. P. 1924. 2. 106; (BAUDRY-LACANTINERIE-) GUYOT: Précis de droit civil III (13. Aufl. 1927), Nr. 109; GÉNY (oben S. 119 Anm. 4), 249ff., 293; DAURIAC (oben S. 21 Anm. 2), 255ff. u. a.

[14] So (PLANIOL-RIPERT-) ROUAST II, Nr. 392 a. E.; NAST: Anm. in D. P. 1924. 2. 106 und namentlich eingehend: DAURIAC (oben S. 21 Anm. 2), 255ff. — BINET 13 hatte diese Begründung (im Jahre 1904) noch abgelehnt.

Literaturverzeichnis.

(Enthält nur die abgekürzt zitierte ausländische Literatur und gibt zugleich die Erklärung der Abkürzungen.)

AUBRY et RAU = A. et R., Cours de droit civil français. 12 Bände. 5. Aufl. Paris 1897—1922. Von Band VI ab besorgt von BARTIN.

BASSET = B., Le rôle de la femme mariée dans la gestion des intérêts pécuniaires de l'association conjugale. Thèse, Paris 1896.

BAUDRY-LACANTINERIE et HOUQUES-FOURCADE = B.-L. et H.-F., Des personnes, Band I—III. 3. Aufl. Paris 1907/8.

BAUDRY-LACANTINERIE, LE COURTOIS et SURVILLE = B.-L., L. C. et S., Du contrat de mariage ou des régimes matrimoniaux. 3 Bände. 3. Aufl. Paris 1906.

BAUDRY-LACANTINERIE et WAHL = B.-L. et W., Des contrats aléatoires, du mandat, du cautionnement, de la transaction. 3. Aufl. Paris 1907.

BINET = B., La femme dans le ménage. Préface de M. Fr. GÉNY. Paris 1904.

COLIN et CAPITANT = C. et C., Cours élémentaire de droit civil français. 3 Bände. Band I: 5. Aufl. Paris 1927; Band II: 4. Aufl. Paris 1924; Band III: 4. Aufl. Paris 1925.

DAVEAUX = D., La femme et les contrats qu'elle passe pour les besoins du ménage. Thèse, Paris 1908.

DEMOGUE = D., Traité des obligations en général. Band I—V. Paris 1923/25.

DEMOLOMBE = D., Cours de Code Napoléon. 31 Bände. Paris 1881ff.

D. H. 1926, 114 = Dalloz, Recueil hebdomadaire de jurisprudence, Jahrgang 1926, S. 114.

D. P. 1912. 1. 481 = Dalloz, Recueil périodique et critique de jurisprudence, de législation et de doctrine, Jahrgang 1912, Teil 1, S. 481.

Foro Ital. = Il Foro italiano; Raccolta generale di giurisprudenza civile, commerciale, penale, amministrativa.

Gaz. Pal. 1895. 1. 469 = La Gazette du Palais; Jurisprudence et législation, Jahrgang 1895, erster Halbjahrsband, S. 469.

GOUY = G., Du mandat entre époux. Thèse Dijon; Paris 1902.

GUILLOUARD = G., Traité du contrat de mariage. 4 Bände. Band I—III: Paris 1885/87; Band IV: 2. Aufl. Paris 1889.

HUC = H., Commentaire théorique et pratique du Code civil. 15 Bände. Paris 1892ff.

LAURENT = L., Principes de droit civil français. 33 Bände. 3. Aufl. Bruxelles-Paris 1878.

Mon. Trib. = Monitore dei Tribunali; Giornale de legislazione e giurisprudenza civile e penale.

Pas. 1891. II. 12 = Pasicrisie belge; Recueil général de la jurisprudence des cours et tribunaux de Belgique, Jahrgang 1891, Teil II, S. 12.

PLANIOL, Traité élém. = P., Traité élémentaire de droit civil. 3 Bände. 10. Aufl. (unter Mitarbeit von RIPERT). Paris 1925/27.

(Planiol-Ripert-)Nast VIII oder IX = Planiol-Ripert, Traité pratique de droit civil, Band VIII (IX): Régimes matrimoniaux; avec le concours de M. Nast. Paris 1925 (1927).

(Planiol-Ripert-)Picard III = Planiol-Ripert, Traité pratique de droit civil, Band III: Les biens; avec le concours de M. Picard. Paris 1926.

(Planiol-Ripert-)Rouast II = Planiol-Ripert, Traité pratique de droit civil, Band II: La famille; avec le concours de A. Rouast. Paris 1926.

(Planiol-Ripert-)Savatier I = Planiol-Ripert, Traité pratique de droit civil. Band I: Les personnes; avec le concours de R. Savatier. Paris 1925.

Pothier ist zitiert nach: Oeuvres de Pothier, annotées et mises en corrélation avec le Code civil et la législation actuelle par Bugnet. 10 Bände. Paris 1845ff.

Rec. Gaz. Trib. 1908 (1er sem.) 2. 184 = Recueil de la Gazette des Tribunaux, Jahrgang 1908, erster Halbjahrsband, Teil 2, S. 184.

Rev. crit. = Revue critique de législation et de jurisprudence.

Rev. trim. = Revue trimestrielle de droit civil.

Rodière et Pont = R. et P., Traité du contrat de mariage et des droits respectifs des époux relativement à leurs biens. 3 Bände. 2. Aufl. Paris 1868/69.

Sir. 1905. 1. 41. = Sirey, Recueil général des lois et des arrêts . . ., Jahrgang 1905, Teil 1, S. 41.

Sir. N. C. = Sirey, Recueil général des lois et des arrêts aves notes et commentaires, . . . revu et complété par Devilleneuve et Carette, 1ère série, enthaltend Urteile aus den Jahren 1791—1830 in chronologischer Reihenfolge. 9 Bände. Paris 1843ff.

Weekbl. = Weekblad van het Recht.

Sachverzeichnis.

Abrechnung der Frau mit Haushaltgläubiger 63f., 64[21].
Abwesenheit des Mannes 58f., 68, 69f., 93f.
— s. auch Getrenntleben.
adage 30 bei und in [10].
Allgemeine Gütergemeinschaft 51.
ancien droit 3, 8[16], 9[18], 12 ,13, 21f., 38 bei [48], 50, 52[11], 63[17], 63[18], 63f., 78[2].
Anerkennung von Haushaltschulden durch die Frau 63f., 64[21].
Angestellter eines Geschäfts, Vertragsschluß der Frau mit redlichem A. bei Kenntnis des Geschäftsinhabers von Entziehung der Schlüsselgewalt 107ff.
Argentinien 13ff., 18, 23[9], 29[6], 36[40], 40[76], 48f., 60[6a], 62[14].
Aufhebung des ehelichen Hauswesens 99[12].
Auflösung der Ehe, Ende des mandat domestique 94f.
— Ende der Schlüsselgewalt 94, 95ff.
Auskunftspflicht der Frau 91.
autorisation 5ff., 13f., 16, 56, 57, 77f.
— Form 12ff.
— Spezialitätsprinzip 12.
— tacite für Haushaltgeschäfte: Belgien und Frankreich 10ff.; andere romanische Länder 15ff., 48f.

Barbarius Philippus 30f.
Barkäufe 15, 62[14].
— Erlaubnis des Mannes nur zu B. 78[2], 115 bei [43].
Begründung des mandat domestique 22ff., 27, 49f., 53, 54, 70f., 120.
Belgien, allgemeine Stellung der Frau 6[10], 78[1].
— Darlehnsaufnahme durch die Frau 66f.
— Deliktshaftung mehrerer 47[80].
— erwerbstätige Ehefrau 78[4], 80[11].
— Gütertrennung, Schuldenhaftung 55[28].
Belgien, Haushaltbefugnisse: Entziehung 115[43].
— — Gegenstand 59ff., 60[8], 64[20], 65[22], 66f., 69f.
— — Konstruktion 6[10], 22[6], 54[23].
— — Umfang 75f.
— héritier apparent 35[36].
— Reform des Eherechts 6[10], 12[9], 78[4], 80[11].
— Wohnungsmiete durch die Frau 69f.
Beschränkung s. Entziehung.
Beweis, B. der Kenntnis von Entziehung der „Schlüsselgewalt" 112f., 115 bei [44], 116.
— des mandat domestique 23f., 119.
— Vorschriften über B. und internat. Privatrecht 24[11].
bien propre 50[6].
biens réservés 78ff.
Brasilien 13ff., 17, 23[9], 46[76], 48f., 62[14].
brocard 30 bei u. in [10].

capacité apparente 38.
— — eines Zeugen beim Notariatsakt 36.
cédule 63f., 63[18].
Chile 13ff., 17f., 36[40], 46[76], 48f., 62[14].
Colombien 13ff., 17f., 36[40], 46[76], 48f., 62[14].
communauté légale s. Fahrnisgemeinschaft.
compte arrêté 63f., 63[18].
concubinage, Haushaltgeschäfte 40ff., 46ff.
coutumes s. ancien droit.
Cuba 16, 17, 23[9], 48f., 62[14].
culpa in concreto, Haftung der Frau 90f., 102[10].

Dänemark 20[36], 48, 100[4], 118[56].
Darlehnsaufnahme durch die Frau:
Brasilien 65f.
Belgien 66f.
Deutschland 68f., 68[28].
Frankreich 67ff.
Italien 66f.
Niederlande 66, 68[29].

dépenses nécessaires 59f.
— excessives 72 bei [9], 87.
Dienstpersonal, Verträge der Frau mit, 61.
Doppelseitige Schlüsselgewalt 17, 18, 20, 117f., 118f.
dos 51, 52, 53.
Dotalrecht 52f.
Dumoulin 21.

Ecuador 13ff., 17f., 48f., 62[14].
Ehefrau, allgemeine Rechtsstellung 3ff., 13f., 16, 48, 77f.
— erwerbstätige 78ff.
Eheliches Güterrecht, Einfluß auf Haushaltbefugnisse 48ff., 120.
— Einfluß auf Haftung aus Haushaltgeschäften 54ff., 78ff.
Ende der „Schlüsselgewalt" s. Aufhebung, Auflösung, Entziehung, Getrenntleben.
en fait de meubles la possession vaut titre 34, 35.
Entziehung der „Schlüsselgewalt":
— Deutschland: durch Erklärung an die Frau 100f., 101ff., 107.
— — durch Erklärung an den Dritten 102ff., 106f., 107ff.
— — durch öffentliche Bekanntmachung 111ff.
— Frankreich 113ff.
— Italien 116.
— Niederlande 116ff.
— Rumänien 116[48].
— skandinavische Länder 118[56], 118[58].
— Schweiz und andere Länder 105[18].
— durch die Behörde 118[56].
— vormundschaftsgerichtliche Genehmigung 105[18].
— s. auch unbegründete Entziehung
Erbschaftsbesitzer s. héritier apparent.
Error communis facit ius 30ff., 41f.
Errungenschaftsgemeinschaft 51.
Erwerbstätige Ehefrau, Belgien 78[4], 80[11].
— — Frankreich 78ff.
Erziehung der Kinder 18, 56[31], 62.

Fahrnisgemeinschaft 50f.
— und biens réservés 79, 80.

Gegenstand der Haushaltbefugnisse 58ff.
Gesamtschuldnerische Haftung, aus autorisierten Geschäften der Frau 11[4].
— aus Haushaltgeschäften 17, 20, 46ff., 56ff., 100.
Gesamtschuldnerische Haftung mehrerer aus unerlaubter Handlung 46ff.
Geschäftsunfähigkeit der Ehefrau 5ff., 56, 77f. — S. im übrigen autorisation.
Geschäftsführung der Frau 88ff., 98[11], 102, 102[10], 106f.
Geschichte 1f. — S. im übrigen ancien droit.
Gesellschaft zwischen Ehegatten 5[8], 50[39].
Getrenntleben 70, 99[12], 115, 120.
— s. auch Abwesenheit.
Guatemala 14[17], 15[20], 17, 29[6], 48f.
Gütertrennung, freiere Stellung der Frau 7ff.
— mandat domestique? 53ff.
— Schuldenhaftung 54ff.
— und biens réservés der Frau 80[9], 80 bei u. in [11].

Haftung, H. d. Frau aus d. Geschäftsführung 89ff., 98[11], 102[10], 106f.
— der Frau als Vertreterin ohne Vertretungsmacht 86, 87f., 97[10].
— aus Haushaltgeschäften 11, 16ff., 20[36], 39, 43ff., 46ff., 49[4], 56ff., 77ff., 99f.
Hauslehrer 62 bei u. in [13].
héritier apparent 34ff.

Internationales Privatrecht, Anwendung fremden Verfahrensrechts 24[11].
Italien, allgemeine Stellung der Ehefrau 6[9].
— Beteiligung mehrerer an Delikt 46[76].
— Darlehnsaufnahme durch die Frau 66f.
— Haushaltbefugnisse: Entziehung 116.
— — Gegenstand 59f., 66f.
— — Konstruktion 26f.
— — Umfang 76f.

„Kenntnis in bestimmtem Zeitpunkt", Bedeutung und Beweis 112f.
Kenntnis des Vertretenen, wieweit entscheidend (§ 166 Abs. 2 BGB.) 107ff.
Konkubinat s. Nichtehe.
Korrespondenz der Frau 4f.
Kreditgeschäfte der Frau 15, 17, 62ff., 69f., 78.
Kritik der Lehre vom mandat domestique 119ff.
Kulturbedürfnisse 60 bei u. in [7].

Lebenshaltung, äußere, s. Zuschnitt.
Lebrun 12[8], 21.

Magtiging 20, 117, 118, 119.
mainbournie 4, 12.
mandat, Begriff 25, 91[9].
— tacit (Rumänien) 26f.
— tacite 23f., 40[54].
— tacite présumé 22ff., 113[37].
mandataire apparent 42f.
mandato tacito 26f., 59f., 66f., 76f., 116.
mariage apparent 41.
Mehrere Geschäfte mit demselben Dritten 84, 87[17].
Mehrere Lieferanten, Bestellung gleichartiger Gegenstände bei — 81ff., 97[10].
Miete einer Wohnung durch die Frau:
  Belgien 69f.
  Deutschland 69, 70[33].
  Frankreich 69, 70[33].
  Niederlande 69, 70[33].
Mißbrauch der Vertretungsmacht durch die Frau 82[5], 97[10].
— s. auch Entziehung, Überschreitung.
Möbel, Anschaffung durch die Frau 61.

Nähmaschine 60[8].
Napoleon, Einfluß auf den Code civil 3f.
Nichtberechtigter, Erwerb vom N. in Frankreich 34ff., 37f.
Nichtehe, „Schlüsselgewalt":
  Deutschland 45[72], 48.
  Frankreich 39ff., 43ff., 46ff.
  Niederlande 45[72].
Nichtige Ehe, „Schlüsselgewalt":
  Argentinien 29[6].
  Deutschland 27ff.
  Frankreich 29ff., 39.
  Guatemala 29[6].
  Niederlande 29[6].
Niederlande, allgemeine Stellung der Frau 13f.
— Darlehnsaufnahme durch die Frau 66, 68[29].
— Haftung aus Haushaltgeschäften 18f., 20, 49[4], 117, 118f.
— Haushaltbefugnisse, Einfluß des ehelichen Güterrechts 48f., 49[2], 49[4].
— — Entziehung 116ff.
— — Gegenstand 59[3], 61[8], 61[10], 61[11], 61[12], 66, 69, 70[33].
— — Konstruktion 15f., 19f.
— — bei Nichtehe 45[72].
— — bei nichtiger Ehe 29[6].
Niederlande, Haushaltbefugnisse, Umfang 73ff.
— Reform des Eherechts 19f., 117ff.
— Wohnungsmiete durch die Frau 69, 70[33].
Norwegen 20[36], 48, 100[4], 118[56], 118[58].

obligation, Bedeutung bei Schuldanerkenntnis 63, 63[18].
— conjointe 46f., 57[39].
— d'entretien s. Unterhaltspflicht.
— ex lege, keine autorisation 57.
— indivisible 57[39].
— in solidum 46f., 57[39].
— solidaire 46f., 57[39].
Öffentliche Bekanntmachung, Entziehung der „Schlüsselgewalt":
  Deutschland 111ff.
  Frankreich 114f., 115f.
  Italien 116.
  Niederlande 117, 118.

Persönlichkeitsrechte, Surrogate als bien propre und Vorbehaltsgut 50[6].
Pothier 8[16], 12, 13, 21f., 38 bei [48], 49, 50[5], 63[17], 63[18], 63f.
propriétaire apparent 37f.
Prozeßführung der Frau 5, 9, 12[9].
puissance maritale 4ff. — S. im übrigen autorisation.

Quasidelikt und Rechtsschein 41f., 44, 46, 76, 77.
— Beteiligung mehrerer 46f.
— s. auch unerlaubte Handlung.
Qui auctor est se non obligat 11, 18, 65.

Rechnungslegung durch die Frau 91ff.
Rechtsscheintheorie, französische 30ff., 32ff., 41ff.
Reduzierung s. Teilwirksamkeit.
Reform des Eherechts:
  Belgien 6[10], 12[9], 78[4], 80[11].
  Deutschland 20[36], 58, 106[18].
  Niederlande 19f., 117ff.
Rumänien 26f., 116[48].

Scheidungsrecht wegen grundloser Entziehung der „Schlüsselgewalt" 106 bei u. in [19], 113[38].
Schlüsselgewalt, S. des Mannes 17, 18, 20, 79f., 117f., 118f.
— wie offene Vollmacht zu behandeln 96ff., 103, 105, 111.
Schmerzensgeldanspruch als Vorbehaltsgut 50[6].
Schweden 20[36], 48, 100[4], 118[56].

Schweiz 48, 100[3], 105[18], 106[19].
Senatusconsultum Macedonianum 31.
séparation, de biens s. Gütertrennung.
— de corps 7[11].
— de fait 70, 115, 120.
situation apparente 39[50], 42.
— — maßgebend für Vertretungsmacht der Frau 72, 75, 76.
société de fait 39[50].
Spanien 16, 17, 23[9], 48f., 62[14].
Staubsauger 61[8].
Subsidiäre Haftung der Frau 48[84], 99[2], 100 bei u. in [3].

Technik, Fortschritte der T. und Haushaltbefugnisse 60 bei u. in [8].
Teilwirksamkeit bei Überschreitung der Haushaltbefugnisse 83ff., 86f., 87[16], 87[17].
Tod des Mannes s. Auflösung der Ehe.

Überschreitung, Ü. des mandat 42f., 86f.
— des mandat domestique 81ff., 86ff.
— der Schlüsselgewalt 81ff., 83ff., 97[10], 102[10].
Umfang der Haushaltbefugnisse 70ff., 96f., 102[10].
— Bestimmungsmaßstab bei Häufung von Geschäften 84[9], 87[17].
— s. auch Überschreitung, Zuschnitt.
Unbegründete Entziehung der „Schlüsselgewalt“:
Deutschland 105f.
Frankreich 113 bei u. in [38].
Italien 116.
Niederlande 116 bei [50], 118f.
Schweiz u. andere Länder 105[18].
Unentgeltliche Verfügung, der Ehefrau 8.
— — des Scheinerben 37.
Unerlaubte Handlung, keine autorisation 57.
— — Entschädigung als bien propre 50[6].
— — s. auch Quasidelikt.
union libre. Haushaltgeschäfte 40ff., 46ff.
Unterhaltspflicht, U. der Eltern 56[31], 120.
— des Mannes 11, 25f., 27, 40, 53 54, 71, 76, 120.
Uruguay 13ff., 17f., 36[40], 48f., 62[14].

Verfügungen der Ehefrau 5, 7ff., 13f., 53, 79.
Verjährung, Unterbrechung durch Anerkenntnis der Frau 63f., 64[21].
Vermutung, Bedeutung in den romanischen Rechten 16, 113[37].
Verwaltungsgemeinschaft 51f.
Vertragsobligationen der Frau 5, 9, 14ff., 56, 77f., 79.
Vertretungsmacht, Haftung der Frau als Vertreterin ohne V. 86, 87f., 97[10].
— Überschreitung s. dort.
Verzicht auf Recht zur Entziehung der Schlüsselgewalt 104 bei [15], 105[17].
Vollmacht, Erteilung durch ehemäßiges Zusammenleben 28f., 45[72], 48.
— Schlüsselgewalt wie offene V. zu behandeln 96ff., 103, 105, 111.
Vorbehaltsgut, Schmerzensgeldanspruch als V. 50[6].
— s. auch bien propre, biens réservés.

Weisungen, W. des Mannes 96[8].
— des Vertretenen und gleich zu stellende Fälle (§ 166 Abs. 2 BGB.) 107ff.
Wesen der Ehe 101, 104f., 106.
Widerruf s. Entziehung.
Wiederherstellung, W. der „Schlüsselgewalt“ 105f., 105[18], 118f.
— der autorisation générale 12[9].
Wirtschaftliche Verhältnisse, allgemeine, Einfluß auf Haushaltbefugnisse 59.
Wirtschaftsgeld, keine Enthaftung des Mannes durch Hinweis auf das der Frau gegebene W. 66f., 78.

Zeitungsannonce s. Öffentliche Bekanntmachung.
Zeuge, capacité apparente 36.
Zinsen, Versprechen von Z. durch die Frau 64f., 68[28].
— Verzinsung durch die Frau? (§ 668 BGB.) 89[1].
Zuschnitt des Hauses, maßgebend für Umfang der Haushaltbefugnisse:
Belgien? 75f.
Deutschland 73, 96f.
Frankreich 71ff.
Italien? 76f.
Niederlande 73ff.

GPSR Compliance

The European Union's (EU) General Product Safety Regulation (GPSR) is a set of rules that requires consumer products to be safe and our obligations to ensure this.

If you have any concerns about our products, you can contact us on ProductSafety@springernature.com

In case Publisher is established outside the EU, the EU authorized representative is:

Springer Nature Customer Service Center GmbH
Europaplatz 3
69115 Heidelberg, Germany

Batch number: 10844675

Printed by Printforce, the Netherlands